· 플래너

VOCA PLANNER

저자
신문섭
안세정
황우연

중등 필수

 DARAKWON

신문섭 혜화여자고등학교 교사
서울대학교 사범대학 영어교육과 졸업, EBS 교재 집필 위원

안세정 중경고등학교 교사
서울대학교 사범대학 영어교육과 졸업, EBS 교재 집필 위원

황우연 잠일고등학교 교사
서울대학교 사범대학 영어교육과 졸업, EBS 교재 집필 위원

VOCA PLANNER 중등 필수

지은이 신문섭, 안세정, 황우연
펴낸이 정규도
펴낸곳 (주)다락원

초판 1쇄 인쇄 2019년 1월 28일
초판 6쇄 발행 2023년 9월 4일

편집 정연순, 김민주, 서민정
디자인 박나래
영문 감수 Michael A. Putlack

다락원 경기도 파주시 문발로 211
내용 문의 (02)736-2031 내선 501
구입 문의 (02)736-2031 내선 250~252
Fax (02)732-2037
출판 등록 1977년 9월 16일 제406-2008-000007호

ISBN 978-89-277-0841-4 54740
        978-89-277-0840-7 54740 (set)

http://www.darakwon.co.kr
다락원 홈페이지를 방문하시면 상세한 출판 정보와 함께 MP3 자료
등의 다양한 어학 정보를 얻으실 수 있습니다.

인사말

★ 주제별로 핵심 어휘만 쏙쏙 뽑은 VOCA PLANNER ★

VOCA PLANNER 시리즈는 최신 2015년 개정 교육과정 초·중·고 권장 어휘와 주요 중·고등 교과서 및 수능 기출, 모의평가, 학력평가에 나온 어휘들을 철저히 분석하여 중·고등학생이 꼭 알아야 할 필수 어휘들을 각 레벨에 맞게 선정하여 주제별로 분류했습니다. **VOCA PLANNER** 시리즈는 〈중등 필수〉, 〈중등 심화〉, 〈고등 필수〉, 〈수능 필수〉 단계로 총 4권으로 구성되어 있습니다. 각 권 사이의 단어 중복률은 10~20%로, 다음 단계의 책으로 넘어가더라도 중요 어휘는 한 번 더 점검할 수 있도록 했습니다.

또한 단순히 큰 주제별로 단어 수십 개씩을 모아놓은 것이 아니라, 소주제로 주제를 세분화하여 어휘의 뜻을 주제에 맞게 연상하여 학습할 수 있도록 했습니다. 주제에 맞는 유용한 예문과 다양한 팁, 생생한 사진 등을 보며 흥미 있게 어휘를 학습할 수 있을 것입니다.

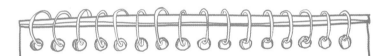

VOCA PLANNER 단계

중등 필수
≫ 어휘 1,000개 수록
≫ 대상 중1~중2 ┃ 중학생이 기본적으로 알아야 할 초·중급 어휘

중등 심화
≫ 어휘 1,000개 수록
≫ 대상 중3~예비고 ┃ 중학 고급 ~ 예비고 수준의 어휘

고등 필수
≫ 어휘 1,500개 수록
≫ 대상 고1~고2 ┃ 고등학생이 꼭 알아야 할 고등 기본 어휘

수능 필수
≫ 어휘 1,500개 수록
≫ 대상 고3~수능 대비 ┃ 수능 및 모평에 자주 등장하는 필수 어휘

VOCA PLANNER 특징 및 활용법

VOCA PLANNER 중등 필수 는 최신 2015년 개정 교육과정 권장 어휘와 주요 8종 중학 교과서에 나온 어휘를 철저히 분석하여 중학생이 꼭 알아야 할 필수 어휘들로 구성했습니다.

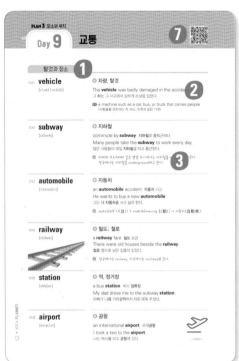

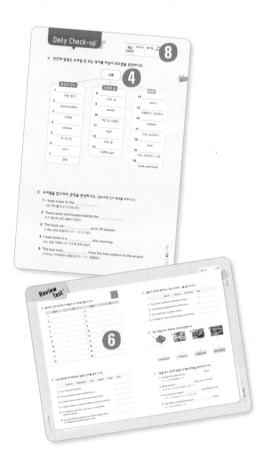

VOCA PLANNER 100% 활용하기!

❶ 소주제별로 관련 표제어가 묶여 있어 어휘 뜻 암기에 효과적
소주제로 묶여 서로 연관된 어휘들의 뜻을 연상하면서 암기합니다.

❷ 표제어의 뜻을 잘 보여주는 최적의 예문
어휘의 뜻을 잘 보여주는 예문을 읽어보며 어휘의 쓰임을 익힙니다.

❸ 어휘 학습에 도움을 주는 다양한 팁 제공
비슷한 단어의 뉘앙스 차이, 영영 풀이, 어원, 동·반의어, 파생어 등 다양한 팁을 읽어 보며 어휘를 확실하게 익힙니다.

❹ 워드맵과 문장 빈칸 채우기로 확실한 복습
소주제에 맞춰 분류한 워드맵과 본문에 나온 문장의 빈칸 채우기 연습으로 어휘를 철저하게 복습합니다.

❺ 매일매일 누적 테스트
Days 1-2, Days 2-3 방식으로 하루씩 누적한 테스트로 앞에 학습한 어휘도 누적하여 복습합니다.

❻ 다양한 문제 유형으로 구성된 Review Test
받아쓰기, 영영 풀이, 동·반의어, 그림 연결하기, 문장 빈칸 완성의 5가지 유형의 문제를 통해 매 PLAN마다 핵심 어휘들을 최종으로 한 번 더 점검합니다.

❼ 매 Day별 MP3 음원을 QR 코드로 찍어 바로 듣기
〈표제어 전체 듣기〉, 〈표제어 개별 듣기〉, 〈표제어+우리말 뜻 듣기〉, 〈표제어+우리말 뜻+예문 듣기〉 총 4가지 버전의 MP3를 제공합니다. 표제어만 들어보며 뜻을 떠올려보고, 〈표제어+우리말 뜻 듣기〉로 뜻 확인 후, 예문까지 모두 들으며 어휘의 쓰임과 발음을 확실하게 학습합니다.

이래서 나만의 VOCA PLANNER!

❽ Day별 학습 진도 체크 표
하루하루 해야 할 학습 진도표에 학습 여부를 체크하면서 학습하세요!

❾ 나만의 어휘 학습 플래너
매일매일 나만의 어휘 학습 계획을 세워 체크하고, 외운 단어와 외우지 못한 단어 등을 한 번 더 점검해 볼 수 있어요.

✂ 온라인 부가자료 (www.darakwon.co.kr)

다락원 홈페이지에서 무료로 다양한 부가자료를 다운로드하거나 웹에서 이용할 수 있습니다.
- ✓ 각종 추가 복습 테스트지 제공
- ✓ 4가지 버전의 MP3 듣기 파일
  - 표제어 전체 듣기 | 표제어 개별 듣기 | 표제어+우리말 뜻 듣기 | 표제어+우리말 뜻+예문 듣기
- ✓ 5가지 유형의 문제 출제가 가능한 문제출제프로그램 제공
  - 영어 단어 쓰기 | 우리말 뜻 쓰기 | 영영 풀이를 보고 단어 쓰기 | 문장이나 어구 빈칸 채우기 | 음성 받아쓰기(단어를 듣고 단어와 우리말 뜻 쓰기)

✂ 학습하기 전 알아두기

🅝 명사 | 때명 대명사 | 🅥 동사 | 🅐 형용사 | 🅗 부사 | 전치 전치사 | 접속 접속사
🅠 어원과 팁 표시 | 🎙 예문의 핵심 표현 및 어구 | 🈺🈺 영영 풀이 표시 | ➕ 파생어 표시

VOCA PLANNER 중등 필수 목차

VOCA PLANNER 학습 계획표

매일매일 계획을 세워 Day별로 날짜를 쓰면서 단어를 외워보세요. 한 책을 다 학습한 후 2회독하면 더욱 더 중등 필수 어휘를 내 것으로 만들 수 있어요.

		1회독			2회독		
PLAN 1	Day 1	년	월	일	년	월	일
	Day 2	년	월	일	년	월	일
	Day 3	년	월	일	년	월	일
	Day 4	년	월	일	년	월	일
PLAN 2	Day 5	년	월	일	년	월	일
	Day 6	년	월	일	년	월	일
	Day 7	년	월	일	년	월	일
PLAN 3	Day 8	년	월	일	년	월	일
	Day 9	년	월	일	년	월	일
	Day 10	년	월	일	년	월	일
	Day 11	년	월	일	년	월	일
PLAN 4	Day 12	년	월	일	년	월	일
	Day 13	년	월	일	년	월	일
	Day 14	년	월	일	년	월	일
	Day 15	년	월	일	년	월	일
PLAN 5	Day 16	년	월	일	년	월	일
	Day 17	년	월	일	년	월	일
	Day 18	년	월	일	년	월	일
	Day 19	년	월	일	년	월	일
PLAN 6	Day 20	년	월	일	년	월	일
	Day 21	년	월	일	년	월	일
	Day 22	년	월	일	년	월	일
PLAN 7	Day 23	년	월	일	년	월	일
	Day 24	년	월	일	년	월	일
	Day 25	년	월	일	년	월	일
	Day 26	년	월	일	년	월	일

		1회독			2회독		
PLAN 8	Day 27	년	월	일	년	월	일
	Day 28	년	월	일	년	월	일
	Day 29	년	월	일	년	월	일
PLAN 9	Day 30	년	월	일	년	월	일
	Day 31	년	월	일	년	월	일
	Day 32	년	월	일	년	월	일
	Day 33	년	월	일	년	월	일
PLAN 10	Day 34	년	월	일	년	월	일
	Day 35	년	월	일	년	월	일
	Day 36	년	월	일	년	월	일
PLAN 11	Day 37	년	월	일	년	월	일
	Day 38	년	월	일	년	월	일
	Day 39	년	월	일	년	월	일
PLAN 12	Day 40	년	월	일	년	월	일
	Day 41	년	월	일	년	월	일
	Day 42	년	월	일	년	월	일
	Day 43	년	월	일	년	월	일
PLAN 13	Day 44	년	월	일	년	월	일
	Day 45	년	월	일	년	월	일
	Day 46	년	월	일	년	월	일
PLAN 14	Day 47	년	월	일	년	월	일
	Day 48	년	월	일	년	월	일
	Day 49	년	월	일	년	월	일
	Day 50	년	월	일	년	월	일

PLAN 1
가정생활

household 가족, 가정
marry ~와 결혼하다
cooking 요리(하기)

roof 지붕
furniture 가구
floor 바닥; 층

가족과
생활

집

가정
생활

주방

음식

refrigerator 냉장고
bottle 병
recipe 조리법, 요리법

sweet 달콤한, 단
flour 밀가루
dish 접시; 요리

Day 1 가족과 생활

가족

0001 household
[háushould]

ⓝ 가족, 가정 ⓐ 가족의, 가정의

I grew up in a large **household**.
나는 대**가족**에서 성장했다.

household chores 집안일, 가사

영영 ⓝ a family living together in one house (한집에 같이 사는 가족)

0002 grandparent
[grǽndpèrənt]

ⓝ 조부모

I visit my **grandparents** every Sunday.
나는 일요일마다 **조부모님**을 방문한다.

0003 parent
[pérənt]

ⓝ 부모

Being a good **parent** is not easy.
좋은 **부모**가 되는 것은 쉽지 않다.

➕ parental ⓐ 부모의, 부모로서의

✪ '어머니와 아버지', '할아버지와 할머니' 양쪽 두 분을 표현하려면 복수형 parents, grandparents로 쓴다.

0004 relative
[rélətiv]

ⓝ 친척 ⓐ 비교상의; 상대적인

A close neighbor is better than a distant **relative**.
가까운 이웃이 먼 **친척**보다 낫다.

The value of money is **relative**.
돈의 가치는 **상대적이다**.

➕ relatively ⓐⓓ 상대적으로

0005 cousin
[kʌ́zn]

ⓝ 사촌

My **cousin** helped me move into my new house.
내 **사촌**은 내가 새집으로 이사하는 것을 도와주었다.

0006 depend on

～에 의존하다

Her family **depends on** her for a living.
그녀의 가족은 생계를 그녀에게 **의존한다**.

Many countries **depend on** tourism.
많은 나라들이 관광업에 **의존한다**.

➕ dependable ⓐ 의지할 수 있는, 믿을 수 있는

0007 important
[impɔ́ːrtənt]

ⓐ 중요한

Your family is more **important** than your job.
당신의 가족은 당신의 일보다 더 **중요하다**.

➕ importance ⓝ 중요성

0008 devote
[divóut]

ⓥ 바치다, 쏟다

She stopped working to **devote** herself to family life.
그녀는 가정생활에 **전념하기** 위해 일하는 것을 그만두었다.

🔖 devote oneself to ~: ~에 전념하다
🔖 to use most of one's time, effort, energy, etc. for someone or something (시간, 노력, 에너지 등의 대부분을 누군가나 무언가에 쓰다)

결혼과 자녀

0009 marry
[mǽri]

ⓥ ~와 결혼하다

I asked her to **marry** me.
나는 그녀에게 나와 **결혼해달라고** 했다.

He got **married** to his wife when he was 29.
그는 29세 때 아내와 **결혼했다**.

🔖 get married to ~: ~와 결혼하다
➕ marriage ⓝ 결혼 생활, 결혼

0010 wedding
[wédiŋ]

ⓝ 결혼(식)

wedding ring 결혼반지
The **wedding** took place in a church.
결혼식은 교회에서 거행되었다.

0011 husband
[hʌ́zbənd]

ⓝ 남편 ↔ wife 아내

They lived together as **husband** and wife for fifty years.
그들은 **남편**과 아내로 50년 동안 함께 살았다.

0012 daughter
[dɔ́ːtər]

ⓝ 딸 ↔ son 아들

She has a **daughter** and two sons.
그녀는 **딸** 하나와 아들 둘이 있다.

daughter-in-law 며느리

0013 twin
[twin]

ⓝ 쌍둥이(중의 한 명) ⓐ 쌍둥이의

She is the mother of **twins**. 그녀는 **쌍둥이**의 엄마이다.
He is my **twin** brother. 그는 내 **쌍둥이** 형이다.

0014 resemble
[rizémbəl]

ⓥ 닮다　☰ look like

I don't **resemble** my sister in any way.
나는 언니와 전혀 **닮지** 않았다.

➕ resemblance ⓝ 닮음

0015 similar
[símələr]

ⓐ 비슷한, 닮은　↔ different 다른

Her eyes are very **similar** to her mother's.
그녀의 눈은 그녀의 어머니의 눈과 매우 **닮았다**.

➕ similarity ⓝ 유사, 닮음

집안일

0016 prepare
[pripéər]

ⓥ 준비하다

He just began to **prepare** dinner.
그는 막 저녁 식사를 **준비하기** 시작했다.

➕ preparation ⓝ 준비

0017 cooking
[kúkiŋ]

ⓝ 1 요리하기　2 요리

Cooking is my favorite thing to do.
요리하기는 내가 가장 좋아하는 일이다.

healthy home **cooking** 건강한 가정 **요리**

➕ cook ⓥ 요리하다 ⓝ 요리사

0018 repair
[ripéər]

ⓥ 수리하다　☰ fix　ⓝ 수리

You need to **repair** the bike right now.
너는 지금 당장 자전거를 **고쳐야** 한다.

My computer was beyond **repair**.
내 컴퓨터는 **수리**를 못할 정도였다.

♔ beyond repair 수리할 수 없을 정도로

0019 get together

모이다, 만나다

Everyone in my family **gets together** on Christmas Eve.
우리 가족 모두는 크리스마스 이브에 **모인다**.

➕ get-together ⓝ 모임, 파티

0020 rest
[rest]

ⓝ 1 나머지　2 휴식

I will remember the moment for the **rest** of my life.
나는 그 순간을 **남은** 평생 기억할 것이다.

Please go home and get some **rest**.
집에 가서 **휴식**을 좀 취하세요.

A 빈칸에 알맞은 우리말 뜻 또는 영어를 써넣어 워드맵을 완성하시오.

가족과 생활

가족

1 _____
가족; 가정의

2 _____
grandparent

3 _____
부모

4 _____
relative

5 _____
사촌

6 _____
important

7 _____
~에 의존하다

8 _____
devote

결혼과 자녀

9 _____
~와 결혼하다

10 _____
wedding

11 _____
남편

12 _____
daughter

13 _____
쌍둥이; 쌍둥이의

14 _____
similar

15 _____
닮다

집안일

16 _____
prepare

17 _____
요리하기; 요리

18 _____
repair

19 _____
모이다, 만나다

20 _____
rest

B 우리말을 참고하여, 문장을 완성하시오. (필요하면 단어 형태를 바꾸시오.)

1 She has a _____ and two sons.
그녀는 딸 하나와 아들 둘이 있다.

2 Please go home and get some _____.
집에 가서 휴식을 좀 취하세요.

3 Her eyes are very _____ to her mother's.
그녀의 눈은 그녀의 어머니의 눈과 매우 닮았다.

4 A close neighbor is better than a distant _____.
가까운 이웃이 먼 친척보다 낫다.

5 She stopped working to _____ herself to family life.
그녀는 가정생활에 전념하기 위해 일하는 것을 그만두었다.

Day 2 집

0021 **roof**
[ru:f]

ⓝ 지붕

a flat **roof** 평평한 **지붕**
My house has a red **roof**. 우리 집은 **지붕**이 빨간색이다.

0022 **garage**
[gərá:ʒ]

ⓝ 차고

My dad drove his car into the **garage**.
아빠는 차를 몰고 **차고**로 들어가셨다.
My new house has a two-car **garage**.
내 새집은 차 두 대를 세울 수 있는 **차고**가 있다.

✪ garage는 보통 집 건물 옆에 붙어 있는 차고지를 말한다.
참고로 parking garage는 돈을 내고 주차하는 주차장 (건물)을 의미한다.

0023 **yard**
[jɑ:rd]

ⓝ 마당, 뜰

I played in the **yard** with my cousins.
나는 **마당**에서 내 사촌들과 놀았다.
There are some trees in my front **yard**.
내 앞**마당**에는 나무가 몇 그루 있다.

✪ backyard는 '뒤뜰'로 한 단어로 붙여 쓴다.

0024 **fence**
[fens]

ⓝ 울타리, 담

My dad built a **fence** around the yard.
아빠는 마당 둘레에 **울타리**를 치셨다.

0025 **balcony**
[bǽlkəni]

ⓝ 발코니

The **balcony** has a beautiful view of the sea.
그 **발코니**에서 아름다운 바다 경치가 보인다.

영풀 a platform that is connected to the outside wall of a building (건물 외벽에 연결된 단)

0026 **furniture**
[fə́:rnitʃər]

ⓝ 가구

a piece of **furniture** 가구 한 점
I bought some new **furniture** for my new house.
나는 새집에 들여놓을 새 **가구**를 좀 샀다.

0027 **drawer**
[drɔ́:ər]

ⓝ 서랍

the top / bottom **drawer** of a desk
책상 맨 위 / 맨 아래 **서랍**

Her son opened the **drawer** and took out a letter.
그녀의 아들은 **서랍**을 열고 편지 한 통을 꺼냈다.

0028 **couch**
[kautʃ]

ⓝ 긴 의자, 소파　⊜ sofa

The **couch** is soft and comfortable.
그 **소파**는 부드럽고 편안하다.

couch potato
소파에서 TV만 보는 사람(게으르고 비활동적인 사람)

영영 a long piece of furniture that two or three people can sit
on (두 세 사람이 앉을 수 있는 긴 가구)

0029 **closet**
[klɑ́:zət]

ⓝ 벽장, 옷장

She has a **closet** full of clothes and shoes.
그녀는 옷과 신발로 가득 찬 **벽장**이 있다.

0030 **shelf**
[ʃelf]

ⓝ 선반; (책장의) 칸

He put the vase on the **shelf**.
그는 꽃병을 **선반** 위에 놓았다.

the top **shelf** of a bookcase　책장 맨 위 **칸**

Q 복수형은 shelves이다.

0031 **blanket**
[blǽŋkit]

ⓝ 담요

an electric **blanket**　전기 **담요**

She has two **blankets** on her bed.
그녀의 침대에는 두 개의 **담요**가 있다.

0032 **lamp**
[læmp]

ⓝ 램프, 등

turn on / off a **lamp**　등을 켜다 / 끄다

The **lamp** was on the table next to the couch.
등은 소파 옆 탁자 위에 있었다.

0033 **mirror**
[mírər]

ⓝ 거울　**ⓥ** (거울처럼) 잘 보여주다, 반영하다

She stared at her face in the **mirror**.
그녀는 **거울**에 비친 자신의 얼굴을 응시했다.

Art **mirrors** our culture and society.
예술은 우리의 문화와 사회를 **잘 보여준다**.

0034 floor
[flɔ:r]

ⓝ 1 바닥 2 층

I can't sleep on the bare **floor**.
나는 맨**바닥**에서 잠을 못 잔다.
My room is on the second **floor**.
내 방은 2**층**에 있다.

0035 ceiling
[sí:liŋ]

ⓝ 천장

from **ceiling** to floor **천장**에서 바닥까지
The house has high **ceilings**.
그 집은 **천장**이 높다.

0036 stair
[stéə:r]

ⓝ 계단

go up / down the **stairs** **계단**을 오르다 / 내려가다
His daughter stood on a **stair** and said goodnight.
그의 딸이 **계단**에 서서 안녕히 주무시라고 말했다.

0037 toilet
[tɔ́ilət]

ⓝ 변기

Did you flush the **toilet**? 변기에 물 내렸니?
It is important to keep the **toilet** clean.
변기를 깨끗하게 유지하는 것이 중요하다.

💬 toilet이 영국 영어에서는 '화장실'의 뜻으로도 쓰이지만, 미국 영어에서
는 '변기'를 뜻한다. 미국에서는 집 안의 화장실은 bathroom, 공공장소는
bathroom, restroom 등으로 쓴다.

0038 bathtub
[bǽθtʌ̀b]

ⓝ 욕조

He wanted to take a bath, so he got into the **bathtub**.
그는 목욕을 하고 싶어서 **욕조**에 들어갔다.

0039 bedroom
[bédrù:m]

ⓝ 침실

bedroom furniture **침실**용 가구
The main **bedroom** has a view of the lake.
안**방**에서는 호수가 보인다.

0040 living room
[lívin ru:m]

ⓝ 거실

We were sitting on the couch in the **living room**.
우리는 **거실**에서 소파에 앉아 있었다.

💬 그 밖의 실내 공간: attic 다락방, basement 지하실, kitchen 부엌,
laundry room 세탁실

A 빈칸에 알맞은 우리말 뜻 또는 영어 단어를 써넣어 워드맵을 완성하시오.

집

집 외부

1 _____
roof

2 _____
마당, 뜰

3 _____
garage

4 _____
fence

5 _____
발코니

가구 및 소품

6 _____
가구

7 _____
drawer

8 _____
벽장, 옷장

9 _____
couch

10 _____
선반; 칸

11 _____
램프, 등

12 _____
blanket

13 _____
mirror

실내

14 _____
floor

15 _____
천장

16 _____
계단

17 _____
bathtub

18 _____
변기

19 _____
living room

20 _____
침실

B 우리말을 참고하여, 문장을 완성하시오. (필요하면 단어 형태를 바꾸시오.)

1 I can't sleep on the bare _____.
나는 맨바닥에서 잠을 못 잔다.

2 My dad drove his car into the _____.
아빠는 차를 몰고 차고로 들어가셨다.

3 She stared at her face in the _____.
그녀는 거울에 비친 자신의 얼굴을 응시했다.

4 Her son opened the _____ and took out a letter.
그녀의 아들은 서랍을 열고 편지 한 통을 꺼냈다.

5 He wanted to take a bath, so he got into the _____.
그는 목욕을 하고 싶어서 욕조에 들어갔다.

Day 3 주방

0041 **kitchen**

[kítʃin]

🄝 부엌, 주방

She is in the **kitchen** making breakfast.
그녀는 **부엌**에서 아침 식사를 만들고 있다.

soup **kitchen** 무료 급식소

주방 시설과 가전

0042 **sink**

[siŋk]
sink-sank-sunk

🄝 싱크대, 개수대   🅥 가라앉다

My dad was washing the dishes in the kitchen **sink**.
아빠는 부엌 **싱크대**에서 설거지를 하고 계셨다.

The boat **sank** to the bottom of the river.
그 배는 강바닥으로 **가라앉았다**.

🔍 미국에서는 sink를 '세면대'의 뜻으로도 쓴다.

0043 **microwave oven**

[máikrɔweiv ʌvn]

🄝 전자레인지

You can look into a **microwave oven** while your food is cooking.
음식이 요리되는 동안 **전자레인지** 안을 들여다볼 수 있다.

🔍 microwave 단독으로 '전자레인지'의 뜻으로 쓸 수 있다.

0044 **refrigerator**

[rifrídʒərèitər]

🄝 냉장고   🟰 fridge

Put the fruit in the **refrigerator** to keep it fresh.
과일을 신선하게 유지하기 위해서 **냉장고**에 넣어라.

🔍 freezer 냉동고

0045 **dishwasher**

[díʃwɑ̀:ʃər]

🄝 식기세척기

I showed her how to use the **dishwasher**.
나는 그녀에게 **식기세척기**를 사용하는 방법을 보여주었다.

0046 **stove**

[stouv]

🄝 1 난로, 스토브 2 가스레인지

sit around a **stove** 난롯가에 둘러앉다

Please turn down the heat on the **stove**.
가스레인지의 불을 줄여 주세요.

🔍 그 밖의 주방 가전: electric rice cooker 전기밥솥, toaster 토스터기, blender 믹서기

주방 용품

0047 **bottle**
[bάːtl]

ⓝ 병

a **bottle** of wine 포도주 한 병
There were several empty **bottles** in the kitchen.
부엌에 빈 **병** 몇 개가 있었다.

0048 **plate**
[pleit]

ⓝ 1 (납작하고 둥근) 접시　2 (요리의) 한 접시분

a cake **plate** 케이크 접시
My younger brother ate a whole **plate** of pasta.
내 남동생은 파스타 한 **접시**를 모두 먹었다.

0049 **pot**
[pɑːt]

ⓝ 냄비, 솥

There was a **pot** of water on the stove.
가스레인지 위에 물이 담긴 **냄비**가 있었다.

The **pot** calls the kettle black.
냄비가 주전자 보고 검다고 한다. (똥 묻은 개가 겨 묻은 개 탓한다.)

영영 a round, deep container used for cooking
(요리에 사용되는 둥글고 깊은 용기)

0050 **bowl**
[boul]

ⓝ 1 (우묵한) 그릇　2 한 그릇(의 양)

a salad **bowl** 샐러드용 **그릇**
Can I have another **bowl** of soup?
수프 한 **그릇** 더 주시겠어요?

영영 a wide, round container for holding food
(음식을 담는 넓고 둥근 그릇)

0051 **tray**
[trei]

ⓝ 쟁반

The **tray** was full of bread and chocolate.
쟁반에는 빵과 초콜릿이 가득 있었다.

0052 **jar**
[dʒɑːr]

ⓝ (잼·꿀 등을 담아 두는) 병, 단지

a honey **jar** 꿀단지
She found the **jar** in the cupboard.
그녀는 찬장에서 그 **병**을 찾았다.

0053 **knife**
[naif]

ⓝ 칼, 나이프

a kitchen **knife** 주방용 **칼**
Use a sharp **knife** to cut food into tiny pieces.
음식을 잘게 썰기 위해 날카로운 **칼**을 사용해라.

0054 scissors

[sízərz]

ⓝ 가위

a pair of **scissors** 가위 한 자루
Can you pass me the **scissors**?
그 **가위** 좀 줄래?

조리와 양념

0055 recipe

[résəpi]

ⓝ 조리법, 요리법

a **recipe** book 요리책
I found a great **recipe** for pumpkin soup.
나는 호박 수프를 만드는 훌륭한 **요리법**을 알아냈다.

영영 a set of instructions for making food
(음식을 만드는 설명들)

0056 boil

[bɔil]

ⓥ 1 끓다, 끓이다 2 삶다

Boil the water before drinking it.
물을 마시기 전에 **끓여라**.

boil an egg 달걀을 **삶다**

0057 fry

[frai]

ⓥ 튀기다, (기름에) 굽다

Heat the oil and **fry** the chicken for 10 minutes.
기름을 달구고 닭고기를 10분 동안 **튀겨라**.

fry an egg 달걀을 **부치다**

0058 sugar

[ʃúgər]

ⓝ 1 설탕 2 당분

a spoonful of **sugar** 설탕 한 스푼
Ice cream is high in fat and **sugar**.
아이스크림은 지방과 **당분**이 많다.

0059 pepper

[pépər]

ⓝ 1 후추 2 고추; 피망

I like the aroma of freshly ground **pepper**.
나는 갓 갈아 놓은 **후추** 냄새를 좋아한다.

red **pepper** 빨간 **고추/피망**

0060 sauce

[sɔːs]

ⓝ 소스, 양념

Pour the tomato **sauce** over the pasta.
파스타 위에 토마토 **소스**를 부어라.

soy **sauce** 간장

Daily Check-up

A 빈칸에 알맞은 우리말 뜻 또는 영어 단어를 써넣어 워드맵을 완성하시오.

1 _____
부엌, 주방

주방 시설과 가전

2 _____
sink

3 _____
전자레인지

4 _____
dishwasher

5 _____
냉장고

6 _____
stove

주방 용품

7 _____
접시; 한 접시분

8 _____
bottle

9 _____
그릇; 한 그릇(의 양)

10 _____
pot

11 _____
(잼·꿀 등의) 병, 단지

12 _____
tray

13 _____
가위

14 _____
칼, 나이프

조리와 양념

15 _____
조리법, 요리법

16 _____
fry

17 _____
끓이다; 삶다

18 _____
sugar

19 _____
후추; 고추

20 _____
sauce

B 우리말을 참고하여, 문장을 완성하시오. (필요하면 단어 형태를 바꾸시오.)

1 Ice cream is high in fat and _____.
아이스크림은 지방과 당분이 많다.

2 I found a great _____ for pumpkin soup.
나는 호박 수프를 만드는 훌륭한 요리법을 알아냈다.

3 Please turn down the heat on the _____.
가스레인지의 불을 줄여 주세요.

4 There were several empty _____ in the kitchen.
부엌에 빈 병 몇 개가 있었다.

5 My dad was washing the dishes in the kitchen _____.
아빠는 부엌 싱크대에서 설거지를 하고 계셨다.

Day 4 음식

맛

0061 bitter
[bítər]

ⓐ 1 (맛이) 쓴 2 쓰라린 3 혹독한

The medicine has a **bitter** taste.
그 약은 맛이 **쓰다**.

a **bitter** experience 쓰라린 경험
bitter cold 혹독한 추위

0062 salty
[sɔ́ːlti]

ⓐ 짠, 소금기가 있는

This soup tastes too **salty** for me.
이 수프는 내게는 너무 **짜다**.

a **salty** lake 소금기 있는 호수

➕ salt ⓝ 소금

0063 spicy
[spáisi]

ⓐ 양념 맛이 강한, 매운

hot, **spicy** food 양념이 많이 들어간 매운 음식
Why do we sweat when we eat **spicy** food?
매운 음식을 먹을 때 왜 우리는 땀이 날까?

영영 having a strong taste and causing a burning feeling in one's mouth (맛이 강하고, 입에 불이 나는 느낌을 일으키는)

➕ spice ⓝ 양념, 향신료

0064 sour
[sáuər]

ⓐ 1 (맛이) 신, 시큼한 2 상한

The beer tasted slightly **sour**.
그 맥주는 약간 **신맛**이 났다.

The milk went **sour**. 그 우유는 **상했다**.

🏆 go sour (음식물이) 상하다

0065 sweet
[swiːt]

ⓐ 1 달콤한, 단 ↔bitter 2 상냥한, 친절한

This ice cream is very **sweet**.
이 아이스크림은 매우 **달콤하다**.

a **sweet** smile 상냥한 미소

0066 delicious
[dilíʃəs]

ⓐ 아주 맛있는 ＝tasty

It looks **delicious**. 아주 맛있어 보여요.

Thank you for the **delicious** meal.
맛있는 식사를 대접해 주셔서 고맙습니다.

PLAN
1

식재료

0067 flour
[fláuər]

ⓝ 밀가루, (곡물의) 가루

We use **flour** to bake bread.
우리는 **밀가루**를 사용해서 빵을 굽는다.

0068 grain
[grein]

ⓝ 곡물; 낟알

The farmer grows potatoes and **grain**.
그 농부는 감자와 **곡물**을 재배한다.

a **grain** of rice 쌀 한 **톨**

0069 meat
[miːt]

ⓝ 고기, 살

red **meat** (소, 양 등의) 붉은 **고기**

white **meat** (닭, 칠면조 등의) 흰살 **고기**

She gave up eating **meat** and fish.
그녀는 **고기**와 생선 먹는 것을 포기했다.

0070 pork
[pɔːrk]

ⓝ 돼지고기

pork ribs **돼지**갈비

I enjoy roast **pork** for dinner.
나는 저녁 식사로 **돼지고기** 구이를 즐겨 먹는다.

0071 beef
[biːf]

ⓝ 소고기

ground **beef** 갈은 **소고기**

Kevin loves meat, so he eats **beef** four times a week.
Kevin은 고기를 아주 좋아해서 일주일에 4번 **소고기**를 먹는다.

✪ lamb 양고기, turkey 칠면조 고기, duck 오리 고기

0072 seafood
[síːfùːd]

ⓝ 해산물

grilled **seafood** 해물 철판구이

I am allergic to **seafood**.
나는 **해산물**에 알레르기가 있다.

0073 vegetable
[védʒtəbəl]

ⓝ 채소

a **vegetable** garden **채소**밭, 텃밭

Asian food usually includes a lot of fresh **vegetables**.
아시아 음식은 보통 신선한 **채소**를 많이 포함한다.

➕ vegetarian ⓝ 채식주의자 ⓐ 채식주의(자)의

0074 dish
[diʃ]

ⓝ 1 접시 2 요리 ⊜ food

a plastic **dish** 플라스틱 접시

She made her husband's favorite **dish** for dinner.
그녀는 저녁 식사로 그녀의 남편이 가장 좋아하는 **요리**를 만들었다.

0075 diet
[dáiət]

ⓝ 1 식사, 음식 2 식이 요법; 규정식

It is important to have a balanced **diet**.
균형 잡힌 **식사**를 하는 것이 중요하다.

a low-fat **diet** 저지방 **식단**

영영 1 the food that a person or animal eats each day
(사람이나 동물이 매일 먹는 음식)

0076 snack
[snæk]

ⓝ 간식, 간단한 식사

a quick **snack** 빨리 먹을 수 있는 **간단한 식사**

My favorite **snack** is potato chips.
내가 가장 좋아하는 **간식**은 감자 칩이다.

영영 a small amount of food that is eaten between meals
(식사 사이에 먹는 적은 양의 음식)

0077 curry
[kə́:ri]

ⓝ 카레

curry and rice 카레라이스

How about going out for **curry** tonight?
오늘 밤에 **카레** 먹으러 가는 게 어때?

0078 noodle
[nú:dl]

ⓝ 국수, 면

beef **noodle** soup 면을 넣은 소고기 수프

You should boil the **noodles** first.
먼저 **국수**를 삶아야 한다.

0079 steak
[steik]

ⓝ 두껍게 썬 고기; 스테이크

I'd like my **steak** very well done.
제 **스테이크**를 아주 완전히 구워 주세요.

0080 dessert
[dizə́:rt]

ⓝ 디저트, 후식

We had chocolate cake and tea for **dessert**.
우리는 **후식**으로 초콜릿 케이크와 차를 먹었다.

a **dessert** fork 디저트용 포크

Daily Check-up

학습 Check	MP3 듣기	본문 학습	Daily Check-up	누적 테스트 Days 3-4	Review Test

PLAN
1

A 빈칸에 알맞은 우리말 뜻 또는 영어 단어를 써넣어 워드맵을 완성하시오.

음식

맛

1 _____
salty

2 _____
쓴; 쓰라린

3 _____
spicy

4 _____
달콤한; 상냥한

5 _____
sour

6 _____
아주 맛있는

식재료

7 _____
곡물; 낟알

8 _____
flour

9 _____
고기, 살

10 _____
pork

11 _____
소고기

12 _____
채소

13 _____
seafood

음식의 종류

14 _____
접시; 요리

15 _____
diet

16 _____
간식, 간단한 식사

17 _____
noodle

18 _____
카레

19 _____
두껍게 썬 고기;
스테이크

20 _____
디저트, 후식

B 우리말을 참고하여, 어구 또는 문장을 완성하시오. (필요하면 단어 형태를 바꾸시오.)

1 a _____ experience
쓰라린 경험

2 I am allergic to _____.
나는 해산물에 알레르기가 있다.

3 My favorite _____ is potato chips.
내가 가장 좋아하는 간식은 감자 칩이다.

4 Why do we sweat when we eat _____ food?
매운 음식을 먹을 때 왜 우리는 땀이 날까?

5 She made her husband's favorite _____ for dinner.
그녀는 저녁 식사로 그녀의 남편이 가장 좋아하는 요리를 만들었다.

Review Test

A 들려주는 영어 단어와 어구를 쓴 후 우리말 뜻을 쓰시오.

영단어	뜻	영단어	뜻
1		2	
3		4	
5		6	
7		8	
9		10	
11		12	
13		14	
15		16	
17		18	
19		20	

B 다음 영영 풀이에 해당하는 알맞은 단어를 골라 쓰시오.

household   spicy   pot   balcony   diet   devote

1 a family living together in one house _____

2 a round, deep container used for cooking _____

3 the food that a person or animal eats each day _____

4 to use most of one's time, effort, etc. for someone _____

5 having a strong taste and causing a burning
  feeling in one's mouth _____

6 a platform that is connected to the outside wall
  of a building _____

C 밑줄 친 단어의 동의어(=) 또는 반의어(↔)를 골라 쓰시오.

tasty   fixing   sweet   wife

1 My dad is <u>repairing</u> the fence.   = _____

2 This hamburger looks <u>delicious</u>.   = _____

3 She met her future <u>husband</u>.   ↔ _____

4 This coffee tastes <u>bitter</u> to me.   ↔ _____

D 다음 그림을 보고, 해당하는 단어와 연결하시오.

1    **2**    **3**   **4**

·   ·   ·   ·

·   ·   ·   ·

wedding   closet   bottle   plate

E 다음을 읽고, 빈칸에 알맞은 단어를 우리말을 참고하여 쓰시오.

1 She _____ him for love, not for money.
그녀는 돈 때문이 아니라 사랑 때문에 그와 **결혼했다**.

2 Most children don't eat enough _____s.
대부분의 어린이들이 **채소**를 충분히 먹지 않는다.

3 Hairdressers use _____ to cut people's hair.
미용사들은 **가위**를 사용하여 사람들의 머리카락을 자른다.

4 I helped him choose the _____ for his new house.
나는 그가 새집에 필요한 **가구**를 고르는 것을 도와주었다.

PLAN 2
학교생활

classroom 교실
grade 학년; 성적
absent 결석한, 결근한

lesson 수업; 과
homework 숙제
chemistry 화학

학교

교육과
학습

학교
생활

친구

classmate 반 친구
friendship 우정
jealous 질투하는

Day 5 학교

교실

0081 classroom
[klǽsrùːm]

ⓝ 교실

classroom activities 교실 활동
My **classroom** is on the fourth floor.
내 **교실**은 4층에 있다.

0082 blackboard
[blǽkbɔ̀ːrd]

ⓝ 칠판

The teacher wrote her name on the **blackboard**.
선생님은 **칠판**에 자신의 이름을 적었다.

0083 textbook
[tékstbùk]

ⓝ 교과서

a music **textbook** 음악 교과서
I remembered I had left my **textbooks** at home.
나는 **교과서들**을 집에 두고 온 것이 기억났다.

0084 dictionary
[díkʃənèri]

ⓝ 사전

If you don't know a word, you can look it up in a **dictionary**.
단어를 모르면 **사전**에서 찾아볼 수 있다.

교육 과정

0085 elementary
[èləméntəri]

ⓐ 1 초보의 2 **초등학교의**

an **elementary** mistake 초보적인 실수
My younger brother is an **elementary** school student.
내 남동생은 **초등**학생이다.

영영 1 basic and simple
✦ 미국: 초등학교를 grade school(이라고도 하며, 중/고등학교는
   middle/high school(이라고 한다.
   영국: 초등학교는 primary school, 중고등학교를 통틀어
   secondary school(이라고 한다.

0086 private
[práivət]

ⓐ 1 사적인, 개인적인 2 **사립의**

I don't want to talk about my **private** life.
나는 내 **사생활**에 대해 이야기하고 싶지 않다.

private school **사립** 학교

➕ privacy ⓝ 사생활

| 0087 | **public**
[pʌ́blik] | ⓐ 1 대중의　2 **공공의**

public attention　대중의 관심
My son has attended **public** school since the age of seven.　내 아들은 7살 때부터 **공립** 학교에 다녔다. |

| 0088 | **grade**
[greid]
 | ⓝ 1 학년　2 성적　3 등급

Her daughter will be in the 6th **grade** this year.
그녀의 딸은 올해 6학년이 된다.
She got good **grades** in all of her subjects.
그녀는 모든 과목에서 좋은 **성적**을 받았다.
a good **grade** of meat　좋은 **등급**의 고기 |

| 0089 | **enter**
[éntər] | ⓥ 1 들어가다　2 입학하다

Josh **entered** the classroom quietly.
Josh는 교실에 조용히 **들어갔다**.
She will **enter** middle school in the autumn.
그녀는 가을에 중학교에 **입학할** 것이다.

➕ entrance ⓝ 입구; 입학 |

| 0090 | **college**
[kɑ́:lidʒ]
 | ⓝ 대학, 전문학교

community **college**　지역 전문 **대학**
She attended art **college** in London.
그녀는 런던에 있는 미술 **대학**을 다녔다.

✿ college는 영국에서는 주로 직업적인 훈련을 위한 2년제 전문학교를 뜻하고, 미국에서는 학사 학위를 받기 위한 일반 대학교를 의미한다. |

| 0091 | **university**
[jù:nəvə́:rsəti] | ⓝ 대학교

He studied law at Oxford **University**.
그는 옥스퍼드 **대학교**에서 법학을 공부했다.
graduate from **university**　대학교를 졸업하다 |

교내 활동 및 생활

| 0092 | **contest**
[kɑ́:ntèst] | ⓝ 대회, 경연　🟰 competition

She won a writing **contest** at her middle school.
그녀는 자신의 중학교 글짓기 **대회**에서 우승했다.
a dance **contest**　댄스 **경연** |

| 0093 | **presentation**
[prèzəntéiʃən] | ⓝ 1 발표　2 제출; 수여

He will give a **presentation** in the next class.
그는 다음 수업 시간에 **발표**를 할 것이다.
presentation of prizes　상장 **수여** |

0094 uniform
[jú:nəfɔ̀:rm]

ⓝ 교복, 제복

Do you like to wear your school **uniform**?
너는 **교복** 입는 것을 좋아하니?

0095 absent
[ǽbsənt]

ⓐ 결석한, 결근한 ⟷ present 출석한

Mark has been **absent** from school for three days.
Mark는 3일 동안 학교에 **결석해**왔다.

👄 be absent from ~: ~에 결석하다

0096 mark
[mɑːrk]

ⓝ 1 자국 2 점수 ⓥ 표시하다

a burn **mark** 불에 탄[덴] **자국**
Emily got top **marks** in English.
Emily는 영어 과목에서 최고 **점수**를 받았다.

The teacher **marked** her answer wrong.
선생님은 그녀의 답이 틀렸다고 **표시했다**.

학교 건물

0097 library
[láibrèri]

ⓝ 도서관

I went to the **library** to return some books.
나는 책 몇 권을 반납하러 **도서관**에 갔다.

➕ librarian ⓝ 사서

0098 cafeteria
[kæ̀fətíriə]

ⓝ 카페테리아(셀프서비스 식당), 구내식당

a school **cafeteria** 학교 **식당**
Many students eat **cafeteria** food for lunch.
많은 학생들이 점심 식사로 **구내식당** 음식을 먹는다.

0099 hallway
[hɔ́:lwèi]

ⓝ 복도

Her classroom is at the end of the **hallway**.
그녀의 교실은 **복도** 끝에 있다.

0100 playground
[pléigràund]

ⓝ 운동장, 놀이터

a children's **playground** 어린이 **놀이터**
We played soccer on the school **playground** yesterday.
우리는 어제 학교 **운동장**에서 축구를 했다.

Daily Check-up

A 빈칸에 알맞은 우리말 뜻 또는 영어 단어를 써넣어 워드맵을 완성하시오.

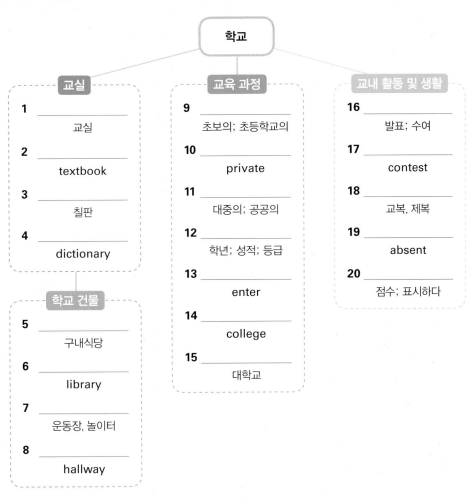

학교

교실
1 _____ 교실
2 _____ textbook
3 _____ 칠판
4 _____ dictionary

학교 건물
5 _____ 구내식당
6 _____ library
7 _____ 운동장, 놀이터
8 _____ hallway

교육 과정
9 _____ 초보의; 초등학교의
10 _____ private
11 _____ 대중의; 공공의
12 _____ 학년; 성적; 등급
13 _____ enter
14 _____ college
15 _____ 대학교

교내 활동 및 생활
16 _____ 발표; 수여
17 _____ contest
18 _____ 교복, 제복
19 _____ absent
20 _____ 점수; 표시하다

B 우리말을 참고하여, 어구 또는 문장을 완성하시오. (필요하면 단어 형태를 바꾸시오.)

1 an _____ mistake   초보적인 실수

2 She will _____ middle school in the autumn.
그녀는 가을에 중학교에 입학할 것이다.

3 I remembered I had left my _____ at home.
나는 교과서들을 집에 두고 온 것이 기억났다.

4 She got good _____ in all of her subjects.
그녀는 모든 과목에서 좋은 성적을 받았다.

5 Mark has been _____ from school for three days.
Mark는 3일 동안 학교에 결석해왔다.

Day **6** 교육과 학습

수업

0101 **lesson**
[lésn]

ⓝ 1 수업, 교습 2 과 3 교훈

I am going to my English **lesson** now.
나는 지금 영어 **수업**에 가고 있다.

Let's start **Lesson** 2. 2**과**를 시작합시다.

I learned a **lesson** from my failure.
나는 내 실패로부터 **교훈**을 얻었다.

0102 **explain**
[ikspléin]

ⓥ 설명하다

The teacher **explained** how clouds were made.
선생님은 구름이 어떻게 만들어지는지 **설명했다**.

➕ explanation ⓝ 설명

0103 **lively**
[láivli]

ⓐ 활기[생기] 넘치는, 활발한

Jim is a **lively** and curious boy.
Jim은 **활기 넘치고** 호기심이 많은 아이다.

We had a **lively** discussion about the topic.
우리는 그 주제에 대해 **활발한** 토론을 했다.

0104 **examination**
[igzæmənéiʃən]

ⓝ 1 시험 ⊜ test 2 조사, 검토

study for an **examination** **시험**공부를 하다
The plan is under **examination**. 그 계획은 **검토** 중이다.

⭐ '시험'의 뜻으로 examination은 격식적인 단어이고, 보통 exam으로 쓴다.

0105 **scold**
[skould]

ⓥ 꾸짖다, 야단치다 ↔ praise 칭찬하다

The teacher **scolded** her for being late again.
선생님은 다시 늦은 것에 대해 그녀를 **꾸짖었다**.

🔖 scold A for B: A를 B한 것에 대해 꾸짖다

0106 **encourage**
[inkə́:ridʒ]

ⓥ 1 격려하다 ↔ discourage 낙담시키다 2 권장[장려]하다

She always **encouraged** us to solve problems on our own.
그녀는 항상 우리에게 문제를 스스로 해결하라고 **격려했다**.

The program **encourages** people to buy food.
그 프로그램은 사람들에게 음식을 사라고 **권장한다**.

🔖 encourage A to B: A에게 B하라고 격려[권장]하다

공부

0107 **homework**
[hóumwə̀rk]

ⓝ 숙제, 과제

Did you do your **homework**? 너 숙제했니?
👄 do one's homework 숙제를 하다
Our teacher gives us a lot of **homework**.
우리 선생님은 우리에게 **숙제**를 많이 내주신다.

0108 **effort**
[éfərt]

ⓝ 노력, 수고

make an **effort** 노력하다
It does not require much **effort**.
그것은 많은 **노력**을 요하지 않는다.

영영 the energy that is needed to do something
(무언가를 하기 위해 필요한 에너지[활기])

0109 **difficulty**
[dífikʌlti]

ⓝ 어려움, 곤경

I have **difficulty** studying for the test.
나는 시험공부하는 데 **어려움**이 있다.

👄 have difficulty (in) doing something 어떤 일을 하는 데 어려움이 있다
➕ difficult ⓐ 어려운, 힘든

0110 **repeat**
[ripíːt]

ⓥ 반복하다, 되풀이하다

Don't **repeat** the same mistake.
같은 실수를 **되풀이하지** 마라.

➕ repetition ⓝ 반복, 되풀이

0111 **review**
[rivjúː]

ⓝ 1 검토 2 복습 ⓥ 1 (재)검토하다 2 복습하다

The report is under **review**. 그 보고서는 검토 중이다.
We need homework to **review** the lessons.
우리는 수업을 **복습하기** 위한 숙제가 필요하다.

영영 ⓥ 2 to look again at what you have studied
(공부한 것을 다시 보다)

0112 **bother**
[báːðər]

ⓥ 귀찮게 하다, 괴롭히다

Please don't **bother** me while I'm studying.
공부하는 동안 날 **귀찮게 하지** 마.

0113 **focus**
[fóukəs]

ⓝ 초점 ⓥ (노력·관심 등을) 집중하다 ⊜ concentrate

the main **focus** of attention 관심의 주된 **초점**
You need to **focus** on your studies.
너는 학업에 **집중해야** 해.

👄 focus on ~: ~에 집중하다, ~에 초점을 맞추다

0114 art
[ɑːrt]

ⓝ 미술; 예술

My sister is very good at **art**.
내 여동생은 **미술**을 아주 잘한다.

The **art** gallery has more than 300 works of **art**.
그 **미술관**은 300개 이상의 **예술** 작품을 보유하고 있다.

0115 mathematics
[mæ̀θəmǽtiks]

ⓝ 수학

Mathematics is my favorite subject at school.
수학은 내가 학교에서 가장 좋아하는 과목이다.

🔍 math로 보통 줄여서 표기하며, 단수 취급한다.

0116 chemistry
[kémistri]

ⓝ 화학

She majored in **chemistry** in college.
그녀는 대학에서 **화학**을 전공했다.

➕ chemical ⓐ 화학의 ⓝ 화학 물질

0117 geography
[dʒiɑ́ːgrəfi]

ⓝ 지리학

I bought a new map for my **geography** class.
나는 **지리학** 수업을 위해 새 지도를 샀다.

🔍 geo(earth 땅, 지면) + graphy(description 설명) → 땅을 설명하는 학문 → 지리학

0118 physical education
[fízikəl èdʒukéiʃən]

ⓝ 체육 (PE)

physical education program 체육 프로그램
My uncle teaches **physical education** at a middle school.
우리 삼촌은 중학교에서 **체육**을 가르치신다.

0119 social studies
[sóuʃəl stʌ́diz]

ⓝ 사회

I learned about Native American history in my **social studies** class.
나는 **사회** 시간에 북미 원주민 역사에 대해서 배웠다.

📖 a school subject that includes history, geography, and politics (역사, 지리학, 정치학을 포함한 학교 과목)

0120 language
[lǽŋgwidʒ]

ⓝ 언어

He found learning a foreign **language** very difficult.
그는 외국어를 배우는 것이 매우 어렵다는 것을 알았다.

sign **language** 수화

Daily Check-up

A 빈칸에 알맞은 우리말 뜻 또는 영어를 써넣어 워드맵을 완성하시오.

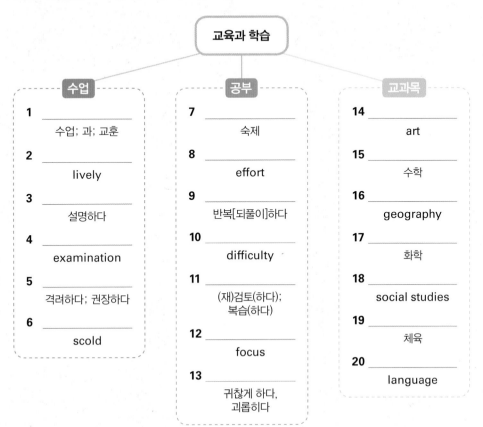

교육과 학습

수업
1 _____
수업; 과; 교훈
2 _____
lively
3 _____
설명하다
4 _____
examination
5 _____
격려하다; 권장하다
6 _____
scold

공부
7 _____
숙제
8 _____
effort
9 _____
반복[되풀이]하다
10 _____
difficulty
11 _____
(재)검토(하다);
복습(하다)
12 _____
focus
13 _____
귀찮게 하다,
괴롭히다

교과목
14 _____
art
15 _____
수학
16 _____
geography
17 _____
화학
18 _____
social studies
19 _____
체육
20 _____
language

B 우리말을 참고하여, 문장을 완성하시오. (필요하면 단어 형태를 바꾸시오.)

1 The plan is under _____.
그 계획은 검토 중이다.

2 I learned a _____ from my failure.
나는 내 실패로부터 교훈을 얻었다.

3 I have _____ studying for the test.
나는 시험공부하는 데 어려움이 있다.

4 We need homework to _____ the lessons.
우리는 수업을 복습하기 위한 숙제가 필요하다.

5 He found learning a foreign _____ very difficult.
그는 외국어를 배우는 것이 매우 어렵다는 것을 알았다.

Day 7 친구

0121 **classmate**
[klǽsmèit]

ⓝ 급우, 반 친구

You may work together with your **classmates** on the projoct.
그 프로젝트에 **반 친구**들과 함께해도 된다.

🔍 class(학급) + mate(친구, 동료) → 반 친구

0122 **peer**
[piər]

ⓝ 또래

She is very popular with her **peers**.
그녀는 **또래**들에게 인기가 아주 많다.

peer pressure 또래 집단이 주는 압박감

영영 someone who is the same age as you (당신과 같은 나이인 사람)

0123 **partner**
[pá:rtnər]

ⓝ 파트너, 동료, 협력자

Josh is my **partner** for our class project.
Josh는 우리 학급 프로젝트에서 내 **파트너**이다.

I'll discuss this problem with my business **partner**.
이 문제는 제 사업 **파트너**와 논의하겠습니다.

0124 **senior**
[sí:njər]

ⓐ 연상의 ⓝ 상급자; 최상급생 ↔ junior 손아래의; 후배(의)

My sister is four years **senior** to me.
우리 언니는 나보다 4살 **연상이다**.

John will be a **senior** in high school next year.
John은 내년에 고등학교의 **최상급생**이 될 것이다.

0125 **introduce**
[ìntrədjú:s]

ⓥ 소개하다

Ellen **introduced** her friend to her mother.
Ellen은 자신의 친구를 엄마에게 **소개했다**.

➕ introduction ⓝ 소개

0126 **familiar**
[fəmíliər]

ⓐ 친숙한, 낯익은 ↔ unfamiliar 익숙지 않은

Her name is **familiar** to us. 그녀의 이름은 우리에게 **친숙하다**.

I saw many **familiar** faces at the party.
나는 파티에서 많은 **낯익은** 얼굴들을 봤다.

0127 **chat**
[tʃæt]

ⓥ 이야기를 나누다, 수다 떨다   ⓝ 잡담, 수다

We **chatted** on the phone this morning.
우리는 오늘 아침에 전화로 **이야기를 나눴다**.

They were having a **chat** about the singer.
그들은 그 가수에 대해서 **잡담**을 나누고 있었다.

0128 **relationship**
[riléiʃənʃip]

ⓝ 관계

They like each other and have a close **relationship**.
그들은 서로를 좋아하고 친밀한 **관계**를 유지하고 있다.

He keeps a good **relationship** with his friends.
그는 친구들과 좋은 **관계**를 유지한다.

우정

0129 **friendship**
[fréndʃip]

ⓝ 1 교우 관계   2 우정

We formed a deep **friendship**.
우리는 깊은 **교우 관계**를 맺었다.

I was moved by their **friendship**.
나는 그들의 **우정**에 감동을 받았다.

0130 **promise**
[prɑ́:məs]

ⓥ 약속하다   ⓝ 약속

I **promise** you that I will come back.
내가 돌아올 거라고 너에게 **약속할게**.

keep / break a **promise** 약속을 지키다 / 어기다

0131 **care about**

~에 마음을 쓰다, ~에 관심을 가지다

True friends **care about** each other.
진정한 친구는 서로에게 **마음을 쓴다**.

My father didn't **care about** my problems.
아버지는 내 문제에 **신경 쓰지** 않았다.

0132 **common**
[kɑ́:mən]

ⓐ 1 흔한   2 공동의, 공통의

a **common** mistake 흔한 실수

We have a **common** interest in cooking.
우리는 요리에 **공통의** 관심사를 가지고 있다.

0133 **contact**
[kɑ́:ntækt]

ⓝ 접촉, 연락   ⓥ 연락하다

He made **contact** with his friend by telephone.
그는 전화로 친구와 **연락**을 했다.

When did you **contact** her? 너는 언제 그녀와 **연락했니**?

0134 compete
[kəmpíːt]

ⓥ 1 경쟁하다   2 (경기 등에) 참가하다

They **compete** for their teacher's attention in class.
그들은 수업 중에 선생님의 관심을 얻기 위해 **경쟁한다.**

Around 2,000 people **competed** in the marathon.
약 2,000명의 사람들이 마라톤에 **참가했다.**

➕ competition ⓝ 경쟁 | competitive ⓐ 경쟁하는, 경쟁력 있는

0135 rival
[ráivəl]

ⓝ 경쟁자, 경쟁 상대

The two girls have been **rivals** for years.
두 여자아이는 수년 간 **경쟁 상대**였다.

➕ rivalry ⓝ 경쟁

0136 jealous
[dʒéləs]

ⓐ 질투하는; 시샘하는

Jim was **jealous** of her good grades.
Jim은 그녀의 좋은 성적에 대해 **질투했다.**

영영 feeling unhappy because you want something that someone else has
(다른 사람이 가지고 있는 것을 갖고 싶어서 기분이 좋지 않은)

➕ jealousy ⓝ 질투(심), 시샘

0137 alone
[əlóun]

ⓐ 혼자의 ⓐ𝖽 혼자서

I was **alone** in the library. 나는 도서관에 **혼자** 있었다.
I can't do these things **alone**.
나는 **혼자서** 이 일들을 하지 못한다.

0138 pressure
[préʃər]

ⓝ 1 압력; 기압   2 압박

air **pressure** 기압

I felt **pressure** from my parents to become a teacher.
나는 부모님에게 선생님이 되라는 **압박**을 느꼈다.

0139 compare
[kəmpéər]

ⓥ 비교하다

My mother always **compares** me to my sister.
엄마는 나를 늘 언니와 **비교한다.**

ⓧ compare A to / with B: A를 B와 비교하다

0140 motivate
[móutəvèit]

ⓥ ~에게 동기를 주다, 자극하다

The teacher **motivated** her students to study harder.
그 선생님은 학생들이 공부를 더 열심히 하도록 **동기를 부여했다.**

영영 to make someone want to do something
(누군가가 무언가를 하고 싶도록 만들다)

➕ motivation ⓝ 동기 부여, 자극

Daily Check-up

A 빈칸에 알맞은 우리말 뜻 또는 영어를 써넣어 워드맵을 완성하시오.

PLAN **2**

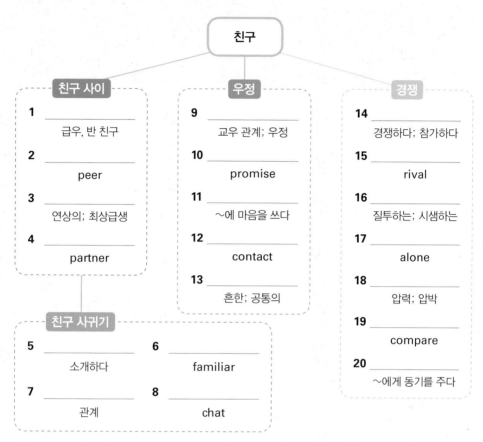

친구

친구 사이
1 _____ 급우, 반 친구
2 _____ peer
3 _____ 연상의; 최상급생
4 _____ partner

우정
9 _____ 교우 관계; 우정
10 _____ promise
11 _____ ~에 마음을 쓰다
12 _____ contact
13 _____ 흔한; 공통의

경쟁
14 _____ 경쟁하다; 참가하다
15 _____ rival
16 _____ 질투하는; 시샘하는
17 _____ alone
18 _____ 압력; 압박
19 _____ compare
20 _____ ~에게 동기를 주다

친구 사귀기
5 _____ 소개하다
6 _____ familiar
7 _____ 관계
8 _____ chat

B 우리말을 참고하여, 문장을 완성하시오. (필요하면 단어 형태를 바꾸시오.)

1 When did you _____ her?
너는 언제 그녀와 연락했니?

2 Her name is _____ to us.
그녀의 이름은 우리에게 친숙하다.

3 She is very popular with her _____.
그녀는 또래들에게 인기가 아주 많다.

4 I _____ you that I will come back.
내가 돌아올 거라고 너에게 약속할게.

5 My mother always _____ me to my sister.
엄마는 나를 늘 언니와 비교한다.

Review Test

A 들려주는 영어 단어와 어구를 쓴 후 우리말 뜻을 쓰시오.

	영단어	뜻		영단어	뜻
1			**2**		
3			**4**		
5			**6**		
7			**8**		
9			**10**		
11			**12**		
13			**14**		
15			**16**		
17			**18**		
19			**20**		

B 다음 영영 풀이에 해당하는 알맞은 단어를 골라 쓰시오.

effort   peer   elementary   motivate   review   social studies

1 basic and simple _____

2 to look again at what you have studied _____

3 to make someone want to do something _____

4 someone who is the same age as you _____

5 the energy that is needed to do something _____

6 a school subject that includes history, geography, and politics _____

C 밑줄 친 단어의 동의어(=) 또는 반의어(↔)를 골라 쓰시오.

public   praise   concentrate   competition

1 You need to focus on the work.   = _____

2 To enter the contest, fill out the form here.   = _____

3 Don't scold them for making mistakes.   ↔ _____

4 They have run a private school for ten years.   ↔ _____

D 다음 그림을 보고, 해당하는 단어와 연결하시오.

1   **2**   **3**   **4**

·   ·   ·   ·

·   ·   ·   ·

classroom   hallway   introduce   alone

E 다음을 읽고, 빈칸에 알맞은 단어를 우리말을 참고하여 쓰시오.

1 How often do you go to the _____ ?

너는 **도서관**에 얼마나 자주 가니?

2 I like learning about the world, so I like _____ .

나는 세계에 대해서 배우는 것을 좋아해서 **지리학**을 좋아한다.

3 He kept his _____ to visit his grandmother.

그는 할머니를 방문하겠다는 자신의 **약속**을 지켰다.

4 She has always been _____ of her sister's blond hair.

그녀는 항상 언니의 금발 머리를 **질투해왔다**.

PLAN 3
장소와 위치

city 시, 도시
grocery 식료품점
police station 경찰서

vehicle 차량, 탈것
road 도로, 길
fuel 연료

장소

교통

장소와
위치

위치와
방향 1

위치와
방향 2

along ~을 따라; 앞으로
eastern 동쪽의
center 중심, 한가운데

above ~보다 위에
behind ~의 뒤에
opposite ~의 건너편에

Day 8 장소

우리 동네

0141 local
[lóukəl]

ⓐ 지역의, 현지의

a **local** newspaper 지역 신문
She works at a **local** bookstore.
그녀는 **지역** 서점에서 근무한다.

0142 community
[kəmjúːnəti]

ⓝ 1 지역 사회, 주민 2 공동체

The local **community** cleaned up the beach.
지역 **주민들**이 해변을 청소했다.
a farming **community** 농업 **공동체**

영영 all the people who live in the same area
(같은 지역에 사는 모든 사람들)

0143 neighbor
[néibər]

ⓝ 이웃 사람

a next-door **neighbor** 옆집 사람
My **neighbor** always complains about noise.
내 **이웃**은 늘 소음에 대해 불평한다.

➕ neighborhood ⓝ 근처, 이웃

0144 city
[síti]

ⓝ 시, 도시

I have lived in this **city** for two years.
나는 이 **도시**에서 2년째 살고 있다.

➕ citizen ⓝ 시민

0145 town
[taun]

ⓝ 소도시, 읍

It was once a mining **town**.
그곳은 한때 탄광 **소도시**였다.
My family lived in a small **town** in Ohio.
우리 가족은 오하이오주의 작은 **도시**에 살았다.

영영 an area where people live that is larger than a village but smaller than a city
(마을보다는 크고 도시보다는 작은 사람들이 사는 지역)

0146 village
[vílidʒ]

ⓝ (시골) 마을, 촌락

a fishing **village** 어촌
She left her **village** and went to live in the city.
그녀는 자신이 살던 **마을**을 떠나 도시에 살러 갔다.

0147 countryside
[kʌ́ntrisàid]

ⓝ 시골, 전원 지대

The **countryside** near my town is full of hills and farms.
내가 사는 소도시 근처의 **시골**에는 언덕과 농장이 많다.

⭐ country와 countryside는 모두 밭과 숲 등이 있는 시골을 나타내지만, countryside는 전원의 아름다운 풍경이나 평화로운 모습 등을 묘사할 때 주로 쓴다.

0148 capital
[kǽpətl]

ⓝ 1 수도   2 대문자

Paris is one of the world's most visited **capitals**.
파리시는 세계에서 가장 많은 방문객이 찾는 **수도** 중 하나이다.

Write the first letter in **capitals**.
첫 번째 글자는 **대문자**로 쓰시오.

건물과 장소

0149 mall
[mɔːl]

ⓝ 쇼핑몰

We can shop at many different stores in the **mall**.
우리는 **쇼핑몰**에 있는 많은 다양한 상점에서 쇼핑을 할 수 있다.

0150 grocery
[gróusəri]

ⓝ 식료품점   ⊜ grocery store

The local **grocery** is open seven days a week.
그 지역 **식료품점**은 일주일 내내 영업한다.

0151 bakery
[béikəri]

ⓝ 빵집, 제과점

I bought an apple pie at the **bakery**.
나는 **빵집**에서 사과 파이를 샀다.

➕ baker ⓝ 제빵사

0152 department store
[dipáːrtmənt stɔːr]

ⓝ 백화점

He works as a shoe salesman at a **department store**.
그는 **백화점**에서 신발 판매원으로 일한다.

⭐ department(부문, 매장) + store(상점) → 백화점

0153 market
[máːrkit]

ⓝ 시장

street **market** 길거리 **시장**, 노점

My mother usually buys fruits and vegetables at the **market**.
우리 엄마는 보통 **시장**에서 과일과 채소를 사신다.

[영영] a place where goods are sold and bought (물건을 사고 파는 곳)

0154 restaurant
[réstərà:nt]

🄝 음식점, 식당

a fancy **restaurant** 고급 음식점
There are different types of **restaurants** in the city.
그 도시에는 다양한 종류의 **식당**이 있다.

0155 theater
[θí:ətər]

🄝 1 극장   2 연극

a movie **theater** 영화관
Many **theaters** in New York are on Broadway.
뉴욕의 많은 **극장들**은 브로드웨이에 있다.
Kevin likes to enjoy **theater** on the weekends.
Kevin은 주말에 **연극**을 즐기는 것을 좋아한다.

관공서

0156 police station
[pəlí:s stéiʃən]

🄝 경찰서

They were kept in the **police station** for three days.
그들은 3일 동안 **경찰서**에 구금되었다.

0157 post office
[poust ɔ́:fəs]

🄝 우체국

a **post office** counter 우체국 접수대
I dropped by the **post office** to send a package.
나는 소포를 부치러 **우체국**에 들렀다.

0158 fire station
[fáiər stéiʃən]

🄝 소방서

report a fire to a **fire station** 소방서에 화재 신고를 하다
The new **fire station** has three fire engines and ten firefighters.
새로운 **소방서**에는 3대의 소방차와 10명의 소방관이 있다.

0159 museum
[mjuzí:əm]

🄝 박물관

go on a field trip to the **museum** 박물관에 견학을 가다
The **museum** has some famous paintings by Van Gogh.
그 **박물관**은 반 고흐의 유명한 그림 몇 점을 소장하고 있다.

0160 hospital
[hɑ́:spitl]

🄝 병원

My brother was in the **hospital** for a month.
우리 형은 한 달 동안 **병원**에 입원했다.

🔖 be in the hospital 병원에 입원하고 있다

Daily Check-up

A 빈칸에 알맞은 우리말 뜻 또는 영어 단어를 써넣어 워드맵을 완성하시오.

PLAN 3

장소

우리 동네

1 _____
 community

2 _____
 이웃 사람

3 _____
 local

4 _____
 시, 도시

5 _____
 town

6 _____
 마을, 촌락

7 _____
 countryside

8 _____
 수도; 대문자

건물과 장소

9 _____
 쇼핑몰

10 _____
 grocery

11 _____
 백화점

12 _____
 bakery

13 _____
 시장

14 _____
 음식점, 식당

15 _____
 theater

관공서

16 _____
 경찰서

17 _____
 post office

18 _____
 소방서

19 _____
 hospital

20 _____
 박물관

B 우리말을 참고하여, 어구 또는 문장을 완성하시오. (필요하면 단어 형태를 바꾸시오.)

1 a farming _____
농업 공동체

2 The local _____ is open seven days a week.
그 지역 식료품점은 일주일 내내 영업한다.

3 Many _____ in New York are on Broadway.
뉴욕의 많은 극장들은 브로드웨이에 있다.

4 The _____ near my town is full of hills and farms.
내가 사는 소도시 근처의 시골에는 언덕과 농장이 많다.

5 Paris is one of the world's most visited _____.
파리시는 세계에서 가장 많은 방문객이 찾는 수도 중 하나이다.

Day 9 교통

탈것과 장소

0161 vehicle
[ví:əkl / ví:hikl]

ⓝ **차량, 탈것**

The **vehicle** was badly damaged in the accident.
그 **차**는 그 사고에서 심하게 손상을 입었다.

영영 a machine such as a car, bus, or truck that carries people
(사람들을 운반하는 차, 버스, 트럭과 같은 기계)

0162 subway
[sʌ́bwèi]

ⓝ **지하철**

commute by **subway** 지하철로 출퇴근하다
Many people take the **subway** to work every day.
많은 사람들이 매일 **지하철**을 타고 출근한다.

파리와 모스크바와 같은 몇몇 도시에서는 지하철을 metro라고 부른다.
영국에서는 지하철을 underground라고 한다.

0163 automobile
[ɔ́:təməbì:l]

ⓝ **자동차**

an **automobile** accident 자동차 사고
He wants to buy a new **automobile**.
그는 새 **자동차**를 사고 싶어 한다.

auto(self 자(自)) + mobile(moving 동(動)) → 자동차(自動車)

0164 railway
[réilwèi]

ⓝ **철도; 철로**

a **railway** fare 철도 요금
There were old houses beside the **railway**.
철로 옆으로 낡은 집들이 있었다.

영국에서는 railway, 미국에서는 railroad로 쓴다.

0165 station
[stéiʃən]

ⓝ **역, 정거장**

a bus **station** 버스 정류장
My dad drove me to the subway **station**.
아빠가 나를 지하철**역**까지 차로 태워 주셨다.

0166 airport
[éərpɔ̀:rt]

ⓝ **공항**

an international **airport** 국제공항
I took a taxi to the **airport**.
나는 택시를 타고 **공항**에 갔다.

PLAN
3

0167 **port**
[pɔːrt]

ⓝ 항구; 항구 도시

Busan is the largest **port** in South Korea.
부산은 한국에서 가장 큰 **항구 도시**이다.

Boats head for **port** when a storm arises.
폭풍이 일어나면 배들은 **항구**로 향한다.

📖 a place where ships arrive and leave from
(배들이 도착하고 떠나는 곳)

도로와 길

0168 **road**
[roud]

ⓝ 도로, 길

a **road** map 도로 지도
Be careful when you cross the **road**.
길을 건널 때 조심해라.

0169 **street**
[striːt]

ⓝ 거리, 도로

a busy **street** 번화가
It is a small town with narrow **streets**.
그곳은 좁은 **도로**가 있는 작은 마을이다.

0170 **path**
[pæθ]

ⓝ 작은 길, 오솔길

a mountain **path** 산길
We followed a small **path** through the woods.
우리는 숲을 통과하는 작은 **오솔길**을 따라갔다.

📖 a track made by people walking over the ground
(사람들이 땅을 걸어다녀 만들어진 길)

0171 **tunnel**
[tʌ́nl]

ⓝ 터널, 굴

They dug **tunnels** for roads to go through mountains.
그들은 산을 통과하는 도로를 만들기 위해 **터널**을 팠다.

the light at the end of the **tunnel**
터널 끝에 보이는 빛(쓰라린 고통 뒤의 희망)

0172 **sign**
[sain]

ⓝ 1 표지판   2 징후   ⓥ 서명하다

a road **sign** 도로 표지판
It is a serious **sign** that things are getting worse.
그것은 사태가 심각해지고 있다는 심각한 **징후**이다.

Please **sign** your name here. 여기에 이름을 **서명해주세요**.

0173 **traffic jam**
[trǽfik dʒæm]

ⓝ 교통 체증

I was stuck in a **traffic jam** this morning.
나는 오늘 아침에 **교통 체증**에 갇혀 있었다.

0174 pass
[pæs]

ⓥ 1 통과하다; 추월하다 2 건네주다 3 합격하다

He drove faster to **pass** the truck in front of him.
그는 자신의 앞에 있는 트럭을 **추월하기** 위해 더 빨리 차를 몰았다.

Pass me the water, please. 물 좀 **건네주세요**.

She finally **passed** her driving test.
그녀는 드디어 운전면허 시험에 **합격했다**.

0175 carry
[kǽri]

ⓥ 1 운반하다, 실어 나르다 2 가지고 다니다

The boat can **carry** up to 30 people.
그 배는 최대 30명까지 **실어 나를** 수 있다.

She always **carries** her son's photo in her bag.
그녀는 가방 속에 아들 사진을 항상 **가지고 다닌다**.

0176 speed
[spi:d]

ⓥ 1 빨리 가다, 질주하다 2 속도위반하다 ⓝ 속도

The bus kept **speeding** down the road.
버스가 도로를 계속 **질주했다**.

The police caught the woman **speeding**.
경찰은 그 여자를 **속도위반**으로 잡았다.

at full **speed** 전속력으로

0177 get on

타다, 승차하다 ↔ get off 내리다, 하차하다

We **got on** the train at the nearest station.
우리는 가장 가까운 역에서 기차를 **탔다**.

0178 fuel
[fjú:əl]

ⓝ 연료

Gasoline is the most commonly used **fuel**.
휘발유는 가장 흔히 사용되는 **연료**이다.

0179 block
[blɑ:k]

ⓥ 막다, 차단하다 ⓝ (도로로 나뉘는) 블록, 구역

A big tree fell and **blocked** the road.
큰 나무가 쓰러져 길을 **막았다**.

The park is three **blocks** away from my house.
공원은 우리 집에서 세 **블록** 떨어져 있다.

0180 back and forth

전후로, 왔다 갔다

The bus runs **back and forth** from the train station to the airport.
그 버스는 기차역에서 공항으로 **왔다 갔다** 운행한다.

He walked **back and forth** in the room.
그는 방 안을 **왔다 갔다** 걸어 다녔다.

A 빈칸에 알맞은 우리말 뜻 또는 영어를 써넣어 워드맵을 완성하시오.

교통

탈것과 장소

1 _____
차량, 탈것

2 _____
automobile

3 _____
지하철

4 _____
railway

5 _____
역, 정거장

6 _____
port

7 _____
공항

도로와 길

8 _____
도로, 길

9 _____
street

10 _____
작은 길, 오솔길

11 _____
sign

12 _____
터널, 굴

13 _____
traffic jam

운전

14 _____
carry

15 _____
추월하다; 건네주다

16 _____
speed

17 _____
타다, 승차하다

18 _____
fuel

19 _____
막다, 차단하다; 구역

20 _____
back and forth

B 우리말을 참고하여, 문장을 완성하시오. (필요하면 단어 형태를 바꾸시오.)

1 I took a taxi to the _____.
나는 택시를 타고 공항에 갔다.

2 There were old houses beside the _____.
철로 옆으로 낡은 집들이 있었다.

3 The boat can _____ up to 30 people.
그 배는 최대 30명까지 실어 나를 수 있다.

4 I was stuck in a _____ this morning.
나는 오늘 아침에 교통 체증에 갇혀 있었다.

5 The bus runs _____ from the train station to the airport.
그 버스는 기차역에서 공항으로 왔다 갔다 운행한다.

Day 10 위치와 방향 1

0181 **direction**
[dərékʃən]

ⓝ 방향

The wind suddenly changed **direction**.
바람이 갑자기 **방향**을 바꿨다.

0182 **course**
[kɔːrs]

ⓝ 1 진로, 방향 =direction 2 강의

The pilot changed **course** to avoid the bad weather.
비행기 조종사는 악천후를 피하기 위해서 **항로**를 바꿨다.

take a **course** in design 디자인 **강의**를 듣다

0183 **toward(s)**
[toərd(z)]

prep ~ 쪽으로, ~ 향하여

toward the window 창문 **쪽으로**

A car was coming **toward** him.
한 차가 그를 **향해** 오고 있었다.

영영 in the direction of (~의 방향으로)

🔍 미국 영어에서는 toward를 사용하고, 영국 영어에서는 towards를 사용한다.

0184 **across**
[əkrɔ́ːs]

prep ~을 가로질러; ~의 건너편에 ad 건너서, 가로질러

We ran straight **across** the street.
우리는 길을 **가로질러** 곧장 달렸다.

We walked **across** to the mall.
우리는 **가로질러** 쇼핑몰로 걸어갔다.

0185 **along**
[əlɔ́ːŋ]

prep ~을 따라 ad 앞으로 =forward

She walked **along** the street alone.
그녀는 홀로 길을 **따라** 걸었다.

I was driving **along** and listening to music.
나는 **앞으로** 차를 몰며 음악을 듣고 있었다.

0186 **through**
[θruː]

prep ~을 통하여 ad 지나서, 뚫고서

The train went **through** a long tunnel.
그 기차는 긴 터널을 **통과**했다.

The water here is too deep to drive **through**.
여기는 물이 너무 깊어서 운전해서 **지나** 갈 수 없다.

동서남북

0187 eastern
[íːstərn]

ⓐ 동쪽의

the **eastern** shore 동부 해안
We live in the **eastern** part of the U.S.
우리는 미국의 **동쪽** 지역에 산다.

➕ east ⓝ 동쪽

0188 western
[wéstərn]

ⓐ 서쪽의

The bright star in the **western** evening sky is Venus.
서쪽 저녁 하늘에 밝게 빛나는 별은 금성이다.

➕ west ⓝ 서쪽

0189 southern
[sʌ́ðərn]

ⓐ 남쪽의

a warm **southern** wind 따뜻한 **남풍**
Italy is in the **southern** part of Europe.
이탈리아는 유럽의 **남부** 지역에 있다.

➕ south ⓝ 남쪽

0190 northern
[nɔ́ːrðərn]

ⓐ 북쪽의

Paris is located in the **northern** part of France.
파리시는 프랑스의 **북쪽** 지역에 위치해 있다.

➕ north ⓝ 북쪽

앞뒤 좌우

0191 right
[rait]

ⓐ 1 맞는 ⹀correct 2 **오른쪽의** ⓓ **오른쪽으로**

That's the **right** answer. 정답이야.
He felt some pain in his **right** shoulder.
그는 **오른쪽** 어깨에 통증을 좀 느꼈다.
Turn **right** at the first corner.
첫 번째 모퉁이에서 **오른쪽으로** 도세요.

0192 left
[left]

ⓐ 왼쪽의 ⓓ 왼쪽에, 왼쪽으로

He held out his **left** hand. 그는 **왼손**을 내밀었다.
Turn **left** at the next traffic light.
다음 신호등에서 **왼쪽으로** 도세요.

0193 forward
[fɔ́ːrwərd]

ⓓ 앞으로

Walk three steps **forward** and turn left.
앞으로 세 걸음 걸어가서 왼쪽으로 도세요.

⭐ for(앞에) + -ward(~쪽으로) → 앞으로

0194 backward

[bǽkwərd]

ad 뒤로, 뒤쪽으로

walk **backward** 뒷걸음치다

I glanced **backward** and saw a cat going after me.
나는 **뒤**를 힐끗 보았고, 고양이가 나를 뒤쫓아 오는 것을 봤다.

영영 in the direction that is behind you (네 뒤에 있는 방향으로)

위치

0195 center

[séntər]

n 중심, 한가운데

There was a big, round table in the **center** of the room.
방 **한가운데**에는 크고 둥근 탁자가 있었다.

0196 middle

[mídl]

n 중앙, 한가운데

A fountain was in the **middle** of the garden.
분수가 정원 **한가운데**에 있었다.

in the **middle** of the night 한밤중에

숙어 in the middle of ~: ~의 중앙에

0197 bottom

[bá:təm]

n 맨 아래; 바닥 ↔ top 맨 위 **a** 맨 아래의

The hotel is at the **bottom** of Green Street.
그 호텔은 Green가 **맨 아래**에 있다.

the **bottom** line 핵심, 요점

0198 outside

[áutsàid]

n 바깥쪽 **ad** 밖에서 **a** 바깥쪽의 **prep** ~의 밖에

I painted the **outside** of my house.
나는 집 **바깥쪽**을 페인트칠했다.

The boy likes to play **outside**.
그 남자아이는 **밖에서** 놀기를 좋아한다.

0199 inside

[ínsàid]

n 안쪽, 내부 **ad** 안으로 **a** 안쪽의 **prep** ~의 안에

The **inside** of the building was quite dark.
건물 **내부**는 꽤 어두웠다.

We walked **inside** to get out of the rain.
우리는 비를 피하기 위해 **안으로** 걸어갔다.

0200 underground

[ʌ́ndərgràund]

ad 지하에 **a** 지하의

Worms live **underground** and eat soil.
벌레들은 **땅 밑에서** 살고 흙을 먹는다.

an **underground** garage **지하** 차고

A 빈칸에 알맞은 우리말 뜻 또는 영어 단어를 써넣어 워드맵을 완성하시오.

위치와 방향

방향

1 ＿＿＿＿＿＿
방향

2 ＿＿＿＿＿＿
course

3 ＿＿＿＿＿＿
~ 쪽으로, ~ 향하여

4 ＿＿＿＿＿＿
~을 가로질러; 건너서

5 ＿＿＿＿＿＿
along

6 ＿＿＿＿＿＿
~을 통하여; 지나서

동서남북

7 ＿＿＿＿＿＿
동쪽의

8 ＿＿＿＿＿＿
western

9 ＿＿＿＿＿＿
남쪽의

10 ＿＿＿＿＿＿
northern

앞뒤 좌우

11 ＿＿＿＿＿＿
right

12 ＿＿＿＿＿＿
왼쪽의; 왼쪽에

13 ＿＿＿＿＿＿
forward

14 ＿＿＿＿＿＿
뒤로, 뒤쪽으로

위치

15 ＿＿＿＿＿＿
중심, 한가운데

16 ＿＿＿＿＿＿
middle

17 ＿＿＿＿＿＿
맨 아래(의); 바닥

18 ＿＿＿＿＿＿
underground

19 ＿＿＿＿＿＿
바깥쪽; 밖에서

20 ＿＿＿＿＿＿
안쪽; 안으로

B 우리말을 참고하여, 문장을 완성하시오. (필요하면 단어 형태를 바꾸시오.)

1 We walked ＿＿＿＿＿＿＿ to the mall.
우리는 가로질러 쇼핑몰로 걸어갔다.

2 Worms live ＿＿＿＿＿＿＿ and eat soil.
벌레들은 땅 밑에서 살고 흙을 먹는다.

3 Walk three steps ＿＿＿＿＿＿＿ and turn left.
앞으로 세 걸음 걸어가서 왼쪽으로 도세요.

4 Italy is in the ＿＿＿＿＿＿＿ part of Europe.
이탈리아는 유럽의 남부 지역에 있다.

5 The pilot changed ＿＿＿＿＿＿＿ to avoid the bad weather.
비행기 조종사는 악천후를 피하기 위해서 항로를 바꿨다.

Day 11 위치와 방향 2

위아래

0201 above
[əbʌ́v]

prep ~보다 위에[위로] ad 위에

Raise your hands **above** your head.
네 머리 **위로** 손을 올려라.

I looked at the clouds **above**. 나는 **위에** 구름을 봤다.

0202 over
[óuvər]

prep 1 ~의 위에 2 ~을 넘어[건너]

An airplane was flying **over** the clouds.
비행기가 구름 **위로** 날아가고 있었다.

To get to the park, you should go **over** the bridge.
공원에 가려면 다리를 **건너**가야 한다.

0203 under
[ʌ́ndər]

prep ~ 아래에, ~의 바로 밑에

I took a nap **under** a tree.
나는 나무 **아래에서** 낮잠을 잤다.

The boy hid the box **under** his bed.
그 남자아이는 상자를 침대 **밑에** 숨겼다.

0204 below
[bilóu]

prep ~보다 아래에 ad 아래에 ↔ above

We saw the sun sink **below** the horizon.
우리는 해가 수평선 **아래로** 지는 것을 봤다.

Try not to look down **below**.
아래를 보지 않도록 하세요.

앞뒤와 주변

0205 front
[frʌnt]

a 앞쪽의 n 앞쪽, 앞부분

a **front** yard 앞마당

The teacher told her to come to the **front** of the classroom.
선생님은 그녀에게 교실 **앞으로** 나오라고 말했다.

0206 behind
[biháind]

prep ~의 뒤에

disappear **behind** a cloud 구름 **뒤로** 사라지다

I spoke to the man standing **behind** me.
나는 내 **뒤에** 서 있는 남자에게 말을 했다.

PLAN
3

0207 **between**

[bitwíːn]

prep **사이에**

the distance **between** two places 두 장소 **사이의** 거리

I stood **between** him and his wife.
나는 그와 그의 아내 **사이에** 서 있었다.

0208 **beside**

[bisáid]

prep **～ 옆에** =next to

She sat **beside** me during dinner.
그녀는 저녁 식사 동안 내 **옆에** 앉아 있었다.

⭐ cf. besides ～외에; 뿐만 아니라

0209 **near**

[niər]

prep **～에서 가까이, ～의 근처에** a **가까운**

There was a supermarket **near** my house.
우리 집 **근처에** 슈퍼마켓이 하나 있었다.

I hope we can see each other again in the **near** future.
우리가 **가까운** 미래에 서로 다시 볼 수 있기를 바랍니다.

📖 in the near future 가까운 미래에

0210 **next to**

prep **～ 바로 옆에**

The house **next to** ours is for sale.
우리 **옆집은** 팔려고 내놓은 상태이다.

Two girls are sitting **next to** each other.
두 여자아이가 서로 **바로 옆에**[나란히] 앉아 있다.

0211 **around**

[əráund]

prep **～ 주위에, 빙 둘러**

A lot of people gathered **around** the movie star.
많은 사람들이 그 인기 영화배우의 **주위로** 모여들었다.

I walked **around** the garden. 나는 정원을 **빙 둘러** 걸었다.

기타

0212 **into**

[íntu]

prep **～ 안으로, ～ 안에**

She got **into** her car and drove home.
그녀는 차 **안으로** 들어가 차를 몰고 집에 갔다.

If you go **into** that room, you can find him.
저 방 **안으로** 들어가면, 그를 찾을 수 있어요.

0213 **out of**

prep **～ 밖으로, ～ 밖에**

Take your hands **out of** your pockets.
호주머니 **밖으로** 네 손을 빼렴.

Out of sight, **out of** mind.
눈에서 멀어지면 마음에서도 멀어진다.

0214 apart
[əpάːrt]

ad 1 떨어져, 헤어져 2 산산이

The two cities are twenty kilometers **apart**.
그 두 도시는 20킬로미터 **떨어져** 있다.

He took his computer **apart**.
그는 컴퓨터를 분해했다.

take something apart ~을 분해하다

0215 away
[əwéi]

ad 떨어진 곳에; 다른 데로

Stay **away** from the fire. 불에서 **떨어져** 있어라.

They moved **away** last year.
그들은 작년에 이사갔다.

move away 이사하다

0216 ahead
[əhéd]

ad 1 앞으로, 앞에 2 미리

The cars moved **ahead** slowly because of heavy snow.
폭설 때문에 차들이 천천히 **앞으로** 움직였다.

We planned **ahead** for the big event.
우리는 큰 행사를 위해 **미리** 계획을 했다.

영영 in or toward the front (앞에 또는 앞쪽으로)

0217 aside
[əsáid]

ad 한쪽으로, 옆으로

Put your toys **aside**. 네 장난감을 **한쪽으로** 치워라.

He stepped **aside** and let me pass.
그는 **옆으로** 비켜서 내가 지나가게 해 주었다.

0218 upside down

ad (위아래가) 거꾸로, 뒤집혀

He hung the picture **upside down**.
그는 그림을 **거꾸로** 걸었다.

cf. inside out (안팎을) 뒤집어 | back to front (앞뒤를) 거꾸로

0219 opposite
[άːpəzət]

prep ~의 건너편[맞은편]에 a 반대편[맞은편]의

The library is **opposite** the post office.
도서관은 우체국 **건너편**에 있다.

The two girls lived on **opposite** sides of the street.
두 여자아이는 길 **맞은편**에 살았다.

0220 upstairs
[ʌ̀pstéərz]

ad 위층으로, 위층에 ↔ downstairs 아래층으로, 아래층에

She climbed the steps to go **upstairs**.
그녀는 **위층으로** 가기 위해 계단을 올라갔다.

Daily Check-up

학습 Check	MP3 듣기	본문 학습	Daily Check-up	누적 테스트 Days 10-11	Review Test

A 빈칸에 알맞은 우리말 뜻 또는 영어를 써넣어 워드맵을 완성하시오.

위치와 방향

위아래

1 _____
～보다 위에; 위에

2 _____
over

3 _____
～보다 아래에

4 _____
under

앞뒤와 주변

5 _____
앞쪽의; 앞부분

6 _____
behind

7 _____
사이에

8 _____
near

9 b_____
～ 옆에

10 _____
next to

11 _____
～ 주위에, 빙 둘러

기타

12 _____
into

13 _____
～ 밖으로

14 _____
떨어져; 산산이

15 _____
away

16 _____
한쪽으로, 옆으로

17 _____
ahead

18 _____
거꾸로, 뒤집혀

19 _____
upstairs

20 _____
～의 건너편에

B 우리말을 참고하여, 문장을 완성하시오. (필요하면 단어 형태를 바꾸시오.)

1 I looked at the clouds _____.
나는 위에 구름을 봤다.

2 I stood _____ him and his wife.
나는 그와 그의 아내 사이에 서 있었다.

3 We saw the sun sink _____ the horizon.
우리는 해가 수평선 아래로 지는 것을 봤다.

4 A lot of people gathered _____ the movie star.
많은 사람들이 그 인기 영화배우의 주위로 모여들었다.

5 The two cities are twenty kilometers _____.
그 두 도시는 20킬로미터 떨어져 있다.

Review Test

A 들려주는 영어 단어와 어구를 쓴 후 우리말 뜻을 쓰시오.

영단어	뜻	영단어	뜻
1		**2**	
3		**4**	
5		**6**	
7		**8**	
9		**10**	
11		**12**	
13		**14**	
15		**16**	
17		**18**	
19		**20**	

B 다음 영영 풀이에 해당하는 알맞은 단어를 골라 쓰시오.

vehicle   backward   port   ahead   town   path

1 in or toward the front _____

2 in the direction that is behind you _____

3 a place where ships arrive and leave from _____

4 a track made by people walking over the ground _____

5 a machine such as a car, bus, or truck that carries people _____

6 an area where people live that is larger than a village but smaller than a city _____

C 밑줄 친 단어의 동의어(=) 또는 반의어(↔)를 골라 쓰시오.

above   next to   direction   top

1 The driver suddenly changed <u>course</u>.   = _____

2 I was standing <u>beside</u> her at the time.   = _____

3 Our apartment is <u>below</u> theirs.   ↔ _____

4 I waited for them at the <u>bottom</u> of the hill.   ↔ _____

D 다음 그림을 보고, 해당하는 단어와 연결하시오.

1    **2**   **3**   **4**

countryside   museum   traffic jam   post office

E 다음을 읽고, 빈칸에 알맞은 단어를 우리말을 참고하여 쓰시오.

1 I bought this shirt at the _____ store.
나는 이 셔츠를 **백화점**에서 샀다.

2 What kind of _____ does your car use?
당신의 차는 어떤 종류의 **연료**를 사용하나요?

3 She took two steps f_____ and stared at me.
그녀는 두 걸음 **앞으로** 나아가서 나를 응시했다.

4 The baby is holding the book _____ down.
아기가 책을 **거꾸로** 들고 있다.

PLAN 4
개인 생활

active 활발한; 적극적인
careful 조심하는, 신중한
greedy 탐욕스러운

pleased 기쁜
afraid 두려워하는
anger 화, 분노

성격

감정

개인
생활

생각

의사
소통

guess 추측하다
remember 기억하다
idea 발상, 생각

dialogue 대화
rumor 소문
argue 말다툼하다

Day 12 성격

0221 personality
[pə̀:rsənǽləti]

ⓝ 성격, 인격

She has a lively **personality**. 그녀의 **성격**은 활발하다.

영명 the character of a person that makes him or her different from other people (다른 사람과 다르게 만드는 사람의 특징)

긍정적

0222 active
[ǽktiv]

ⓐ 활발한; 적극적인

Julie is very **active** and enjoys hiking and traveling.
Julie는 매우 **활발하고**, 하이킹과 여행하는 것을 즐긴다.

an **active** member 적극적인 구성원

영명 doing things that require energy and movement
(활기와 움직임을 요하는 것을 하는)

➕ actively ⓐⓓ 활발히; 적극적으로

0223 cheerful
[tʃíərfəl]

ⓐ 쾌활한, 발랄한 ＝happy

a **cheerful** smile 쾌활한 미소
Cathy looks a little more **cheerful** today.
Cathy는 오늘 약간 더 **쾌활해** 보인다.

0224 brave
[breiv]

ⓐ 용감한, 용기 있는 ＝courageous, fearless

My father was a **brave** soldier.
우리 아빠는 **용감한** 군인이셨다.

➕ bravery ⓝ 용감(성)

0225 curious
[kjúriəs]

ⓐ 호기심이 많은; 궁금한

He is naturally **curious** and likes to ask a lot of questions.
그는 천성적으로 **호기심이 많고**, 질문을 많이 하는 것을 좋아한다.

I am **curious** to know what he said.
나는 그가 뭘 얘기했는지 **궁금하다**.

➕ curiosity ⓝ 호기심

0226 humorous
[hjúːmərəs]

ⓐ 재미있는, 유머가 넘치는 ＝funny

I like Judy because she is **humorous** and kind.
나는 Judy가 **유머가 넘치고** 친절해서 좋다.

➕ humor ⓝ 유머, 익살

조심과 인내

0227 careful
[kéərfəl]

ⓐ 조심하는, 신중한

My mom is a **careful** driver.
우리 엄마는 **조심히** 운전하신다.

Be **careful** when you buy things online.
온라인으로 물건을 살 때는 **조심해라.**

➕ carefully @d 주의하여, 조심스럽게

0228 quiet
[kwáiət]

ⓐ 조용한, 차분한

He has a **quiet** personality, but he enjoys being with people.
그는 **조용한** 성격이지만 사람들과 함께 있는 것을 좋아한다.

0229 shy
[ʃai]

ⓐ 수줍음이 많은, 부끄러워하는

Emily was very **shy** around strangers.
Emily는 낯선 사람들 사이에서 매우 **수줍어했다.**

0230 patient
[péiʃənt]

ⓐ 참을성 있는, 인내심 있는　ⓝ 환자

The teacher treated his students in a **patient** way.
그 선생님은 학생들을 **참을성 있게** 대했다.

look after a **patient** 환자를 보살피다

➕ patience ⓝ 참을성, 인내심

0231 diligent
[dílədʒənt]

ⓐ 부지런한, 근면한

As a teacher, he was **diligent** and helpful.
교사로서 그는 **부지런하고** 기꺼이 도와주었다.

📖 working hard with care and effort
(주의 깊고 노력하며 열심히 하는)

➕ diligence ⓝ 근면, 성실

친절과 정직

0232 kindness
[káindnəs]

ⓝ 친절, 다정함

I can't thank you enough for your **kindness**.
당신의 **친절**에 대해 더없이 감사할 뿐입니다.

➕ kind @ 친절한

0233 friendly
[fréndli]

ⓐ 친절한, 호의적인

The locals are **friendly** to everyone who visits their village.
그 지역 주민들은 마을을 방문하는 모든 사람들에게 **친절하다.**

0234 honest
[ɑ́ːnist]

ⓐ 1 정직한 2 솔직한 ⟷dishonest 정직하지 못한

I'm looking for an **honest**, hardworking nanny.
저는 **정직하고** 열심히 일하는 보모를 구하고 있습니다.

Can I be **honest** with you?
제가 **솔직하게** 말해도 될까요?

➕ honesty ⓝ 정직; 솔직함

0235 tender
[téndər]

ⓐ 1 상냥한, 애정 어린 =gentle 2 (고기 등이) 부드러운

tender words **상냥한** 말
Josh still has **tender** feelings for her.
Josh는 그녀에게 여전히 **애정 어린** 감정을 가지고 있다.

a **tender** steak **부드러운** 스테이크

부정적

0236 greedy
[gríːdi]

ⓐ 탐욕스러운, 욕심 많은

The **greedy** man wants to have more land.
그 **욕심 많은** 남자는 더 많은 땅을 갖기를 원한다.

➕ greed ⓝ 탐욕, 욕심

0237 selfish
[sélfiʃ]

ⓐ 이기적인 ⟷selfless 이타적인

Your **selfish** brother took all the pizza.
네 **이기적인** 형이 피자를 다 가져갔어.

🔍 self(자아) + -ish(~을 지닌, ~한) → 이기적인

0238 lazy
[léizi]

ⓐ 게으른, 나태한 ⟷diligent

a **lazy** life **나태한** 생활
He is so **lazy** that he doesn't do any housework.
그는 너무 **게을러서** 어떠한 집안일도 하지 않는다.

0239 strict
[strikt]

ⓐ 엄격한 =severe

a **strict** teacher **엄격한** 교사
About 50% of public schools have a **strict** dress code.
약 50%의 공립 학교들은 복장 규정이 **엄격하다.**

0240 cruel
[krúːəl]

ⓐ 잔인한, 잔혹한

It is so **cruel** to test on animals.
동물 실험을 하는 것은 너무 **잔인하다.**

➕ cruelty ⓝ 잔인함

Daily Check-up

A 빈칸에 알맞은 우리말 뜻 또는 영어 단어를 써넣어 워드맵을 완성하시오.

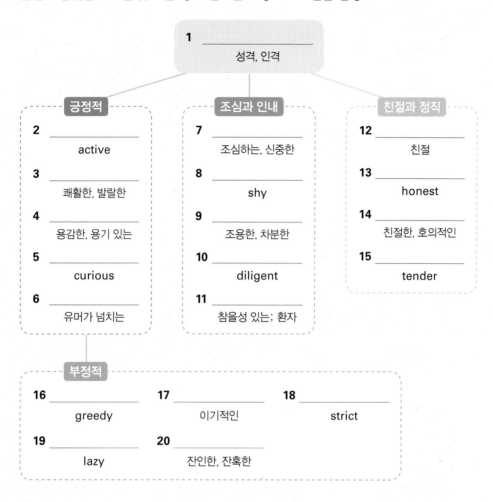

1 _____
성격, 인격

긍정적

2 _____
active

3 _____
쾌활한, 발랄한

4 _____
용감한, 용기 있는

5 _____
curious

6 _____
유머가 넘치는

조심과 인내

7 _____
조심하는, 신중한

8 _____
shy

9 _____
조용한, 차분한

10 _____
diligent

11 _____
참을성 있는; 환자

친절과 정직

12 _____
친절

13 _____
honest

14 _____
친절한, 호의적인

15 _____
tender

부정적

16 _____
greedy

17 _____
이기적인

18 _____
strict

19 _____
lazy

20 _____
잔인한, 잔혹한

PLAN 4

B 우리말을 참고하여, 어구 또는 문장을 완성하시오. (필요하면 단어 형태를 바꾸시오.)

1 _____ words   상냥한 말

2 She has a lively _____.
그녀의 성격은 활발하다.

3 I am _____ to know what he said.
나는 그가 뭘 얘기했는지 궁금하다.

4 The teacher treated his students in a _____ way.
그 선생님은 학생들을 참을성 있게 대했다.

5 About 50% of public schools have a _____ dress code.
약 50%의 공립 학교들은 복장 규정이 엄격하다.

Day **13** 감정

기쁨과 감사

0241 **joy**
[dʒɔi]

ⓝ 기쁨, 즐거움　🟰 delight

She was crying with **joy**. 그녀는 **기뻐서** 울고 있었다.

➕ joyful ⓐ 기쁜, 즐거운

0242 **glad**
[glæd]

ⓐ 기쁜

I am **glad** to be back from the hospital.
나는 병원에서 돌아와서 **기쁘다**.

I was **glad** that Amy was able to join us.
나는 Amy가 우리와 함께할 수 있어서 **기뻤다**.

0243 **pleased**
[pli:zd]

ⓐ 기쁜, 만족스러운　🟰 happy, satisfied

I'm **pleased** to work with you.
당신과 일하게 되어 **기쁩니다**.

Her daughter was **pleased** with the gift.
그녀의 딸은 그 선물에 **기뻐했다**.

📖 be pleased with ~ : ~에 기뻐하다[만족해하다]

0244 **excited**
[iksáitid]

ⓐ 들뜬, 흥분한

My family is **excited** about going on vacation.
우리 가족은 휴가를 가는 것에 **들떠 있다**.

➕ excite ⓥ 흥분시키다 | exciting ⓐ 신나는, 흥미진진한

0245 **proud**
[praud]

ⓐ 자랑스러워하는, 자부심이 있는

He was **proud** that he had won the game.
그는 자신이 경기에서 이겼던 것을 **자랑스러워했다**.

My parents are **proud** of me for being a pilot.
부모님은 내가 비행기 조종사가 된 것을 **자랑스러워하신다**.

📖 be proud of ~ : ~을 자랑스러워하다

➕ pride ⓝ 자랑스러움; 자존심

0246 **thankful**
[θǽŋkfəl]

ⓐ 감사하는, 고맙게 여기는　🟰 grateful

We are **thankful** that they are safe.
우리는 그들이 무사한 것에 **고맙게 생각한다**.

영영 very happy that something has happened or not happened
　　(무언가가 일어났거나 일어나지 않아서 매우 행복한)

➕ thank ⓥ 감사하다 | thankfully ⓐⓓ 고맙게도, 다행스럽게도

슬픔과 걱정

0247 unhappy
[ʌnhǽpi]

ⓐ 불행한, 슬픈

an **unhappy** marriage 불행한 결혼 생활
He looked serious and **unhappy**.
그는 심각하고 **불행해** 보였다.

0248 worry
[wə́:ri]

ⓥ 걱정하다; 걱정하게 만들다　ⓝ 걱정, 우려

You don't need to **worry** about your weight.
네 몸무게에 대해 **걱정할** 필요가 없다.

My biggest **worry** is finding a job.
나의 가장 큰 **걱정**은 직장을 얻는 것이다.

0249 tear
ⓝ [tiər]
ⓥ [teər]
tear-tore-torn

ⓝ 눈물　ⓥ 찢다, 뜯다

Tears were running down my face.
눈물이 내 얼굴에 흘러내리고 있었다.

I **tore** the paper in half.　나는 종이를 반으로 **찢었다**.

0250 miss
[mis]

ⓥ 1 놓치다　2 그리워하다

Tim got up late and **missed** the bus this morning.
Tim은 오늘 아침에 늦게 일어나서 버스를 **놓쳤다**.

He **missed** his mother badly.　그는 엄마를 몹시 **그리워했다**.

두려움과 놀라움

0251 fear
[fiər]

ⓝ 두려움, 공포　ⓥ 두려워하다, 무서워하다

He was trembling with **fear** when he saw the snake.
그는 뱀을 보고 **두려움**에 떨고 있었다.

I **fear** that the same thing will happen again.
나는 같은 일이 다시 일어날까 **두렵다**.

0252 afraid
[əfréid]

ⓐ 두려워하는, 무서워하는

A lot of kids are **afraid** of the dark.
많은 아이들이 어두움을 **무서워한다**.

💬 be afraid of ~ : ~을 두려워[무서워]하다

0253 scared
[skέə:rd]

ⓐ 무서워하는, 겁먹은

a **scared** look　겁먹은 표정
My mom is **scared** of driving.
우리 엄마는 운전하는 것을 **무서워한다**.

➕ scare ⓥ 겁주다, 놀라게 하다

⭐ afraid와 scared는 서로 바꿔 쓸 수 있다. 단, scared는 명사 앞, 동사 뒤에 올 수 있지만 afraid는 동사 뒤에만 올 수 있다.

0254	**shocked**	ⓐ 충격을 받은

[ʃɑ:kt]

deeply [greatly] **shocked** 몹시 **충격 받은**
She was **shocked** and didn't say anything.
그녀는 **충격을 받아서** 아무 말도 하지 않았다.

➕ shock ⓝ 충격 ⓥ 충격을 주다

0255	**surprised**	ⓐ 놀란

[sərpráizd]

a **surprised** expression **놀란** 표정
The man was **surprised** to hear the news.
그 남자는 그 소식을 듣고 **놀랐다**.

➕ surprise ⓥ 놀라게 하다

0256	**wonder**	ⓝ 경탄, 놀라움 ⓥ 1 궁금해하다 2 놀라다

[wʌ́ndər]

He looked up at the tall buildings in **wonder**.
그는 높은 건물들을 **경탄하며** 올려다봤다.

I was **wondering** if you could take care of my cat.
나는 네가 내 고양이를 돌봐줄 수 있는지 **궁금했어**.

분노와 실망

0257	**anger**	ⓝ 화, 분노

[ǽŋgər]

She tried to control her **anger**.
그녀는 **화**를 억누르려고 애썼다.

➕ angry ⓐ 화가 난

0258	**upset**	ⓐ 속상한 ⓥ 속상하게 하다

[ʌpsét]
upset-upset-upset

Amy was **upset** that she was not invited to his birthday party. Amy는 그의 생일 파티에 초대받지 못해서 **속상했다**.
Justin's behavior sometimes **upsets** his father.
Justin의 행동은 가끔 그의 아버지를 **속상하게 한다**.

0259	**annoyed**	ⓐ 짜증이 난, 화가 난

[ənɔ́id]

My teacher was **annoyed** with me for being late.
우리 선생님은 내가 지각해서 내게 **짜증이 나셨다**.

영영 slightly angry
➕ annoy ⓥ 짜증나게 하다

0260	**disappointed**	ⓐ 실망한, 낙담한 ↔ satisfied 만족하는

[dìsəpɔ́intid]

I was deeply **disappointed** with his decision.
나는 그의 결정에 몹시 **실망했다**.

➕ disappoint ⓥ 실망시키다

Daily Check-up

A 빈칸에 알맞은 우리말 뜻 또는 영어 단어를 써넣어 워드맵을 완성하시오.

감정

기쁨과 감사

1 _____
joy

2 _____
기쁜, 만족스러운

3 _____
glad

4 _____
들뜬, 흥분한

5 _____
자랑스러워하는

6 _____
thankful

두려움과 놀라움

11 _____
fear

12 a_____
두려워[무서워]하는

13 _____
scared

14 _____
놀란

15 _____
shocked

16 _____
경탄; 궁금해하다

분노와 실망

17 _____
화, 분노

18 _____
upset

19 _____
짜증이 난, 화가 난

20 _____
disappointed

슬픔과 걱정

7 _____
불행한, 슬픈

8 _____
tear

9 _____
걱정하다; 걱정, 우려

10 _____
miss

B 우리말을 참고하여, 어구 또는 문장을 완성하시오. (필요하면 단어 형태를 바꾸시오.)

1 an _____ marriage   불행한 결혼 생활

2 My mom is s_____ of driving.
우리 엄마는 운전하는 것을 무서워한다.

3 She was crying with _____.
그녀는 기뻐서 울고 있었다.

4 We are _____ that they are safe.
우리는 그들이 무사한 것에 고맙게 생각한다.

5 I was deeply _____ with his decision.
나는 그의 결정에 몹시 실망했다.

Day 14 생각

생각과 표현

0261 **guess**
[ges]

ⓥ 추측하다, 짐작하다 ⓝ 추측, 짐작

Can you **guess** what happens next?
다음에 무슨 일이 일어날지 **추측할** 수 있니?

Your **guess** is right. 네 **추측**이 맞아.

0262 **believe**
[bəlíːv]

ⓥ 1 믿다 2 생각하다

I can't **believe** what the media says.
나는 대중 매체에서 얘기하는 것을 **믿지** 못한다.

I don't **believe** that your answer is correct.
나는 너의 답이 맞다고 **생각하지** 않아.

➕ belief ⓝ 믿음, 신념

0263 **understand**
[ʌndərstǽnd]
understand
-understood
-understood

ⓥ 이해하다, 알다

I'm sorry. I don't **understand** what you are saying.
미안해. 네가 무슨 말하는지 **이해하지** 못하겠어.

I can **understand** why you are upset.
왜 네가 속상한지 나는 **이해할** 수 있어.

0264 **express**
[iksprés]

ⓥ 나타내다, 표현하다

He is not afraid to **express** what he thinks.
그는 자신이 생각하는 것을 **표현하는** 것을 두려워하지 않는다.

영영 to speak or write about what you are thinking or feeling
(생각하거나 느끼는 것에 대해 말하거나 쓰다)

➕ expression ⓝ 표현

0265 **regard**
[rigáːrd]

ⓥ 간주하다, 여기다

She **regards** her job as the most important thing in her life.
그녀는 자신의 일을 인생에서 가장 중요한 것으로 **여긴다**.

🏵 regard / think of / consider A as B: A를 B로 간주하다

0266 **wish**
[wiʃ]

ⓥ 바라다, 원하다 ⓝ 소원, 바람

You may buy more if you **wish**.
네가 **원한다면** 더 사도 된다.

He expressed a **wish** to visit Finland.
그는 핀란드를 방문하고 싶다는 **바람**을 표했다.

0267 deny
[dinái]

ⓥ 부인하다, 부정하다

The boy **denied** taking the money from his mother's purse.
그 남자아이는 엄마 지갑에서 돈을 가져간 것을 **부인했다**.

📖 to say that something is not true (무언가가 사실이 아니라고 말하다)

0268 ignore
[ignɔ́ːr]

ⓥ 무시하다, 모르는 체하다

Please don't **ignore** my advice.
제 충고를 **무시하지** 마세요.

She **ignores** the fact that it was her fault.
그녀는 그것이 자신의 잘못이었다는 사실을 **무시한다**.

0269 mind
[maind]

ⓥ 상관하다, 언짢아하다　ⓝ 마음, 정신

I don't **mind** what others think about me.
나는 다른 사람들이 나에 대해 어떻게 생각하는지 **상관하지** 않는다.

peace of **mind** 마음의 평화

인지와 결정

0270 forget
[fərgét]
forget-forgot-forgotten

ⓥ 잊다

Don't **forget** to call your mom tomorrow.
내일 엄마한테 전화하는 것 **잊지** 마.

0271 remember
[rimémbər]

ⓥ 기억하다　↔ forget

I still **remember** some of my classmates' names.
나는 여전히 내 반 친구들 몇 명의 이름을 **기억한다**.

0272 confuse
[kənfjúːz]

ⓥ 1 혼란시키다　2 혼동하다

His decision really **confused** me.
그의 결정은 나를 정말 **혼란시켰다**.

My dad always **confuses** their names because they sound similar.
우리 아빠는 그들의 이름이 비슷하게 들려서 늘 **혼동한다**.

➕ confusion ⓝ 혼란; 혼동 | confused ⓐ 혼란스러운

0273 intend
[inténd]

ⓥ 의도하다, 작정하다

I didn't **intend** to stay here so long.
나는 여기에 그렇게 오래 머무를 **작정**은 아니었다.

📖 to want or plan to do something
(무언가를 하기를 원하거나 계획하다)

➕ intention ⓝ 의도

0274 determine
[ditə́:rmin]

ⓥ 1 결정하다 ﹦decide   2 알아내다 ﹦find out

We have not yet **determined** what to do.
우리는 무엇을 할지 아직 **결정하지** 않았다.

The police tried to **determine** the cause of the accident.
경찰은 그 사고 원인을 **알아내려고** 애썼다.

0275 prefer
[prifə́:r]

ⓥ 더 좋아하다, 선호하다

I **prefer** bread to rice for breakfast.
나는 아침 식사로 밥보다 빵을 **더 좋아한다.**

Yuri **prefers** staying at home on the weekend.
유리는 주말에 집에 있는 것을 **더 좋아한다.**

➕ preference ⓝ 더 좋아함, 선호

0276 sure
[ʃuər]

ⓐ 확신하는, 확실한 ﹦certain

I'm **sure** that he will be here for dinner.
나는 그가 저녁 식사하러 여기에 올 것을 **확신해.**

Are you **sure** of what you said?
네가 말한 것이 **확실하니?**

의견

0277 idea
[aidí:ə]

ⓝ 발상, 생각

I think that is a great **idea**.
나는 그게 아주 좋은 **생각**이라고 생각해.

I have no **idea** where to go.
어디로 가야 할지 나는 전혀 모르겠어.

🔠 have no idea 전혀 모르다

0278 silly
[síli]

ⓐ 어리석은, 바보 같은 ﹦foolish

a **silly** mistake 어리석은 실수

He was upset by his son's **silly** response.
그는 아들의 **어리석은** 반응에 화가 났다.

0279 reasonable
[rí:znəbəl]

ⓐ 1 타당한, 합리적인   2 (가격이) 적정한

Your idea sounds **reasonable**. 네 생각이 **타당하게** 들려.

a **reasonable** price 적정한 가격

0280 wise
[waiz]

ⓐ 현명한, 지혜로운

A **wise** leader can see farther than others.
현명한 지도자는 다른 사람들보다 더 멀리 내다볼 수 있다.

➕ wisdom ⓝ 지혜

Daily Check-up

A 빈칸에 알맞은 우리말 뜻 또는 영어 단어를 써넣어 워드맵을 완성하시오.

생각

생각과 표현

1 _____
　guess

2 _____
　이해하다, 알다

3 _____
　believe

4 _____
　나타내다, 표현하다

5 _____
　wish

6 _____
　간주하다, 여기다

7 _____
　deny

8 _____
　무시하다

9 _____
　mind

인지와 결정

10 _____
　기억하다

11 _____
　forget

12 _____
　혼동하다

13 _____
　intend

14 _____
　결정하다; 알아내다

15 _____
　sure

16 _____
　더 좋아하다, 선호하다

의견

17 _____
　발상, 생각

18 _____
　silly

19 _____
　현명한, 지혜로운

20 _____
　reasonable

PLAN **4**

B 우리말을 참고하여, 문장을 완성하시오. (필요하면 단어 형태를 바꾸시오.)

1 Your idea sounds _____.
네 생각이 타당하게 들려.

2 We have not yet _____ what to do.
우리는 무엇을 할지 아직 결정하지 않았다.

3 I don't _____ that your answer is correct.
나는 너의 답이 맞다고 생각하지 않아.

4 He expressed a _____ to visit Finland.
그는 핀란드를 방문하고 싶다는 바람을 표했다.

5 Don't _____ to call your mom tomorrow.
내일 엄마한테 전화하는 것 잊지 마.

Day **15** 의사소통

0281 **communicate**
[kəmjú:nəkèit]

ⓥ 의사소통하다

People **communicate** with one another with language or gestures.
사람들은 언어나 몸짓으로 서로 **의사소통을 한다**.

➕ communication ⓝ 의사소통

대화

0282 **dialogue**
[dáiəlɔ̀:g / dáiəlà:g]

ⓝ 대화

He started a **dialogue** with the students about the dangers of alcohol.
그는 술의 위험성에 대해 학생들과 **대화**를 시작했다.

There is little **dialogue** in this novel.
이 소설에는 **대화**가 거의 없다.

ⓠ dia-(across 건너서, 가로질러) + logue(speak 말하다)
→ 서로 건너 마주보고 말하다 → 대화

0283 **mean**
[mi:n]
mean-meant-meant

ⓥ 의미하다, ~라는 뜻이다

What does this word **mean** in Korean?
이 단어는 한국어로 무슨 **뜻이니**?

0284 **reply**
[riplái]

ⓥ 대답하다; 답장을 보내다   ⓝ 대답; 답장

She never **replied** to my e-mail.
그녀는 내 이메일에 전혀 **답장을 보내지** 않았다.

I asked him a question, but he made no **reply**.
나는 그에게 질문했지만, 그는 전혀 **대답**하지 않았다.

0285 **advise**
[ədváiz]

ⓥ 조언하다, 충고하다

My doctor **advised** me to lose some weight.
의사 선생님이 나에게 체중을 좀 줄이라고 **조언했다**.

➕ advice ⓝ 조언, 충고

0286 **attitude**
[ǽtitù:d]

ⓝ 태도, 자세, 사고방식

My brother has a very positive **attitude** toward life.
우리 형은 삶에 대해 매우 긍정적인 **태도**를 가지고 있다.

영영 how you think and feel about someone or something
(누군가나 무언가에 대해 당신이 생각하고 느끼는 방식)

소문과 진실

0287 rumor
[rúːmər]

ⓝ 소문

spread a **rumor** 소문을 퍼뜨리다

Rumor has it that they will marry next month.
소문에 의하면 그들이 다음 달에 결혼할 것이라고 한다.

0288 lie
[lai]
lie-lied-lied

ⓝ 거짓말　ⓥ 거짓말하다

a white **lie** 선의의 **거짓말**

The police officer knew that the man was **lying**.
경찰관은 그 남자가 **거짓말을 하고** 있다는 것을 알았다.

0289 silence
[sáiləns]

ⓝ 1 고요, 정적　2 침묵

The **silence** was broken by the barking of a dog.
개 짖는 소리에 **정적**이 깨졌다.

There was a short **silence** before Steve replied.
Steve가 대답하기 전에 잠깐 **침묵**이 흘렀다.

➕ silent ⓐ 말을 안 하는, 조용한

0290 secret
[síːkrit]

ⓝ 비밀　ⓐ 비밀의

I won't tell this **secret** to anyone.
나는 이 **비밀**을 누구에게도 말하지 않을 것이다.

a **secret** meeting 비밀회의

0291 seem
[siːm]

ⓥ ~처럼 보이다, ~인 것 같다

She didn't **seem** interested in what I said.
그녀는 내가 말한 것에 관심이 없는 **듯했다**.

It **seems** that Taylor knew the secret.
Taylor가 그 비밀을 알고 있는 **것 같다**.

0292 whisper
[wíspər]

ⓥ 속삭이다, 귓속말을 하다　ⓝ 속삭임

I **whispered** the news in his ear.
나는 그 소식을 그의 귀에 대고 **속삭였다**.

The girl spoke almost in a **whisper**.
여자아이는 거의 **속삭**이듯이 말했다.

🔗 in a whisper 소곤소곤, 속삭이듯이

🆎 ⓥ to say something very softly and quietly
　　(아주 부드럽고 조용히 무언가를 말하다)

0293 fact
[fækt]

ⓝ 사실

She couldn't accept the **fact** that her son had lied to her.
그녀는 아들이 자신에게 거짓말했다는 **사실**을 받아들일 수 없었다.

We learned some interesting **facts** about dolphins.
우리는 돌고래에 대한 흥미로운 **사실** 몇 가지를 배웠다.

0294 **truth**
[tru:ə]

ⓝ 진실, 사실

Are you sure he is telling the **truth**?
너는 그가 **사실**을 말하고 있다고 확신하니?

To tell the **truth**, I was disappointed.
사실대로 말하자면, 나는 실망했어.

📖 to tell the truth 사실대로 말하자면, 사실은

논쟁

0295 **argue**
[á:rgju]

ⓥ 1 말다툼하다, 언쟁하다   2 주장하다

They were **arguing** over which team is better.
그들은 어떤 팀이 더 나은지를 두고 **말다툼하고** 있었다.

He **argued** that we should change the plan.
그는 우리가 계획을 바꿔야 한다고 **주장했다**.

➕ argument ⓝ 말다툼, 언쟁; 주장

0296 **blame**
[bleim]

ⓥ 비난하다; 탓하다   ⓝ 비난; 책임

I don't want to **blame** him for what happened to us.
나는 우리에게 일어난 일에 대해 그를 **탓하고** 싶지 않다.

The coach refused to take the **blame** for the defeat.
감독은 패배에 대한 **책임**을 지는 것을 거부했다.

📖 take the blame for~: ~에 대한 책임을 지다

0297 **yell**
[jel]

ⓥ 소리 지르다, 외치다

He got angry and **yelled** at us.
그는 화가 나서 우리에게 **소리쳤다**.

0298 **frankly**
[frǽŋkli]

ⓐⓓ 솔직히, 노골적으로

Frankly speaking, I don't like your idea.
솔직히 말해서, 난 네 생각이 마음에 안 들어.

0299 **directly**
[dəréktli / dairéktli]

ⓐⓓ 1 직접적으로   2 곧장, 똑바로

I'll speak to her about it **directly**.
나는 그것에 대해 그녀에게 **직접적으로** 말할 거야.

We drove **directly** to the restaurant.
우리는 **곧장** 식당으로 차를 몰고 갔다.

0300 **possible**
[pá:səbəl]

ⓐ 가능한; 있을 수 있는

There are several **possible** solutions to the problem.
그 문제에 대한 몇 가지 **가능한** 해결책이 있다.

➕ possibility ⓝ 가능성

Daily Check-up

A 빈칸에 알맞은 우리말 뜻 또는 영어 단어를 써넣어 워드맵을 완성하시오.

1 _____
의사소통하다

대화

2 _____
대화

3 _____
mean

4 _____
대답하다; 답장

5 _____
advise

6 _____
태도, 자세

소문과 진실

7 _____
소문

8 _____
lie

9 _____
비밀; 비밀의

10 _____
silence

11 _____
~처럼 보이다

12 _____
whisper

13 _____
진실, 사실

14 _____
fact

논쟁

15 _____
언쟁하다; 주장하다

16 _____
blame

17 _____
소리 지르다, 외치다

18 _____
directly

19 _____
솔직히

20 _____
possible

B 우리말을 참고하여, 문장을 완성하시오. (필요하면 단어 형태를 바꾸시오.)

1 She never _____ to my e-mail.
그녀는 내 이메일에 전혀 답장을 보내지 않았다.

2 She didn't _____ interested in what I said.
그녀는 내가 말한 것에 관심이 없는 듯했다.

3 The police officer knew that the man was _____.
경찰관은 그 남자가 거짓말을 하고 있다는 것을 알았다.

4 I don't want to _____ him for what happened to us.
나는 우리에게 일어난 일에 대해 그를 탓하고 싶지 않다.

5 There are several _____ solutions to the problem.
그 문제에 대한 몇 가지 가능한 해결책이 있다.

A 들려주는 영어 단어를 쓴 후 우리말 뜻을 쓰시오.

영단어	뜻	영단어	뜻
1		2	
3		4	
5		6	
7		8	
9		10	
11		12	
13		14	
15		16	
17		18	
19		20	

B 다음 영영 풀이에 해당하는 알맞은 단어를 골라 쓰시오.

attitude	deny	express	diligent	annoyed	intend

1 slightly angry _____

2 to say that something is not true _____

3 to want or plan to do something _____

4 working hard with care and effort _____

5 how you think and feel about someone or something _____

6 to speak or write about what you are thinking or feeling _____

C 밑줄 친 단어의 동의어(=) 또는 반의어(↔)를 골라 쓰시오.

courageous   diligent   gentle   satisfied

1 Thanks to his <u>tender</u> words, I felt better.   = _____

2 He isn't <u>brave</u> enough to tell his feelings to her.   = _____

3 He is <u>lazy</u> and doesn't do anything.   ↔ _____

4 We're <u>disappointed</u> with the new car.   ↔ _____

D 다음 그림을 보고, 해당하는 단어와 연결하시오.

1   **2**   **3**   **4**

•   •   •   •

•   •   •   •

excited   tear   anger   fear

E 다음을 읽고, 빈칸에 알맞은 단어를 우리말을 참고하여 쓰시오.

1 She was _____ of her family history.

그녀는 자신의 집안 내력에 대해 **자랑스러워했다**.

2 The two movie stars got married in _____.

그 두 영화배우는 **비밀**리에 결혼했다.

3 It will be difficult to _____ them completely.

그들을 완전히 **무시하기**는 어려울 것이다.

4 Everyone was _____ about his background.

모든 사람들이 그의 출신 배경에 대해 **호기심을 갖고** 있었다.

PLAN 5
신체와 건강

brain 뇌, 두뇌
thirsty 목마른
sight 시력; 보기

age 나이; 나이가 들다
appearance 외모
height 키

몸과
감각

신체
묘사

신체와
건강

신체
활동

건강과
질병

bend 구부리다
hit 치다, 때리다
ride 타다

pain 통증, 고통
injury 부상
healthy 건강한

Day 16 몸과 감각

신체

0301 brain
[brein]

ⓝ 뇌, 두뇌

brain cells 뇌세포
Our **brain** controls everything we do.
우리의 **뇌**는 우리가 하는 모든 것을 조절한다.

0302 face
[feis]

ⓝ 얼굴

Her picture brought a big smile to his **face**.
그녀의 사진은 그의 **얼굴**에 환한 미소를 가져다주었다.

Why do you have a long **face**?
왜 그렇게 시무룩한 **얼굴**이야?

🔅 a long face 시무룩한 얼굴, 우울한 표정

0303 skin
[skin]

ⓝ 피부

Lucy has fair **skin** and brown eyes.
Lucy는 **피부**가 희고, 갈색 눈을 가지고 있다.

dry, cracked **skin** on one's hands
건조하고 갈라진 손의 **피부**

0304 bone
[boun]

ⓝ 뼈

a broken **bone** 부러진 **뼈**
There are 206 **bones** in the body.
몸에는 206개의 **뼈**가 있다.

0305 waist
[weist]

ⓝ 허리

a small **waist** 가는 **허리**

He wore a black belt around his **waist**.
그는 **허리**에 검은색 벨트를 하고 있었다.

영영 the narrow part in the middle of the body
(몸의 가운데의 좁은 부분)

0306 wrist
[rist]

ⓝ 손목, 팔목

twist one's **wrist** **손목**을 비틀다
I always wear my watch on my left **wrist**.
나는 항상 왼쪽 **손목**에 시계를 차고 있다.

영영 the part of the body between the arm and the hand
(팔과 손 사이의 신체의 부분)

0307	**elbow** [élbou]	ⓝ 팔꿈치

Alex sat with his **elbows** on the desk.
Alex는 **팔꿈치**를 책상 위에 올려놓고 앉아 있었다.

0308	**ankle** [ǽŋkəl]	ⓝ 발목

He sprained his **ankle** during the basketball game.
그는 농구 경기 도중 **발목**을 삐었다.

🔁 sprain[twist] one's ankle 발목을 삐다

0309	**toe** [tou]	ⓝ 발가락

While dancing, he stepped on her **toes** by mistake.
춤을 추다가 그는 실수로 그녀의 **발가락**을 밟았다.

from top to **toe** 머리끝에서 **발끝까지**

몸의 상태

0310	**thirsty** [θə́:rsti]	ⓐ 목마른, 갈증 나는

Why does salt make you **thirsty**?
왜 소금은 **갈증이 나게** 할까?

➕ thirst ⓝ 목마름, 갈증

0311	**tired** [taiə:rd]	ⓐ 1 피곤한, 지친　2 싫증 난

You look so **tired** and unhappy.
너는 너무 **피곤하고** 슬퍼 보여.

I'm **tired** of listening to his complaints.
나는 그의 불평을 듣는 게 **싫증 난다**.

🔁 be[get] tired of ~: ~에 싫증이 나다

0312	**hunger** [hʌ́ŋgər]	ⓝ 굶주림; 배고픔

die of **hunger** 굶어 죽다

The snack did not satisfy my **hunger**.
그 간식은 나의 **허기**를 채우지 못했다.

➕ hungry ⓐ 배고픈

0313	**sleepy** [slí:pi]	ⓐ 졸린, 졸음이 오는　㊀ drowsy

She felt **sleepy**, so she went to bed.
그녀는 **졸려서** 잠자리에 들었다.

➕ sleep ⓥ 잠자다

0314 sense
[sens]

ⓝ 감각

sense of sight / taste / smell 시각 / 미각 / 후각

Most wild animals have a keen **sense** of hearing.
대부분의 야생 동물들은 예민한 청각을 가지고 있다.

영영 one of the five natural powers of sight, hearing, taste, feeling, and smelling
(보고, 듣고, 맛보고, 느끼고, 냄새를 맡는 다섯 가지의 자연적인 능력 중의 하나)

0315 smell
[smel]

ⓥ 냄새 맡다; 냄새가 나다　ⓝ 냄새, 향

She **smelled** the roses in the garden.
그녀는 정원의 장미 **향기를 맡았다.**

sweet **smells** of wildflowers 야생화의 달콤한 **향**

0316 touch
[tʌtʃ]

ⓥ 만지다, (손 등을) 대다　ⓝ 만짐, 손길

The girl **touched** her dad's cheek.
여자아이는 아빠의 뺨을 **만졌다.**

a gentle **touch** on the arm 가볍게 팔을 **만짐**

0317 hear
[hiər]
hear-heard-heard

ⓥ 듣다; 들리다

He **heard** a cat crying outside.
그는 밖에서 고양이가 우는 소리를 **들었다.**

0318 sound
[saund]

ⓝ 소리　ⓥ ~처럼 들리다

I heard some strange **sounds** coming from behind the door.
나는 문 뒤에서 이상한 **소리**가 나오는 것을 들었다.

Your plan **sounds** very exciting.
네 계획이 아주 흥미롭게 **들려.**

0319 taste
[teist]

ⓝ 맛　ⓥ 맛이 ~하다, ~ 맛이 나다

I like the bitter **taste** of coffee.
나는 커피의 쓴 **맛**을 좋아한다.

This cake **tastes** too sweet for me.
이 케이크는 내게 너무 단 **맛이 난다.**

0320 sight
[sait]

ⓝ 1 시력　2 보기, 봄

My **sight** is very poor. 내 **시력**은 아주 좋지 않다.

I fell in love with her at first **sight.**
나는 첫눈에 그녀에게 사랑에 빠졌나.

🌱 at first sight 첫눈에

Daily Check-up

A 빈칸에 알맞은 우리말 뜻 또는 영어 단어를 써넣어 워드맵을 완성하시오.

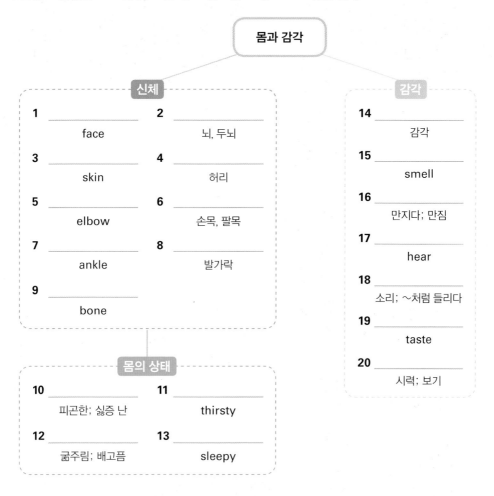

몸과 감각

신체

1 _____
face

2 _____
뇌, 두뇌

3 _____
skin

4 _____
허리

5 _____
elbow

6 _____
손목, 팔목

7 _____
ankle

8 _____
발가락

9 _____
bone

감각

14 _____
감각

15 _____
smell

16 _____
만지다; 만짐

17 _____
hear

18 _____
소리; ~처럼 들리다

19 _____
taste

20 _____
시력; 보기

몸의 상태

10 _____
피곤한; 싫증 난

11 _____
thirsty

12 _____
굶주림; 배고픔

13 _____
sleepy

B 우리말을 참고하여, 문장을 완성하시오. (필요하면 단어 형태를 바꾸시오.)

1 Why does salt make you _____?
왜 소금은 갈증이 나게 할까?

2 There are 206 _____ in the body.
몸에는 206개의 뼈가 있다.

3 Alex sat with his _____ on the desk.
Alex는 팔꿈치를 책상 위에 올려놓고 앉아 있었다.

4 I like the bitter _____ of coffee.
나는 커피의 쓴 맛을 좋아한다.

5 Her picture brought a big smile to his _____.
그녀의 사진은 그의 얼굴에 환한 미소를 가져다주었다.

Day 17 신체 묘사

나이와 성별

0321 **age**
[eidʒ]

ⓝ 1 나이 2 시대 ⓥ 나이가 들다

At the **age** of nine, he started playing the piano.
9살에 그는 피아노를 연주하기 시작했다.

the **age** of information technology 정보 기술의 **시대**

As my grandmother **aged**, she lost most of her hearing.
우리 할머니는 **연세가 드시면서** 청력의 대부분을 잃으셨다.

0322 **youth**
[juːθ]

ⓝ 1 젊음 2 어린 시절 3 젊은이

Despite his **youth**, he has a lot of experience in marketing.
그는 **젊지**만 마케팅에 많은 경험이 있다.

I'm French, but I spent my **youth** in Germany.
나는 프랑스인이지만 독일에서 **어린 시절**을 보냈다.

today's **youth** 요즈음의 **젊은이들**

0323 **middle-aged**
[mídl éidʒid]

ⓐ 중년의

He is just thirty years old, but he looks like a **middle-aged** man.
그는 서른 살에 불과하지만 **중년** 남성처럼 보인다.

0324 **elderly**
[éldərli]

ⓐ 연세가 드신 ↔ young 어린

the **elderly** 노인들

An **elderly** woman was standing next to me.
연세 드신 여자 분이 내 옆에 서 계셨다.

✪ elderly는 old보다 정중한 표현이다.

0325 **male**
[meil]

ⓐ 남성의 ⓝ 남성

a **male** voice 남자 목소리

Most of the singer's fans are **males**.
그 가수의 대부분의 팬들은 **남성**이다.

0326 **female**
[fíːmeil]

ⓐ 여성의 ⓝ 여성

the first **female** president 최초의 **여성** 대통령

Females usually live longer than males.
여성들은 대개 남성들보다 더 오래 산다.

외모

0327 appearance
[əpíərəns]

ⓝ 1 외모, 겉모습   2 등장; 출현

My aunt still looks young in **appearance**.
우리 이모는 **겉모습**으로 보면 여전히 젊어 보인다.

the **appearance** of a new device   새로운 기기의 **등장**

➕ appear ⓥ ~인 것 같다; 나타나다

PLAN **5**

0328 attractive
[ətræktiv]

ⓐ 매력적인, 마음을 끄는   ⊜ charming

an **attractive** smile   **매력적인** 미소
The actor is still **attractive** and talented.
그 배우는 여전히 **매력적이고** 재능이 있다.

➕ attract ⓥ 마음을 끌다

0329 handsome
[hǽnsəm]

ⓐ 잘생긴, 멋진

How **handsome** you look in your uniform!
제복을 입은 네가 얼마나 **멋져** 보이는지!

0330 ugly
[ʌ́gli]

ⓐ 못생긴, 추한

He thinks he is **ugly**, but he is not.
그는 자신이 **못생겼다고** 생각하지만 그렇지 않다.

0331 plain
[plein]

ⓐ 1 분명한   2 소박한   3 아름답지 않은, 매력 없는

It is **plain** that she doesn't want to talk to us.
그녀가 우리와 얘기하고 싶지 않은 것이 **분명하다**.

a **plain** black dress   **수수한** 검정색 드레스
Kathy seems kind of **plain** to me.
내게는 Kathy가 그다지 **아름답지는 않은** 것 같다.

0332 spot
[spɑ:t]

ⓝ 1 (작은) 점, 반점   2 (특정한) 곳, 장소

I noticed some red **spots** on my legs.
나는 다리에 생긴 몇 개의 빨간 **점**을 발견했다.

Let's meet at this **spot** next time.
다음에 이 **장소**에서 만나자.

a tourist **spot**   관광지

0333 straight
[streit]

ⓐ 곧은, 똑바른   ⓐⓓ 1 똑바로   2 곧장

She brushed out her long, **straight** hair.
그녀는 자신의 길고 **곧은** 머리를 빗질했다.

a **straight** róad   일식선 노로
Go **straight** ahead this way.   이쪽으로 **곧장** 앞으로 가세요.

0334 curly
[kə́:rli]

ⓐ 곱슬곱슬한, 곱슬머리의

The little boy has **curly** hair.
그 어린 남자아이는 **곱슬머리**이다.

➕ curl ⓥ (머리카락을) 곱슬곱슬하게 하다

0335 bald
[bɔːld]

ⓐ 대머리의, 머리가 벗겨진

go **bald** 대머리가 되다
His **bald** head shone in the light.
그의 **대머리**가 불빛에서 빛났다.

영영 having little or no hair on the head
(머리에 머리카락이 거의 없거나 없는)

키와 몸무게

0336 height
[hait]

ⓝ 키, 신장; 높이

average **height** 평균 신장
My dad is about the same **height** as my mom.
우리 아빠는 엄마와 **키**가 거의 같다.

0337 weight
[wéit]

ⓝ 무게, 체중

I don't want to gain **weight**, but I can't help it.
나는 **체중**이 느는 것을 원치 않지만, 어쩔 수가 없다.

gain / lose weight 체중이 늘다 / 감소하다

0338 weigh
[wei]

ⓥ 체중을 재다; 무게가 ~이다

I **weighed** myself on the scale this morning.
나는 오늘 아침 체중계에 내 **몸무게를 쟀다**.

How much does your son **weigh**?
당신의 아들의 **몸무게가** 얼마죠?

0339 overweight
[òuvərwéit]

ⓐ 과체중의, 비만의 ⊜ fat, heavy

seriously **overweight** 심하게 **과체중**인
He is a little **overweight** and needs to eat less.
그는 약간 **과체중**이고 먹는 것을 줄일 필요가 있다.

0340 slim
[slim]

ⓐ 날씬한, 호리호리한 ⊜ slender

have a **slim** waist 허리가 **날씬하다**
The actress looked **slim** in a black dress.
검은 드레스를 입은 그 여배우는 **날씬해** 보였다.

Daily Check-up

A 빈칸에 알맞은 우리말 뜻 또는 영어 단어를 써넣어 워드맵을 완성하시오.

신체 묘사

나이와 성별

1 _____
나이; 나이가 들다

2 _____
youth

3 _____
중년의

4 _____
elderly

5 _____
여성의; 여성

6 _____
male

외모

7 _____
외모; 등장

8 _____
handsome

9 _____
매력적인, 마음을 끄는

10 _____
ugly

11 _____
분명한; 아름답지 않은

12 _____
spot

13 _____
곱슬곱슬한

14 _____
straight

15 _____
대머리의

키와 몸무게

16 _____
신장; 높이

17 _____
무게, 체중

18 _____
weigh

19 _____
과체중의, 비만의

20 _____
slim

B 우리말을 참고하여, 어구 또는 문장을 완성하시오. (필요하면 단어 형태를 바꾸시오.)

1 a _____ black dress 수수한 검정색 드레스

2 _____ usually live longer than males.
여성들은 대개 남성들보다 더 오래 산다.

3 I _____ myself on the scale this morning.
나는 오늘 아침 체중계에 내 몸무게를 쟀다.

4 She brushed out her long, _____ hair.
그녀는 자신의 길고 곧은 머리를 빗질했다.

5 I'm French, but I spent my _____ In Germany.
나는 프랑스인이지만 독일에서 어린 시절을 보냈다.

Day **18** 신체 활동

기본 동작

0341 bend
[bend]
bend-bent-bent

ⓥ **구부리다**
We **bend** our knees when we jump.
우리는 점프할 때 무릎을 **구부린다**.

0342 stretch
[stretʃ]

ⓥ 1 (쭉) 뻗다 2 늘이다; 늘어지다
Stretch your arms forward.
팔을 앞으로 **쭉 뻗으시오**.
These pants got **stretched** out after washing.
이 바지는 세탁 후에 **늘어났다**.

0343 swing
[swiŋ]
swing-swung-swung

ⓥ 1 흔들다; 흔들리다 2 휘두르다
We **swing** our arms when we run.
우리는 달릴 때 우리의 팔을 **흔든다**.
The curtains are **swinging** in the wind.
커튼이 바람에 **흔들리고** 있다.
swing a bat (야구) 배트를 **휘두르다**

0344 push
[puʃ]

ⓥ 1 밀다 ↔ pull 끌어[잡아]당기다 2 누르다
I **pushed** the door, and it opened.
나는 문을 **밀었고** 그것은 열렸다.
push a button 버튼을 **누르다**

공을 이용한 동작

0345 hit
[hit]
hit-hit-hit

ⓥ 1 치다, 때리다 2 부딪치다
Batters swing the bat to **hit** the ball.
타자는 공을 **치기** 위해 배트를 휘두른다.
The car **hit** the fence. 그 차는 울타리에 **부딪쳤다**.

0346 catch
[kætʃ]
catch-caught-caught

ⓥ 1 잡다, 쥐다 2 (병에) 걸리다
Catch the ball and pass it to me.
공을 **잡아서** 나에게 패스해줘.
My sister has **caught** a cold.
내 여동생은 감기에 **걸렸다**.

영영 1 to hold a moving thing with one's hand(s)
(손으로 움직이는 물체를 잡다)

PLAN
5

| 0347 | **roll**
[roul] | ⓥ 굴리다; 구르다 |

Roll the ball on the floor with one hand.
한 손으로 공을 바닥에 **굴려라**.

a **rolling** basketball **구르고 있는** 농구공

| 0348 | **throw**
[θrou]
throw-threw-thrown | ⓥ 던지다 |

How far can you **throw** a baseball?
너는 야구공을 얼마나 멀리 **던질** 수 있니?

| 0349 | **kick**
[kik] | ⓥ 차다 |

He **kicked** the ball into the goal.
그는 골문 안으로 공을 **차** 넣었다.

영영 to hit something with one's foot (발로 무언가를 차다)

걷기와 달리기

| 0350 | **jog**
[dʒɑːg]
 | ⓥ 조깅하다, 천천히 달리다　ⓝ 조깅 |

I **jog** with my dog every morning.
나는 나의 개와 함께 매일 아침 **조깅을 한다**.

go **jogging** 조깅하다

I'll go for a **jog**.　나는 **조깅**하러 갈 거야.

영영 ⓥ to run slowly, usually for exercise (보통 운동으로 천천히 달리다)

| 0351 | **take a walk** | 산책하다 |

Take a walk in the park when it is warm.
날씨가 따뜻할 때 공원에서 **산책을 히렴**.

⭐ go for a walk 산책을 가다

| 0352 | **race**
[reis] | ⓥ 달리다, 경주하다　ⓝ 경주, 시합 |

Marathoners **race** 42.195 kilometers.
마라톤 선수들은 42.195킬로미터를 **달린다**.

car **race** 자동차 **경주**

| 0353 | **chase**
[tʃeis] | ⓥ (뒤)쫓다　ⓝ 추격, 추적 |

Two boys are **chasing** the ball.
두 남자아이가 공을 **쫓고** 있다.

a car **chase** scene 자동차 **추격** 장면

영영 ⓥ to follow someone or something to catch it
(누군가 또는 무언가를 잡기 위해 쫓다)

0354 ride

[raid]
ride-rode-ridden

ⓥ 타다 ⓝ 타기

Most of us learn how to **ride** a bike as a child.
우리들 대부분은 어릴 때 자전거 **타는** 법을 배운다.

Can you give me a **ride** to the airport?
저를 공항까지 **태워** 주실래요?

⭐ ride는 말, 자전거, 오토바이, 차량 등을 타는 것을 모두 포함한다.

0355 skateboard

[skéitbɔ̀ːrd]

ⓝ 스케이트보드 ⓥ 스케이트보드를 타다

Some of my friends ride their **skateboards** to school.
내 친구 몇몇은 **스케이트보드**를 타고 등교한다.

Skateboarding is not allowed in this park.
이 공원에서 **스케이트보드 타는 것**은 허용되지 않는다.

0356 skiing

[skíːiŋ]

ⓝ 스키 타기

My family often goes **skiing** in winter.
우리 가족은 겨울에 자주 **스키를 타러** 간다.

➕ ski ⓝ 스키 ⓥ 스키를 타다

0357 dive

[daiv]
dive-dived[dove]-dived

ⓥ (물로) 뛰어들다; 잠수하다

We **dived** into the pool and swam in it.
우리는 수영장으로 **뛰어들어** 거기에서 수영을 했다.

영영 to jump into water with your arms and head going in first
(팔과 머리가 먼저 들어가게 한 채로 물 속으로 뛰어들다)

➕ diving ⓝ 다이빙, 잠수

0358 climb

[klaim]

ⓥ 오르다, 등반하다

I want to **climb** the highest mountain in the world.
나는 세계에서 가장 높은 산을 **등반하고** 싶다.

영영 to move toward the top of something
(어떤 것의 꼭대기를 향해 이동하다)

0359 sled

[sled]

ⓝ 썰매 ⓥ 썰매를 타다

Kids were riding **sleds** down the hill.
아이들이 언덕을 따라 **썰매**를 타고 내려오고 있었다.

Let's go **sledding**. 썰매 **타러** 가자.

0360 slide

[slaid]

ⓥ 미끄러지다 ⓝ 미끄럼틀

Skates **slide** easily on ice.
스케이트는 얼음 위에서 쉽게 **미끄러진다.**

A boy is going down the **slide**.
남자아이가 **미끄럼틀**을 타고 내려오고 있다.

A 빈칸에 알맞은 우리말 뜻 또는 영어 단어를 써넣어 워드맵을 완성하시오.

신체 활동

기본 동작

1 _____ bend

2 _____ 뻗다; 늘이다

3 _____ push

4 _____ 흔들다; 휘두르다

공을 이용한 동작

5 _____ 때리다; 부딪치다

6 _____ catch

7 _____ 던지다

8 _____ roll

9 _____ 차다

걷기와 달리기

10 _____ take a walk

11 _____ 조깅하다; 조깅

12 _____ chase

13 _____ 달리다; 경주

야외 활동

14 _____ 타다; 타기

15 _____ dive

16 _____ 스키 타기

17 _____ climb

18 _____ 스케이트보드(를 타다)

19 _____ sled

20 _____ 미끄러지다; 미끄럼틀

B 우리말을 참고하여, 문장을 완성하시오. (필요하면 단어 형태를 바꾸시오.)

1 Two boys are _____ the ball.
두 남자아이가 공을 쫓고 있다.

2 _____ the ball and pass it to me.
공을 잡아서 나에게 패스해줘.

3 We _____ our knees when we jump.
우리는 점프할 때 무릎을 구부린다.

4 Most of us learn how to _____ a bike as a child.
우리들 대부분은 어릴 때 자전거 타는 법을 배운다.

5 I want to _____ the highest mountain in the world.
나는 세계에서 가장 높은 산을 등반하고 싶다.

Day 19 건강과 질병

통증과 증상

0361 pain
[pein]

🔵 **n 통증, 고통**

I have **pain** in my wrist after playing tennis.
나는 테니스를 친 후에 손목에 **통증**이 있다.

My grandmother suffered from knee **pain**.
우리 할머니는 무릎 **통증**에 시달렸다.

➕ painful ⓐ 아픈, 고통스러운

0362 ill
[il]

🔵 **ⓐ 병든, 몸이 아픈** 🟰 sick

She was **ill**, so she stayed in bed all day.
그녀는 **병이 나서** 하루 종일 침대에 누워 있었다.

mentally **ill** patients 정신적으로 **아픈** 환자들

➕ illness ⓝ 병
🔍 몸이 아픈 것을 표현할 때 미국 영어는 sick, 영국 영어는 ill을 주로 사용한다.

0363 hurt
[həːrt]
hurt-hurt-hurt

🔵 **ⓥ 1 다치다, 다치게 하다 2 아프다**

I **hurt** my foot while running.
나는 달리기를 하다가 발을 **다쳤다.**

I hit my head on the wall yesterday, and it still **hurts**.
나는 어제 벽에 머리를 부딪쳤는데 아직도 **아프다.**

🔤 to feel pain in a part of one's body (몸의 한 부위에 통증을 느끼다)

0364 weak
[wiːk]

🔵 **ⓐ 약한, 힘이 없는** ↔ strong 강한, 힘센

His body was **weak** and full of pain.
그의 몸은 **약했고** 고통으로 가득했다.

a **weak** voice **힘이 없는** 목소리

➕ weakness ⓝ 약함; 약점

0365 cough
[kɔːf]

🔵 **ⓥ 기침을 하다 ⓝ 기침**

We **cough** when we catch a cold.
우리는 감기에 걸리면 **기침을 한다.**

I still have a bad **cough**. 나는 여전히 **기침**이 심하다.

0366 fever
[fíːvər]

🔵 **ⓝ 열**

I have a **fever** and a headache.
나는 열이 나고 두통이 있다.

🔍 headache 두통, toothache 치통, stomachache 복통

0367 runny nose
[ráni nouz]

콧물

I have a **runny nose** and a cough.
나는 **콧물이 흐르고** 기침이 난다.

부상과 사고

0368 injury
[índʒəri]

ⓝ 부상

I suffered an **injury** while working out at the gym.
나는 체육관에서 운동을 하다가 **부상**을 입었다.

⊕ injure ⓥ 부상을 입다

0369 burn
[bə:rn]

ⓥ 1 (불에) 태우다　2 데다, 화상을 입다　ⓝ 화상

I **burned** some leaves in the yard.
나는 마당에서 나뭇잎을 **태웠다.**

She **burned** her hand on the hot iron.
그녀는 뜨거운 다리미에 손을 **데었다.**

get a **burn** on one's hand 손에 **화상**을 입다

0370 cut
[kʌt]
cut-cut-cut

ⓥ 베다, 자르다

The knife is very sharp, so you can **cut** your finger.
칼이 매우 날카로워서 손가락이 **베일** 수 있다.

Please **cut** the apple in half. 사과를 반으로 **자르세요.**

0371 blood
[blʌd]

ⓝ 피

I cut my finger, so **blood** is coming out.
나는 손가락을 베여서 **피**가 나고 있다.

⊕ bleed ⓥ 피를 흘리다

0372 harm
[ha:rm]

ⓥ 해를 끼치다, 손상시키다　ⓝ 손상, 해

Sitting for many hours can **harm** your body.
장시간 앉아 있는 것은 여러분의 몸을 **해칠** 수 있다.

Too much caffeine can cause serious **harm** to your body.
지나친 카페인 섭취는 당신의 몸에 심각한 **해**를 끼칠 수 있다.

0373 terrible
[térəbəl]

ⓐ 심한, 끔찍한

I have a **terrible** toothache and cannot sleep.
나는 치통이 **심해서** 잠을 잘 수가 없다.

The police officer suffered a **terrible** injury.
그 경찰관은 **심한** 부상을 입었다.

0374 survive
[sərváiv]

ⓥ 생존하다, 살아남다

Without food, humans cannot **survive**.
먹을 것이 없으면, 인간은 **생존**할 수 없다.

➊ survival ⓝ 생존

0375 death
[deθ]

ⓝ 사망, 죽음　↔ birth 출생

Two people burned to **death** during the fire.
화재 중에 두 사람이 불에 타 **사망**했다.

➊ die ⓥ 죽다 | dead ⓐ 죽은

0376 blind
[blaind]

ⓐ 맹인의, 눈먼, 시각 장애의

Helen Keller was **blind** from birth.
헬렌 켈러는 태어날 때부터 **맹인**이었다.

영영 unable to see (볼 수 없는)

0377 deaf
[def]

ⓐ 귀가 먼, 청각 장애의

Deaf people use sign language.
귀가 들리지 않는 사람들은 수화를 사용한다.

영영 unable to hear anything (아무 것도 들을 수 없는)

회복

0378 get better

(병세·상황 등이) 호전되다, 좋아지다　↔ get worse (병세가) 나빠지다

I hope you **get better** soon. 곧 **호전되기**를 바랍니다.
Her business is **getting better**.
그녀의 사업이 **좋아지고** 있다.

0379 healthy
[hélθi]

ⓐ 1 건강한　↔ unhealthy 건강하지 못한　2 건강에 좋은

Getting a good night's sleep keeps you **healthy**.
잠을 푹 자는 것은 여러분을 **건강하게** 유지시켜 준다.

Eat **healthy** food like vegetables.
채소와 같은 **건강에 좋은** 음식을 먹어라.

➊ health ⓝ 건강

0380 treatment
[tríːtmənt]

ⓝ 치료, 치료법

The best **treatment** for a cold is to get lots of rest.
감기의 가장 좋은 **치료법**은 많은 휴식을 취하는 것이다.

➊ treat ⓥ 치료하다

Daily Check-up

A 빈칸에 알맞은 우리말 뜻 또는 영어를 써넣어 워드맵을 완성하시오.

건강과 질병

통증과 증상
1 _____ 통증, 고통
2 _____ hurt
3 _____ 병든, 몸이 아픈
4 _____ weak
5 _____ 열
6 _____ cough
7 _____ 콧물

부상
8 _____ 부상
9 _____ cut
10 _____ 태우다; 화상을 입다
11 _____ blood
12 _____ 해를 끼치다; 손상
13 _____ terrible

사고와 장애
14 _____ survive
15 _____ 사망, 죽음
16 _____ blind
17 _____ 귀가 먼, 청각 장애의

회복
18 _____ 호전되다, 좋아지다
19 _____ treatment
20 _____ 건강한; 건강에 좋은

B 우리말을 참고하여, 문장을 완성하시오. (필요하면 단어 형태를 바꾸시오.)

1 I have a _____ and a headache.
나는 열이 나고 두통이 있다.

2 Without food, humans cannot _____.
먹을 것이 없으면, 인간은 생존할 수 없다.

3 I cut my finger, so _____ is coming out.
나는 손가락을 베어서 피가 나고 있다.

4 I suffered an _____ while working out at the gym.
나는 체육관에서 운동을 하다가 부상을 입었다.

5 The best _____ for a cold is to get lots of rest.
감기의 가장 좋은 치료법은 많은 휴식을 취하는 것이다.

Review Test

A 들려주는 영어 단어와 어구를 쓴 후 우리말 뜻을 쓰시오.

영단어	뜻	영단어	뜻
1		2	
3		4	
5		6	
7		8	
9		10	
11		12	
13		14	
15		16	
17		18	
19		20	

B 다음 영영 풀이에 해당하는 알맞은 단어를 골라 쓰시오.

> hurt   wrist   climb   bald   deaf   catch

1 unable to hear anything   _____

2 to feel pain in a part of one's body   _____

3 to move toward the top of something   _____

4 to hold a moving thing with one's hand(s)   _____

5 having little or no hair on the head   _____

6 the part of the body between the arm and the hand   _____

C 밑줄 친 단어의 동의어(=) 또는 반의어(↔)를 골라 쓰시오.

fat   birth   young   charming

1 He was tall and slightly <u>overweight</u>.   = _____

2 She gave him her most <u>attractive</u> smile.   = _____

3 The <u>death</u> of our dog made us all cry.   ↔ _____

4 Two <u>elderly</u> women were sitting on the bench. ↔ _____

D 다음 그림을 보고, 해당하는 단어와 연결하시오.

1   **2**   **3**   **4**

·　　　　　　·　　　　　　·　　　　　　·

·　　　　　　·　　　　　　·　　　　　　·

elbow   smell   curly   toe

E 다음을 읽고, 빈칸에 알맞은 단어를 우리말을 참고하여 쓰시오.

1 Be careful not to get a(n) _____.
　부상을 당하지 않도록 조심해라.

2 How can I explain color to _____ people?
　어떻게 **시각 장애인들**에게 색깔을 설명할 수 있을까?

3 My daughter has a(n) _____ nose and a high fever.
　저의 딸은 **콧물이 흐르고** 열이 높아요.

4 Many children in Africa are dying of _____ every day.
　아프리카의 많은 아이들이 매일 **굶어** 죽고 있다.

PLAN 6

휴가

plan 계획하다; 계획
distance 거리
native 출생지의

goods 물품, 상품
expensive 값비싼
latest 최신의

여행

쇼핑

휴가

기념일

holiday 휴일
invite 초대하다
celebrate 기념하다

Day 20　여행

0381 **travel**
[trǽvəl]

ⓥ 여행하다[가다]　ⓝ 여행

I **traveled** to China last year.
나는 작년에 중국으로 **여행**을 갔다.

discuss one's **travels** to Europe　유럽 **여행**에 대해 의논하다

💬 travel: 일반적인 여행을 의미하며, 주로 먼 곳으로 가는 여행
　trip: 짧고, 관광이나 사업 등의 특정 목적을 위해 여행

여행 준비

0382 **plan**
[plæn]

ⓥ 계획하다　ⓝ 계획

Where are you **planning** to go fishing this summer?
올 여름에는 어디로 낚시를 갈 **계획이니**?

Do you have any **plans** for tomorrow?
내일 무슨 **계획** 있니?

0383 **book**
[buk]

ⓥ 예약하다　＝ reserve

Mom **booked** a hotel room online.
엄마가 온라인으로 호텔 객실을 **예약하셨다**.

0384 **exchange**
[ikstʃéindʒ]

ⓥ 교환하다; 환전하다　ⓝ 교환; 환전

I'd like to **exchange** euro coins for dollars.
저는 유로화 동전을 달러로 **환전**하고 싶습니다.

exchange student　**교환** 학생

0385 **abroad**
[əbrɔ́ːd]

ⓐⓓ 해외에, 해외로

Traveling **abroad** is a good way to make new friends.
해외로 여행을 가는 것은 새로운 친구를 사귀는 좋은 방법이다.

Do you want to live **abroad**?
너는 **해외에서** 살고 싶니?

여행지 도착

0386 **distance**
[dístəns]

ⓝ 거리

Do you know the **distance** between the two cities?
너는 그 두 도시 사이의 **거리**를 아니?

➕ distant ⓐ 먼, 멀리 있는

PLAN
6

0387 **arrive**
[əráiv]

Ⓥ 도착하다

We **arrived** at the hotel late at night.
우리는 밤늦게 호텔에 **도착했다**.

➕ arrival ⓝ 도착

0388 **address**
[ǽdres]

ⓝ 주소

We need to find the **address** of the museum.
우리는 그 박물관의 **주소**를 찾을 필요가 있다.

e-mail **address** 이메일 **주소**

0389 **tour**
[tuər]

ⓝ 관광 (여행)　Ⓥ 관광하다

You can take a city **tour** by bus or train.
버스나 기차로 시내 **관광**을 할 수 있습니다.

We will **tour** Vatican City tomorrow.
우리는 내일 바티칸 시국을 **관광할** 것이다.

➕ tourism ⓝ 관광 여행; 관광업 ｜ tourist ⓝ 관광객

0390 **guide**
[gaid]

ⓝ 안내원, 가이드　Ⓥ 안내하다

We asked our tour **guide** where the gift shop was.
우리는 우리 관광 **안내원**에게 선물 가게가 어디 있는지 물어보았다.

She kindly **guided** us around the beautiful city.
그녀는 친절하게 그 아름다운 도시를 우리에게 **안내해주었다**.

영영➤ Ⓥ to take someone to a place (누군가를 어떤 장소로 데려가다)

0391 **photograph**
[fóutəgræf]

ⓝ 사진 ＝photo　Ⓥ 사진을 찍다

Many tourists took **photographs** of the beautiful flower garden.
많은 관광객들이 그 아름다운 화원의 **사진**을 찍었다.

My dad **photographed** us at my birthday party.
아빠가 내 생일 파티에서 우리들의 **사진을 찍어 주셨다**.

여행지

0392 **native**
[néitiv]

ⓐ 1 모국의, 출생지의 ↔foreign 외국의　2 원산[토종]의

a **native** speaker of English 영어가 **모국어인** 사람
Kangaroos are **native** only to Australia.
캥거루는 오스트레일리아가 유일한 **원산**지이다.

0393 **well-known**
[wélnoun]

ⓐ 유명한, 잘 알려진 ＝famous

The city is **well-known** for its old houses.
그 도시는 오래된 집들로 **유명한** 곳이다.

0394	**traditional** [trədíʃənəl]	ⓐ 전통의, 전통적인

Hanbok is Korean **traditional** clothing.
한복은 한국의 **전통** 의상이다.

Try **traditional** foods when you visit a new country.
새로운 나라를 방문할 때 **전통** 음식을 먹어봐라.

➕ tradition ⓝ 전통

0395	**various** [vériəs]	ⓐ 다양한, 여러 가시의

Many people travel abroad for **various** reasons.
많은 사람들이 **다양한** 이유로 해외로 여행을 간다.

➕ variety ⓝ 여러 가지, 다양성

0396	**amazing** [əméiziŋ]	ⓐ 놀라운

The country has an **amazing** history.
그 나라는 **놀라운** 역사를 가지고 있다.

영영 very surprising

➕ amaze ⓥ (깜짝) 놀라게 하다

0397	**culture** [kʌ́ltʃər] 	ⓝ 문화

All countries have their own traditional **culture**.
모든 국가들은 나름대로의 전통**문화**를 가지고 있다.

experience **culture** shock 문화 충격을 경험하다

➕ cultural ⓐ 문화의

0398	**region** [ríːdʒən]	ⓝ 지역, 지방

I want to travel through the mountain **regions** some day.
나는 언젠가 그 산악 **지역**을 가로질러 여행하고 싶다.

➕ regional ⓐ 지역의, 지방의

0399	**castle** [kǽsl]	ⓝ 성

Over 300,000 tourists visited the **castle** last year.
30만 명이 넘는 관광객들이 작년에 그 **성**을 방문했다.

영영 a large building with high, thick walls
(높고 두꺼운 담이 있는 큰 건물)

0400	**crowded** [kráudid]	ⓐ 붐비는, 혼잡한 ↔ empty 비어 있는

This place is always **crowded** with tourists from around the world.
이 장소는 전 세계 곳곳에서 온 관광객들로 항상 **붐빈다.**

➕ crowd ⓥ (~에) 꽉 들어차다 ⓝ 군중

A 빈칸에 알맞은 우리말 뜻 또는 영어 단어를 써넣어 워드맵을 완성하시오.

1 _____
여행(하다)

여행 준비

2 _____
plan

3 _____
예약하다

4 _____
exchange

5 _____
해외에, 해외로

여행지 도착

6 _____
거리

7 _____
arrive

8 _____
주소

9 _____
guide

10 _____
관광; 관광하다

11 _____
photograph

여행지

12 _____
유명한, 잘 알려진

13 _____
native

14 _____
전통적인

15 _____
various

16 _____
문화

17 _____
amazing

18 _____
지역, 지방

19 _____
castle

20 _____
붐비는, 혼잡한

PLAN
6

B 우리말을 참고하여, 어구 또는 문장을 완성하시오. (필요하면 단어 형태를 바꾸시오.)

1 a _____ speaker of English   영어가 모국어인 사람

2 I'd like to _____ euro coins for dollars.
저는 유로화 동전을 달러로 환전하고 싶습니다.

3 All countries have their own traditional _____.
모든 국가들은 나름대로의 전통문화를 가지고 있다.

4 Do you know the _____ between the two cities?
너는 그 두 도시 사이의 거리를 아니?

5 Traveling _____ is a good way to make new friends.
해외로 여행을 가는 것은 새로운 친구를 사귀는 좋은 방법이다.

Day 21 쇼핑

| 상점 |

0401 list
[list]

ⓝ 목록

Make a shopping **list** before you go shopping.
쇼핑을 가기 전에 살 물건의 **목록**을 만들어라.

0402 goods
[gudz]

ⓝ 물품, 상품

household **goods** such as furniture
가구와 같은 가정**용품**

You can buy local foods and other **goods** in this store.
여러분은 이 가게에서 고장의 식품과 그 밖의 다른 **물품**을 살 수 있다.

영영 products that are made for sale (팔기 위해 만들어진 물건들)

0403 item
[áitəm]

ⓝ 품목, 물품

All **items** are 20 percent off for a week.
모든 **품목**이 일주일 동안 20퍼센트 할인됩니다.

영영 a single thing in a group or a list (한 무리나 목록에서 단 하나의 것)

0404 brand
[brænd]

ⓝ 상표, 브랜드

Which **brand** of sneakers do you wear?
너는 어떤 **상표**의 운동화를 신니?

⭐ cf. brand-new ⓐ 신상품의, 아주 새로운

0405 display
[displéi]

ⓥ 진열하다, 전시하다   ⓝ 진열, 전시

In a supermarket, goods are **displayed** on shelves.
슈퍼마켓에서 상품은 선반에 **진열되어** 있다.

the various shoes on **display**
진열[전시]되어 있는 다양한 신발

영영 ⓥ to put something in a place to show it to people
(어떤 것을 사람들에게 보여주려고 한 장소에 두다)

0406 provide
[prəváid]

ⓥ 제공하다, 공급하다   ＝ supply

Local farms **provide** us with delicious, fresh food.
지역 농장들은 우리에게 맛있고 신선한 식품을 **공급한다**.

👐 provide A with B: A에게 B를 공급하다

The river **provides** drinking water for 50,000 people.
그 강은 5만 명의 사람들에게 식수를 **제공한다**.

0407 attract
[ətrǽkt]

ⓥ (~의 마음을) 끌다, 매혹하다

Shoppers are **attracted** by the sweet smell of bread.
쇼핑객들은 향긋한 빵 냄새에 마음이 **끌린다**.

➕ attractive ⓐ 마음을 끄는, 매력적인 | attraction ⓝ 끌림, 매력

0408 order
[ɔ́ːrdər]

ⓥ 1 명령하다　2 주문하다　ⓝ 1 명령　2 주문

They were **ordered** to leave the country.
그들은 나라를 떠나라는 **명령을 받았다**.

You can **order** books from online bookstores.
여러분은 온라인 서점에서 책을 **주문할** 수 있습니다.

place an **order** 주문하다

0409 deliver
[dilívər]

ⓥ 배달하다

Your order will be **delivered** this afternoon.
주문하신 물건이 오늘 오후에 **배달될** 것입니다.

➕ delivery ⓝ 배달

물건 사기

0410 cheap
[tʃiːp]

ⓐ 저렴한, 값싼　🟰 inexpensive 비싸지 않은

Potatoes are **cheap** and good for your health.
감자는 **저렴하고** 건강에 좋다.

영영 costing less money than expected (예상한 것보다 더 적은 돈이 드는)

0411 expensive
[ikspénsiv]

ⓐ 값비싼　↔ cheap, inexpensive

Some bags are so **expensive** that we cannot buy them.
어떤 가방들은 너무 **비싸서** 우리가 살 수 없다.

영영 costing a lot of money (돈이 많이 드는)

0412 choose
[tʃuːz]
choose-chose-chosen

ⓥ 고르다, 선택하다

How do you **choose** which brand is right for you?
여러분은 어떤 상표가 여러분에게 알맞은지를 어떻게 **고르나요**?

➕ choice ⓝ 선택

0413 pay
[pei]
pay-paid-paid

ⓥ 지불하다

How much did you **pay** for your new phone?
네 새 전화기에 너는 얼마를 **지불했니**?

➕ payment ⓝ 지불

0414 price
[prais]

ⓝ 가격

Food **prices** are rising fast in this country.
식료품 **가격**이 이 나라에서 빠르게 상승하고 있다.

0415 fashion
[fǽʃən]

ⓝ 패션, 유행

Paris is more famous for its **fashion** than for its food.
파리는 음식보다 **패션**으로 더 유명하다.

Tight and colorful pants were in **fashion**.
딱 붙고 화려한 색상의 바지가 **유행**이었다.

영영 a popular style of clothes at a particular time
(특정 시기에 인기 있는 옷의 스타일)

0416 fashionable
[fǽʃənəbəl]

ⓐ 유행하는, 유행을 따른 ⊜ trendy

Fashionable clothes are expensive but sell very well.
유행하는 옷은 비싸지만 아주 잘 팔린다.

0417 latest
[léitist]

ⓐ (가장) 최신의, 최근의

Those clothes are the **latest** fashion for ladies.
저 옷들은 **최신** 여성 패션이다.

the **latest** news 최신 뉴스

영영 the most recent (가장 최근의)

➕ late ⓐ 늦은; 최근의

0418 style
[stail]

ⓝ 1 방식 2 (옷 등의) 스타일

four **styles** of swimming
네 가지 수영 **방식**(평영, 배영, 접영, 자유형)

Her **style** is always so fresh and beautiful.
그녀의 (의상) **스타일**은 항상 참 산뜻하고 아름답다.

0419 fit
[fit]

ⓥ 어울리다; 맞다

The blue skirt **fits** you well.
그 파란색 치마는 네게 잘 **어울려**.

➕ fitting ⓐ 어울리는; 꼭 맞는

0420 comfortable
[kʌ́mfərtəbəl]

ⓐ 편안한 ↔ uncomfortable 불편한

These shoes fit well and are pretty **comfortable**.
이 신발은 잘 맞고 아주 **편안하다**.

➕ comfort ⓝ 안락, 편안

Daily Check-up

A 빈칸에 알맞은 우리말 뜻 또는 영어 단어를 써넣어 워드맵을 완성하시오.

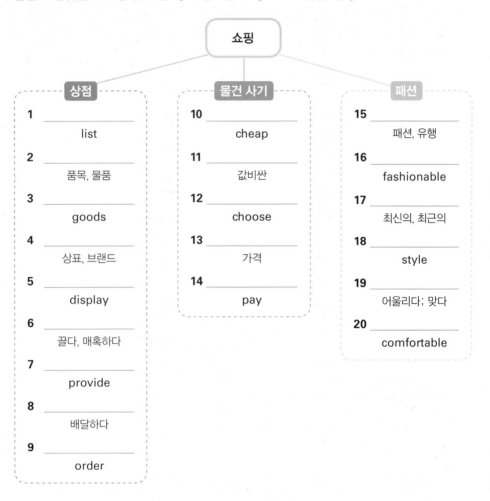

쇼핑

상점

1 _____ list
2 _____ 품목, 물품
3 _____ goods
4 _____ 상표, 브랜드
5 _____ display
6 _____ 끌다, 매혹하다
7 _____ provide
8 _____ 배달하다
9 _____ order

물건 사기

10 _____ cheap
11 _____ 값비싼
12 _____ choose
13 _____ 가격
14 _____ pay

패션

15 _____ 패션, 유행
16 _____ fashionable
17 _____ 최신의, 최근의
18 _____ style
19 _____ 어울리다; 맞다
20 _____ comfortable

B 우리말을 참고하여, 어구 또는 문장을 완성하시오. (필요하면 단어 형태를 바꾸시오.)

1 the various shoes on _____
진열되어 있는 다양한 신발

2 Your order will be _____ this afternoon.
주문하신 물건이 오늘 오후에 배달될 것입니다.

3 These shoes fit well and are pretty _____.
이 신발은 잘 맞고 아주 편안하다.

4 Those clothes are the _____ fashion for ladies.
저 옷들은 최신 여성 패션이다.

5 Local farms _____ us with delicious, fresh food.
지역 농장들은 우리에게 맛있고 신선한 식품을 공급한다.

Day 22 기념일

0421 anniversary
[ǽnəvə́:rsəri]

ⓝ 기념일

Today is my parents' 15th wedding **anniversary**.
오늘은 우리 부모님의 15번째 결혼**기념일**이다.

the 100th **anniversary** of Picasso's birth
피카소의 탄생 100주년 **기념일**

🍀 anni(year 해) + vers(turn 돌다) + ary → 해마다 돌아오다 → 기념일

축제와 휴가

0422 festival
[féstəvəl]

ⓝ 축제

The small town holds a tomato **festival** every year.
그 작은 마을은 해마다 토마토 **축제**를 개최한다.
🏵 hold a festival 축제를 열다
Busan International Film **Festival** 부산 국제 영화제

0423 holiday
[hɑ́:lədèi]

ⓝ 휴일; 휴가

In many countries, Christmas is one of the most important **holidays**.
많은 나라에서 크리스마스는 가장 중요한 **휴일** 중 하나이다.

national **holiday** 법정 **공휴일**, 국경일

🔠 a period of time when one does not have to go to school or work (학교나 직장을 갈 필요가 없는 기간)

0424 parade
[pəréid]

ⓝ 퍼레이드, 행렬

They hold a **parade** at the end of the festival.
그들은 축제의 마지막에 **퍼레이드**를 펼친다.

0425 fireworks
[fáiərwə̀:rks]

ⓝ 불꽃놀이

Every year, they have a **fireworks** show on the Fourth of July.
해마다 그들은 7월 4일(미국 독립기념일)에 **불꽃놀이** 쇼를 한다.

🍀 단수 firework는 '폭죽', '불꽃'을 뜻한다.

0426 flag
[flæg]

ⓝ 깃발

We fly the national **flag** on national holidays.
우리는 국경일에 **국기**를 게양한다.

🏵 fly a flag 깃발을 올리다[게양하다]

기념일 준비

0427 **invite**

[inváit]

Ⓥ 초대하다

I **invited** all of my friends to my birthday party.
나는 내 친구 모두를 내 생일 파티에 **초대했다**.

🔤 to ask someone to come to a party or meal
(누군가에게 파티나 식사에 오라고 요청하다)

➕ invitation ⓝ 초대; 초대장

0428 **guest**

[gest]

ⓝ 손님   ↔ host 주인

How many **guests** will you invite to your wedding?
너는 너의 결혼식에 몇 명의 **손님**을 초대할 거니?

0429 **decorate**

[dékərèit]

Ⓥ 장식하다

Mom **decorated** my birthday cake with chocolate.
엄마는 내 생일 케이크를 초콜릿으로 **장식하셨다**.

👑 decorate A with B: A를 B로 장식하다

➕ decoration ⓝ 장식; 장식품

0430 **balloon**

[bəlúːn]

ⓝ 풍선

Balloons are used to decorate birthday parties.
풍선은 생일 파티를 장식하는 데 사용된다.

0431 **wrap**

[ræp]

Ⓥ 포장하다, 싸다   ⓝ 포장지

Wrap your present and put a ribbon on it.
네 선물을 **포장하고** 그것에 리본을 달으렴.

gift **wrap** 선물 포장지

🔤 Ⓥ to cover something with paper, cloth, etc.
(종이, 천 등으로 무언가를 싸다)

0432 **special**

[spéʃəl]

ⓐ 특별한, 특수한

We give each other gifts on **special** days like birthdays.
우리는 생일과 같은 **특별한** 날에 서로 선물을 준다.

Do you have a **special** reason for doing that?
너는 그렇게 한 **특별한** 이유가 있니?

🔤 more important than other people or things
(다른 사람들 또는 다른 것들보다 더 중요한)

0433 **turkey**

[tə́ːrki]

ⓝ 칠면조 (고기)

Thanksgiving without **turkey** is not Thanksgiving.
칠면조가 없는 추수 감사절은 추수 감사절이
아니다

⭐ Turkey (국가명) 터키

0434 **celebrate**
[séləbrèit]

ⓥ 기념하다, 축하하다

On June 7, our school will **celebrate** the 140th year since its founding.
6월 7일에 우리 학교는 개교 140주년을 **기념할** 것이다.

celebrate success 성공을 **축하하다**

➕ celebration ⓝ 축하 (행사)

0435 **congratulation**
[kəngrӕtʃəléiʃən]

ⓝ 축하; 축하 인사

Congratulations on getting married!
결혼을 **축하합니다**!

➕ congratulate ⓥ 축하하다

0436 **gather**
[gӕðər]

ⓥ 1 모이다 2 모으다, 수집하다

A few of my friends **gathered** to celebrate my birthday.
친구 몇 명이 내 생일을 축하하려고 **모였다**.

gather information 정보를 **모으다**

영영 1 to come together in a group (무리를 지어 모이다)

0437 **candle**
[kӕndl]

ⓝ 양초, 촛불

light a **candle** 촛불을 켜다
Put the same number of **candles** as her age on the cake.
그녀의 나이와 같은 수의 **양초**를 케이크에 꽂아라.

0438 **blow out**

(불을) 불어서 끄다

Blow out all the candles on the birthday cake at once.
생일 케이크의 모든 촛불을 한 번에 **불어서 꺼라**.

➕ blow ⓥ (바람이/입으로) 불다

0439 **receive**
[risíːv]

ⓥ 받다

We are happy when we **receive** gifts.
우리는 선물을 **받으면** 기쁘다.

영영 to get something after someone gives or sends it to you
(누군가가 어떤 것을 주거나 보낸 뒤에 그것을 갖다)

0440 **merry**
[méri]

ⓐ 즐거운, 명랑한 = happy, cheerful

I wish you a **merry** Christmas.
즐거운 성탄절을 보내시길 바랍니다.

The more, the **merrier**. 사람이 많을수록 더욱 **즐겁다**.

Daily Check-up

학습 Check	MP3 듣기	본문 학습	Daily Check-up	누적 테스트 Days 21-22	Review Test

A 빈칸에 알맞은 우리말 뜻 또는 영어를 써넣어 워드맵을 완성하시오.

1 _____ 기념일

축제와 휴가

2 _____ 축제

3 _____ holiday

4 _____ 불꽃놀이

5 _____ flag

6 _____ 퍼레이드, 행렬

기념일 준비

7 _____ invite

8 _____ 손님

9 _____ decorate

10 _____ 포장하다; 포장지

11 _____ balloon

12 _____ 특별한, 특수한

13 _____ turkey

기념일 축하

14 _____ 기념하다, 축하하다

15 _____ congratulation

16 _____ 모이다; 모으다

17 _____ blow out

18 _____ 양초, 촛불

19 _____ receive

20 _____ 즐거운, 명랑한

B 우리말을 참고하여, 문장을 완성하시오. (필요하면 단어 형태를 바꾸시오.)

1 We are happy when we _____ gifts.
우리는 선물을 받으면 기쁘다.

2 Today is my parents' 15th wedding _____.
오늘은 우리 부모님의 15번째 결혼기념일이다.

3 Mom _____ my birthday cake with chocolate.
엄마는 내 생일 케이크를 초콜릿으로 장식하셨다.

4 A few of my friends _____ to celebrate my birthday.
친구 몇 명이 내 생일을 축하하려고 모였다.

5 On June 7, our school will _____ the 140th year since its founding.
6월 7일에 우리 학교는 개교 140주년을 기념할 것이다.

A 들려주는 영어 단어를 쓴 후 우리말 뜻을 쓰시오.

영단어	뜻	영단어	뜻
1		2	
3		4	
5		6	
7		8	
9		10	
11		12	
13		14	
15		16	
17		18	
19		20	

B 다음 영영 풀이에 해당하는 알맞은 단어를 골라 쓰시오.

> display   holiday   guide   castle   goods   special

1 to take someone to a place _____

2 products that are made for sale _____

3 a large building with high, thick walls _____

4 more important than other people or things _____

5 to put something in a place to show it to people _____

6 a period of time when one does not have to go to school or work _____

C 밑줄 친 단어의 동의어(=) 또는 반의어(↔)를 골라 쓰시오.

famous   foreign   supply   cheap

1 The wind can <u>provide</u> us with energy.   = _____

2 France is <u>well-known</u> for its wine and cheese. = _____

3 Potatoes are very <u>expensive</u> in the region.   ↔ _____

4 This fruit is <u>native</u> to South America.   ↔ _____

D 다음 그림을 보고, 해당하는 단어와 연결하시오.

1    **2**   **3**   **4**

decorate   photograph   candle   pay

E 다음을 읽고, 빈칸에 알맞은 단어를 우리말을 참고하여 쓰시오.

1 These shoes are so _____ to wear.
이 신발은 신기에 아주 **편안하다**.

2 We _____d at the airport at 11:00 a.m.
우리는 오전 11시에 공항에 **도착했다**.

3 I like listening to _____ Korean music.
나는 한국의 **전통** 음악을 듣는 것을 좋아한다.

4 I'd love to go _____ this year, maybe to Europe.
나는 올해 **해외에** 가고 싶은데, 아마도 유럽이다.

PLAN 7
자연

stream 시내, 개울
hill 언덕
soil 흙, 토양

bright 화창한; 밝은
moist 습기 많은
chilly 차가운, 쌀쌀한

자연과
지리

날씨

자연

동물

식물

wild 야생의
feather 깃털
shark 상어

wood 나무, 목재
forest 숲, 산림
bloom 꽃이 피다

Day 23 자연과 지리

0441 **nature**

[néitʃər]

ⓝ 자연

Nature provides us with fresh air and water.
자연은 우리에게 신선한 공기와 물을 제공한다.

0442 **natural**

[nætʃərəl]

ⓐ 1 자연의, 천연의　2 당연한

There are many amazing animals in the **natural** world.
자연 세계에는 많은 놀라운 동물들이 있다.

natural food　천연 식품

It is **natural** for a child to be curious about everything.
아이가 모든 것에 호기심을 갖는 것은 **당연하다**.

물 관련

0443 **stream**

[stri:m]

ⓝ 시내, 개울　ⓥ 흐르다

When **streams** gather, they become a river.
시내들이 모여 강이 된다.

Tears were **streaming** down the boy's face.
눈물이 그 남자아이의 얼굴을 타고 **흐르고** 있었다.

영영 ⓥ to move continuously in one direction
(연속적으로 한 방향으로 움직이다)

0444 **lake**

[leik]

ⓝ 호수

a natural / artificial **lake**　자연 / 인공 호수

Can people swim in this **lake**?
사람들이 이 **호수**에서 수영할 수 있나요?

0445 **beach**

[bi:tʃ]

ⓝ 해변, 바닷가

a sandy **beach**　모래로 덮인 해변(모래사장)

The **beach** is a good place to watch seabirds.
그 **해변**은 바닷새를 관찰하기에 좋은 장소이다.

영영 an area of sand or stones next to the sea
(바다에 접한 모래 또는 자갈로 덮인 지역)

0446 **shore**

[ʃɔːr]

ⓝ (바다·호수·강의) 기슭, 물가

There are many boats on the **shore** of the river.
그 강**기슭**에는 많은 배들이 있다.

0447	**island** [áilənd]	ⓝ 섬
		The **island** is famous for its beautiful nature. 그 **섬**은 아름다운 자연으로 유명하다.
		영영 a piece of land in the middle of the sea (바다 한가운데의 한 구획의 땅)

0448	**ocean** [óuʃən]	ⓝ 대양, 바다
		There are five **oceans** in the world. 세계에는 다섯 개의 **대양**이 있다.
		The **oceans** are home to fish. **바다**는 물고기의 보금자리이다.
		✪ cf. the Pacific / Atlantic / Indian Ocean 태평양 / 대서양 / 인도양

PLAN
7

산 관련

| 0449 | **hill**
[hil] | ⓝ 언덕 |
| | | Skiing is all about sliding down the **hill**.
스키 타기는 그저 **언덕**을 타고 미끄러져 내려오는 것이다. |

0450	**valley** [vǽli]	ⓝ 계곡, 골짜기
		My family had a picnic in the **valley** on the weekend. 우리 가족은 주말에 **계곡**에서 나들이를 했다.
		영영 a low area of land between hills or mountains (언덕 또는 산 사이의 낮은 구역의 땅)

| 0451 | **cave**
[keiv] | ⓝ 동굴 |
| | | Many **cave** animals are blind, and some don't have eyes.
많은 **동굴** 동물들은 눈이 멀었고 일부는 눈이 없다. |

0452	**cliff** [klif]	ⓝ 절벽
		Native boys dive from the **cliff** into the sea. 원주민 소년들이 **절벽**에서 바다로 뛰어든다.
		영영 a high, steep area of rock (암석으로 된 높고 가파른 구역)

| 0453 | **waterfall**
[wɔ́ːtərfɔ̀ːl] | ⓝ 폭포 |
| | | Niagara Falls is one of the biggest **waterfalls** in the world.
나이아가라 폭포는 세계에서 가장 큰 **폭포** 중 하나이다. |

0454 peak
[piːk]

ⓝ 1 정상, 꼭대기 2 절정; 최대량

The **peak** of the mountain is covered with snow.
그 산의 **정상**은 눈으로 덮여 있다.

the **peak** of traffic **최대** 교통량

영영 1 the top of a mountain (산의 정상)

땅과 지형

0455 ground
[graund]

ⓝ 1 땅바닥, 지면 2 땅 ⊜ soil

sit down on the **ground** for a short rest
짧은 휴식을 취하기 위해 **바닥**에 앉다

The rain stopped, and the **ground** began to dry.
비가 멈추었고 **땅**이 마르기 시작했다.

0456 soil
[sɔil]

ⓝ 흙, 토양

There are many living things in the **soil**.
흙 속에는 많은 생명체가 있다.

0457 mud
[mʌd]

ⓝ 진흙, 진창

Have you seen elephants take a **mud** bath?
코끼리들이 **진흙** 목욕을 하는 것을 본 적이 있나요?

➕ muddy ⓐ 진흙투성이의, 진창의

0458 rock
[rɑːk]

ⓝ 바위; 암석

Large **rocks** were used to build the pyramids.
커다란 **바위들**이 피라미드를 짓는 데 사용되었다.

➕ rocky ⓐ 바위투성이의

0459 area
[ériə]

ⓝ 1 지역, 지방 2 구역

Evenings can be cool or even cold in mountain **areas**.
산악 **지역**에서는 저녁때가 서늘하거나 추울 수조차 있다.

parking **area** 주차 **구역**

0460 desert
[dézərt]

ⓝ 사막

There is not much drinking water in **desert** areas.
사막 지역에는 식수가 충분치 않다.

영영 a large area of land in a hot region with little water or rain
(더운 지방의 물이나 비가 거의 없는 커다란 구역의 땅)

Daily Check-up

A 빈칸에 알맞은 우리말 뜻 또는 영어 단어를 써넣어 워드맵을 완성하시오.

1 _____ 자연

2 _____ natural

물 관련

3 _____ 시내, 개울; 흐르다

4 _____ lake

5 _____ 해변, 바닷가

6 _____ shore

7 _____ 대양, 바다

8 _____ island

산 관련

9 _____ hill

10 _____ 계곡, 골짜기

11 _____ cave

12 _____ 폭포

13 _____ cliff

14 _____ 정상, 꼭대기; 절정

땅과 지형

15 _____ 땅바닥; 땅

16 _____ 흙, 토양

17 _____ mud

18 _____ 바위; 암석

19 _____ desert

20 _____ 지역; 구역

PLAN 7

B 우리말을 참고하여, 문장을 완성하시오. (필요하면 단어 형태를 바꾸시오.)

1 When _____ gather, they become a river.
시내들이 모여 강이 된다.

2 The _____ is famous for its beautiful nature.
그 섬은 아름다운 자연으로 유명하다.

3 Native boys dive from the _____ into the sea.
원주민 소년들이 절벽에서 바다로 뛰어든다.

4 The rain stopped, and the _____ began to dry.
비가 멈추었고 땅이 마르기 시작했다.

5 There is not much drinking water in _____ areas.
사막 지역에는 식수가 충분치 않다.

Day 24 날씨

0461 weather
[wéðər]

ⓝ 날씨

The **weather** was bad, so we could not go out.
날씨가 나빠서 우리는 밖에 나갈 수 없었다.

What fine **weather** today!
오늘은 날씨가 정말 좋군!

0462 degree
[digríː]

ⓝ (온도) 도

It's 20 **degrees** Celsius outside. 밖은 섭씨 20도(20℃)이다.
55 **degrees** Fahrenheit 화씨 55도(55℉)

✪ Celsius[sélsiəs] 섭씨(의) | Fahrenheit[fǽrənháit] 화씨(의)

화창한 날

0463 bright
[brait]

ⓐ 1 화창한; 빛나는 2 (색이) 선명한, 밝은 ↔ dark 어두운

It was a **bright** day, and a fresh wind was blowing.
화창한 날이었고 신선한 바람이 불고 있었다.

bright colors 밝은 색상

➕ brightly ⓐⓓ 밝게, 환하게

0464 shine
[ʃain]
shine-shined[shone]–
shined[shone]

ⓥ 빛나다; 비치다

The moon and stars are **shining** in the night sky.
밤하늘에 달과 별들이 빛나고 있다.

The sun **shined** brightly on the lake.
태양이 호수에 밝게 비쳤다.

0465 clear
[kliər]

ⓐ 1 맑은, 갠 2 분명한, 확실한

We'll have a **clear** sky and light winds tonight.
오늘밤에는 하늘이 맑고 가벼운 바람이 불겠습니다.

a **clear** answer 분명한 대답

비와 폭풍

0466 sticky
[stíki]

ⓐ 1 끈적끈적한 2 무더운, 후덥지근한

Jam is very **sticky**. 잼은 매우 끈적끈적하다.

The weather was **sticky**, so I took a shower.
날씨가 무더워서 나는 샤워를 했다.

0467 moist
[mɔist]

ⓐ 1 습기 많은, 습한　2 촉촉한　↔ dry 마른, 건조한

A **moist** wind was blowing from the sea.
습기 많은 바람이 바다로부터 불어오고 있었다.

a **moist** chocolate cake
촉촉한 초콜릿 케이크

➕ moisture ⓝ 습기, 수분

0468 damp
[dæmp]

ⓐ 축축한, 습기 찬

The road is still **damp** from the early morning rain.
이른 아침의 비 때문에 도로가 아직도 **축축하다**.

🔁 a little wet (조금 젖은)

0469 fall
[fɔːl]
fall-fell-fallen

ⓥ (비·눈이) 내리다; 떨어지다　↔ rise 오르다, 올라가다

Snow has been **falling** from the sky all week long.
일주일 내내 하늘에서 눈이 **내리고 있었다**.

Everything **falls** to the ground.
모든 것은 땅으로 **떨어진다**.

0470 raindrop
[réindrɑ̀ːp]

ⓝ 빗방울

I had no umbrella, and **raindrops** were beginning to fall.
나는 우산이 없는데 **빗방울**이 떨어지기 시작했다.

0471 storm
[stɔːrm]

ⓝ 폭풍(우)

There was a heavy **storm** during the night.
밤새 동안 심한 **폭풍우**가 불었다.

0472 hurricane
[hə́ːrəkèin]

ⓝ 허리케인, 태풍

Hurricanes form over the open ocean.
허리케인은 넓은 해양 위에서 형성된다.

🔁 an extremely large, violent storm with strong winds
(강풍을 동반한 극히 크고 거센 폭풍우)

흐리고 어두움

0473 cloudy
[kláudi]

ⓐ 흐린, 구름이 잔뜩 낀　↔ clear

It's very **cloudy**, and it's starting to rain a little.
날씨가 매우 **흐리고** 비가 조금씩 내리기 시작하고 있다.

➕ cloud ⓝ 구름

0474 windy
[wíndi]

ⓐ 바람이 많이 부는

If it's not raining and it's **windy**, let's fly kites.
비가 내리지 않고 **바람이 많이 불면**, 연을 날리자.

➕ wind ⓝ 바람

0475 fog
[fɔːg]

ⓝ 안개

They could see nothing because of the rain and **fog**.
그들은 비와 **안개** 때문에 아무 것도 볼 수 없었다.

➕ foggy ⓐ 안개가 낀

0476 dust
[dʌst]

ⓝ 먼지

There was a lot of **dust** in the air, so people often coughed.
공기 중에 **먼지**가 많아서 사람들이 자주 기침을 했다.

➕ dusty ⓐ 먼지가 많은

추운 날씨

0477 chilly
[tʃíli]

ⓐ 차가운, 쌀쌀한

The weather is a bit **chillier** than it was last week.
날씨가 지난주보다 좀 더 **쌀쌀하다**.

➕ chill ⓝ 냉기, 한기

0478 freezing
[fríːziŋ]

ⓐ 몹시 추운, 얼어붙는 듯한

You need your coat. It's **freezing** outside.
너는 코트가 필요해. 밖은 **몹시 추워**.

➕ freeze ⓥ 얼다 | frozen ⓐ 언, 결빙한

0479 snowy
[snóui]

ⓐ 1 눈이 내리는 2 눈에 덮인

In **snowy** weather, drivers should be more careful.
눈이 오는 날씨에는 운전자들이 더 조심해야 한다.

a **snowy** mountain **눈에 덮인** 산

0480 snowfall
[snóufɔ̀ːl]

ⓝ 강설; 강설량

There has been heavy **snowfall** in the Alps.
알프스 산맥에 심한 **눈(폭설)이 내렸다**.

🔍 an amount of snow that falls during a certain period of time (특정 기간 동안 내린 눈의 양)

Daily Check-up

A 빈칸에 알맞은 우리말 뜻 또는 영어 단어를 써넣어 워드맵을 완성하시오.

1 _____
weather

2 _____
(온도) 도

화창한 날

3 _____
화창한; 밝은

4 _____
shine

5 _____
맑은; 분명한

추운 날씨

6 _____
chilly

7 _____
몹시 추운

8 _____
snowy

9 _____
강설(량)

비와 폭풍

10 _____
damp

11 _____
습기 많은; 촉촉한

12 _____
sticky

13 _____
빗방울

14 _____
fall

15 _____
허리케인, 태풍

16 _____
storm

흐리고 어두움

17 _____
흐린, 구름이 잔뜩 낀

18 _____
windy

19 _____
안개

20 _____
dust

PLAN
7

B 우리말을 참고하여, 문장을 완성하시오. (필요하면 단어 형태를 바꾸시오.)

1 It's 20 _____ Celsius outside.
밖은 섭씨 20도(20℃)이다.

2 The sun _____ brightly on the lake.
태양이 호수에 밝게 비쳤다.

3 A m_____ wind was blowing from the sea.
습기 많은 바람이 바다로부터 불어오고 있었다.

4 There was a heavy _____ during the night.
밤새 동안 심한 폭풍우가 불었다.

5 The _____ was bad, so we could not go out.
날씨가 나빠서 우리는 밖에 나갈 수 없었다.

Day 25 동물

야생 동물

0481 **wild**
[waild]

ⓐ 야생의

Mountains are home to many **wild** animals.
산은 많은 **야생** 동물들의 보금자리이다.

wild plants 야생 식물

영영 growing or living in nature without human control
(인간의 지배 없이 자연에서 자라거나 사는)

0482 **deer**
[diər]

ⓝ 사슴

These **deer** have large horns that are sharp at their tips.
이 **사슴들**은 끝이 날카로운 큰 뿔을 가지고 있다.

✪ deer의 복수형은 단수형 deer과 동일하다.

0483 **turtle**
[tə́:rtl]

ⓝ 바다거북

Thousands of **turtles** lay eggs on the beach.
수천 마리의 **바다거북**이 해변에 알을 낳는다.

0484 **zebra**
[zí:brə]

ⓝ 얼룩말

Zebras have black and white stripes.
얼룩말은 검고 흰 줄무늬를 가지고 있다.

0485 **crocodile**
[krɑ́:kədàil]

ⓝ 악어

Crocodiles live in this river. Do you still want to swim here?
이 강에 **악어들**이 살아. 너는 아직도 여기서 수영하고 싶니?

0486 **leopard**
[lépərd]

ⓝ 표범

A **leopard** can climb trees and jump very high.
표범은 나무에 오를 수 있고 아주 높이 도약할 수 있다.

Can a **leopard** change its spots?
표범이 자신의 반점을 바꿀 수 있는가?(타고난 성격은 고치기 힘들다.)

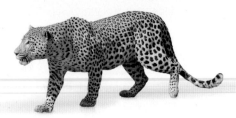

새와 벌레

0487	**owl**
[aul]	

ⓝ 올빼미

While eagles hunt during the day, **owls** hunt at night.
독수리는 낮에 사냥하지만, **올빼미**는 밤에 사냥한다.

0488 **feather**

[féðər]

ⓝ 깃털

Feathers keep birds warm and help them to fly.
깃털은 새를 따뜻하게 유지해 주고 나는 데 도움이 된다.

Birds of a **feather** flock together.
같은 **깃털**의 새들이 함께 모인다.(유유상종)

영영 the soft covering on a bird's body
(새의 몸을 덮고 있는 부드러운 것)

PLAN
7

0489 **wing**

[wiŋ]

ⓝ 날개

The albatross has the longest **wings** of all birds.
앨버트로스(신천옹)는 모든 조류 중에서 가장 긴 **날개**를 가졌다.

0490 **tail**

[teil]

ⓝ 꼬리

Birds use their **tails** to control turning.
새는 방향 전환을 조절하기 위해 **꼬리**를 사용한다.

0491 **nest**

[nest]

ⓝ 둥지

a bird's **nest** 새 둥지

Most birds build their **nests** on trees.
대부분의 새들은 나무 위에 **둥지**를 짓는다.

0492 **insect**

[ínsekt]

ⓝ 곤충

In many parts of the world, **insects** are used as food.
세계 많은 지역에서, **곤충**은 식량으로 이용된다.

영영 a small animal with six legs (다리가 여섯 개인 작은 동물)

0493 **worm**

[wə:rm]

ⓝ 벌레

Some **worms** in the soil help the garden grow.
흙 속에 어떤 **벌레들**은 전원의 식물이 자라도록 돕는다.

✪ cf. earthworm 지렁이

0494 shark
[ʃɑːrk]

ⓝ 상어

Most **sharks** are harmless and important to the ocean.
대부분의 **상어**는 무해하며 해양에 중요하다.

0495 whale
[weil]

ⓝ 고래

The largest **whales** are more than 30 meters long.
가장 큰 **고래**는 길이가 30미터가 넘는다.

0496 dolphin
[dɑ́ːlfin]

ⓝ 돌고래

Dolphins are very smart animals.
돌고래는 아주 영리한 동물이다.

0497 sheep
[ʃiːp]

ⓝ 양

a flock of **sheep** 양 떼
We get wool from **sheep**, and it is made into clothes.
우리는 **양**으로부터 양털을 얻고 그것은 옷으로 만들어진다.

⭐ sheep의 복수형은 단수형 sheep과 동일하다.

0498 goat
[gout]

ⓝ 염소

Goats' milk can be made into cheese and yogurt.
염소의 젖으로 치즈와 요구르트를 만들 수 있다.

0499 cattle
[kǽtl]

ⓝ (집합적으로) 소

a herd of **cattle** 한 무리의 소
The **cattle** are eating grass in the field.
소 떼가 들판에서 풀을 먹고 있다.

연관 cows and bulls 암소와 황소
⭐ cattle은 집합명사로 복수 취급을 한다.

0500 pet
[pet]

ⓝ 애완동물

I have a cat. Do you have a **pet**?
나는 고양이를 길러. 너는 **애완동물**을 기르니?

A 빈칸에 알맞은 우리말 뜻 또는 영어 단어를 써넣어 워드맵을 완성하시오.

동물

야생 동물

1 _____ wild

2 _____ 바다거북

3 _____ deer

4 _____ 얼룩말

5 _____ crocodile

6 _____ 표범

새와 벌레

7 _____ 올빼미

8 _____ wing

9 _____ 깃털

10 _____ tail

11 _____ 곤충

12 _____ worm

13 _____ 둥지

바다 동물

14 _____ 상어

15 _____ dolphin

16 _____ 고래

가축과 애완동물

17 _____ 양

18 _____ goat

19 _____ (집합적으로) 소

20 _____ pet

PLAN
7

B 우리말을 참고하여, 문장을 완성하시오. (필요하면 단어 형태를 바꾸시오.)

1 Most birds build their _____ on trees.
대부분의 새들은 나무 위에 둥지를 짓는다.

2 The _____ are eating grass in the field.
소 떼가 들판에서 풀을 먹고 있다.

3 _____ keep birds warm and help them to fly.
깃털은 새를 따뜻하게 유지해 주고 나는 데 도움이 된다.

4 Mountains are home to many _____ animals.
산은 많은 야생 동물들의 보금자리이다.

5 In many parts of the world, _____ are used as food.
세계 많은 지역에서, 곤충은 식량으로 이용된다.

Day 26 식물

0501 plant
[plænt]

ⓝ 식물 ⓥ (식물을) 심다

Most of the food we eat comes from **plants**.
우리가 먹는 대부분의 음식은 **식물**에서 나온다.

My family **planted** some vegetables in the garden.
우리 가족은 정원에 채소를 좀 **심었다**.

나무의 구조

0502 wood
[wud]

ⓝ 1 나무, 목재 2 (복수로) 숲

Most furniture is made of **wood**.
대부분의 가구는 **나무**로 만들어진다.

I like to go camping in the **woods**.
나는 **숲**에서 캠핑하는 것을 좋아한다.

0503 root
[ru:t]

ⓝ 1 뿌리 2 (문제의) 근원, 원인

Roots go into the soil to gather water.
뿌리는 물을 모으기 위해 흙 속으로 들어간다.

the **root** of the problem 문제의 **근원**

영영 1 the part of a plant which grows under the ground
(땅속에서 자라는 식물의 한 부분)

0504 stem
[stem]

ⓝ (식물의) 줄기

Roots hold the **stem** up so that it does not fall over.
뿌리는 **줄기**가 곧게 서 있도록 붙잡아줘서 그것은 넘어지지 않는다.

0505 trunk
[trʌŋk]

ⓝ (나무의) 몸통, 원줄기

The stem of a tree is called the **trunk**.
나무의 줄기를 **몸통**이라고 부른다.

✸ stem은 땅속에서 자라 나와서 잎이나 꽃을 지탱해주는 줄기를 뜻하고,
trunk는 나무를 지탱해주는 몸통을 뜻한다.

0506 branch
[bræntʃ]

ⓝ (나뭇)가지

The tree's **branches** were swinging in the wind.
그 나무의 **가지들**이 바람에 흔들리고 있었다.

0507 **leaf**
[li:f]

ⓝ 잎, 나뭇잎

Leaves turn red or brown during fall.
잎은 가을철에 빨강 또는 갈색으로 변한다.

fallen **leaves** 낙엽

숲과 나무

0508 **forest**
[fɔ́:rist]

ⓝ 숲, 산림

There are many wild animals in this **forest**.
이 숲에는 많은 야생 동물들이 있다.

0509 **maple**
[méipəl]

ⓝ 단풍나무

Maple leaves change their color before falling.
단풍나무 잎은 지기 전에 색깔이 변한다.

The Canadian flag has a **maple** leaf on it.
캐나다 국기에는 단풍나무 잎이 있다.

0510 **pine**
[pain]

ⓝ 소나무

Pine trees are often used as Christmas trees.
소나무는 흔히 크리스마스 트리로 사용된다.

0511 **bush**
[buʃ]

ⓝ 수풀, 덤불, 관목

We could see a pair of deer in the **bush**.
우리는 덤불 속에서 사슴 한 쌍을 볼 수 있었다.

A bird in the hand is worth two in the **bush**.
손안의 새 한 마리는 수풀 속에 있는 두 마리의 가치가 있다.

영영 a plant that is smaller than a tree and has a lot of branches
(나무보다 작고 가지가 많은 식물)

0512 **grass**
[græs]

ⓝ 1 풀　2 풀밭, 잔디밭

Many animals eat **grass** as food.
많은 동물들이 먹이로 풀을 먹는다.

We sat on the **grass** and ate our lunch.
우리는 풀밭에 앉아 점심을 먹었다.

0513 **herb**
[ə:rb]

ⓝ 풀, 약초

Herbs are used to treat various illnesses.
약초는 다양한 질병을 치료하는 데 사용된다.

0514 seed
[si:d]

ⓝ 씨앗, 씨

Seeds fall to the ground, and the roots grow into the soil.
씨앗이 땅에 떨어지고 뿌리가 흙 속에서 자란다.

영영 the small, hard part of a plant from which a new plant grows (새로운 식물이 자라는 식물의 작고 딱딱한 부분)

0515 sunlight
[sʌ́nlàit]

ⓝ 햇빛

The energy in **sunlight** makes plants grow.
햇빛의 에너지가 식물이 자라게 한다.

0516 bud
[bʌd]

ⓝ 싹, 눈

In the early spring, new **buds** began to appear on trees.
이른 봄에 새**싹들**이 나무에 생기기 시작했다.

0517 bloom
[blu:m]

ⓝ 꽃 ⓥ 꽃을 피우다, 꽃이 피다

This cherry tree has dark pink **blooms**.
이 벚나무는 짙은 분홍색 **꽃**을 가지고 있다.

Most trees **bloom** every spring.
대부분의 나무들은 봄마다 **꽃을 피운다**.

영영 ⓝ the flower on a plant (식물에 핀 꽃)

0518 blossom
[blɑ́:səm]

ⓝ 꽃 ⓥ 꽃을 피우다, 꽃이 피다

Peach **blossoms** are a symbol of a happy marriage.
복숭아**꽃**은 행복한 결혼 생활의 상징이다.

In New England, apple trees **blossom** in May.
뉴잉글랜드에서는 사과나무가 5월에 **꽃을 피운다**.

0519 fruit
[fru:t]

ⓝ 과일, 과실; 열매

eat fresh **fruits** and vegetables 신선한 **과일**과 채소를 먹다
I want to grow some **fruit** trees in my garden.
나는 내 정원에서 **과실**나무를 좀 기르고 싶다.

0520 berry
[béri]

ⓝ 산딸기류 열매, 베리

Berries are used to make jams, jellies, and drinks.
베리는 잼, 젤리, 그리고 음료수를 만드는 데 사용된다.

Daily Check-up

A 빈칸에 알맞은 우리말 뜻 또는 영어 단어를 써넣어 워드맵을 완성하시오.

1 _____
식물; 심다

나무의 구조

2 _____
wood

3 _____
뿌리; 근원

4 _____
stem

5 _____
(나무의) 몸통

6 _____
branch

7 _____
잎, 나뭇잎

숲과 나무

8 _____
숲, 산림

9 _____
pine

10 _____
단풍나무

11 _____
bush

12 _____
풀; 풀밭, 잔디밭

13 _____
herb

식물의 성장

14 _____
sunlight

15 _____
씨앗, 씨

16 _____
bud

17 _____
꽃; 꽃이 피다

18 _____
blossom

19 _____
과일, 과실

20 _____
berry

PLAN 7

B 우리말을 참고하여, 문장을 완성하시오. (필요하면 단어 형태를 바꾸시오.)

1 Many animals eat _____ as food.
많은 동물들이 먹이로 풀을 먹는다.

2 The tree's _____ were swinging in the wind.
그 나무의 가지들이 바람에 흔들리고 있었다.

3 There are many wild animals in this _____.
이 숲에는 많은 야생 동물들이 있다.

4 The energy in _____ makes plants grow.
햇빛의 에너지가 식물이 자라게 한다.

5 I want to grow some _____ trees in my garden.
나는 내 정원에서 과실나무를 좀 기르고 싶다.

Review Test

A 들려주는 영어 단어를 쓴 후 우리말 뜻을 쓰시오.

영단어	뜻	영단어	뜻
1		**2**	
3		**4**	
5		**6**	
7		**8**	
9		**10**	
11		**12**	
13		**14**	
15		**16**	
17		**18**	
19		**20**	

B 다음 영영 풀이에 해당하는 알맞은 단어를 골라 쓰시오.

feather	desert	seed	island	valley	damp

1 a little wet _____

2 the soft covering on a bird's body _____

3 a piece of land in the middle of the sea _____

4 a low area of land between hills or mountains _____

5 a large area of land in a hot region with little water or rain _____

6 the small, hard part of a plant from which a new plant grows _____

C 밑줄 친 단어의 동의어(=) 또는 반의어(↔)를 골라 쓰시오.

top   rise   dry   dark

1 We reached the p<u>eak</u> of the mountain.   = _____

2 The room was <u>bright</u> with many candles.   ↔ _____

3 The soil is <u>moist</u> after the August rain.   ↔ _____

4 Leaves begin to <u>fall</u> from trees in late autumn. ↔ _____

D 다음 그림을 보고, 해당하는 단어와 연결하시오.

1   **2**   **3**   **4**

desert   turtle   maple   bloom

E 다음을 읽고, 빈칸에 알맞은 단어를 우리말을 참고하여 쓰시오.

1 Their spoons are made of _____.
그들의 숟가락은 **나무**로 만들어졌다.

2 My pet is a white dog with a short _____.
내 애완동물은 짧은 **꼬리**를 가진 하얀색 개다.

3 There is a small _____ at the end of the park.
공원의 끝 쪽에 작은 **개울**이 있다.

4 Many kinds of _____ plants covered the hill.
많은 종류의 **야생** 식물이 언덕을 뒤덮고 있었다.

PLAN 8
문화 예술

program 프로그램
issue 문제, 쟁점, 사안
film 영화; 촬영하다

structure 구조(물)
steel 강철
instrument 기구; 악기

방송과
영화

건축과
음악

문화
예술

미술

artist 예술가, 화가
draw 그리다
colorful 색채가 풍부한

Day 27 방송과 영화

방송과 언론

0521 program
[próugræm]

ⓝ 1 프로그램 2 계획, 일정

I like to watch music **programs** on TV.
나는 TV의 음악 **프로그램** 시청하는 것을 좋아한다.

marathon training **program**
마라톤 훈련 **계획**

0522 announcer
[ənáunsər]

ⓝ 아나운서, 방송 진행자

Announcers deliver news, weather reports, and more.
아나운서는 뉴스, 일기 예보 등을 전한다.

➕ announce ⓥ 발표하다, 알리다

0523 newspaper
[nú:zpèipər]

ⓝ 신문

Many people read **newspapers** online now.
많은 사람들이 이제는 온라인으로 **신문을** 읽는다.

0524 daily
[déili]

ⓐ 매일의; 일간의 ⓐⓓ 매일

I read the **daily** newspaper every morning.
나는 매일 아침 **일간** 신문을 읽는다.

Newspapers are delivered **daily**.
신문은 **매일** 배달된다.

0525 visual
[víʒuəl]

ⓐ 시각의

Photographs are very useful as **visual** data.
사진은 **시각** 자료로서 매우 유용하다.

➕ visualize ⓥ 시각화하다; 상상하다

보도와 부작용

0526 issue
[íʃu:]

ⓝ 문제, 쟁점, 사안

a social **issue** 사회 **문제**

There are so many **issues** regarding jobs.
일자리에 대한 매우 많은 **쟁점들이** 있다.

영영 a subject or problem that people are thinking and talking
about (사람들이 생각하고 이야기하는 주제나 문제점)

0527 concern
[kənsə́ːrn]

ⓝ 1 우려　≡ worry　2 관심　ⓥ 1 걱정시키다　2 관계되다

There is growing **concern** about public health problems.
공중 보건 문제에 대한 **관심**이 늘고 있다.

be **concerned** about nature　자연에 대해 **염려하다**

0528 record
ⓥ [rikɔ́ːrd]
ⓝ [rékərd]

ⓥ 기록하다　ⓝ 기록

The hurricane has been **recorded** as the worst in 50 years.　그 허리케인은 50년 만에 최악으로 **기록되었다.**

set a **record** for the number of tourists
관광객 수의 **기록**을 세우다

0529 report
[ripɔ́ːrt]

ⓥ 1 보도하다　2 보고하다　ⓝ 1 보도　2 보고(서)

A newspaper **reported** on the local festival.
한 신문이 그 지역 축제에 대해 **보도했다.**

Hand in your **report** by tomorrow.
여러분의 **보고서**를 내일까지 제출하세요.

📖 ⓥ to tell people about something that has happened
　　(일어난 일에 대해 사람들에게 말하다)

➕ reporter ⓝ 기자

0530 interview
[íntərvjùː]

ⓥ 1 인터뷰하다　2 면접하다　ⓝ 1 인터뷰　2 면접

The reporter **interviewed** the movie star.
그 기자는 그 인기 영화배우를 **인터뷰했다.**

have a job **interview**　구직 **면접**을 보다

0531 detail
[díːteil / ditéil]

ⓝ 상세, 세부

The announcer explained the disease in **detail**.
아나운서는 그 질병을 **상세**하게 설명했다.

🔖 in detail 상세하게

📖 facts and pieces of information about someone or something (누군가나 무언가에 대한 사실이나 정보들)

0532 attention
[əténʃən]

ⓝ 1 주의, 주목　2 관심

We pay very much **attention** to famous people's lives.
우리는 유명인들의 삶에 아주 많은 **주의**를 기울인다.

🔖 pay attention to ~에 주의[관심]를 기울이다

attract **attention**　관심을 끌다

0533 privacy
[práivəsi]

ⓝ 사생활, 프라이버시

You should care about the **privacy** of others.
여러분은 다른 사람의 **사생활**을 배려해야 한다.

➕ private ⓐ 사적인

PLAN 8

0534 film
[film]

ⓝ 영화 ⊜ movie ⓥ 촬영하다, 찍다

The city holds a **film** festival every year.
그 도시는 매년 **영화**제를 개최한다.

film wild animals in the wild
야생에서 야생 동물들을 **촬영하다**

0535 science fiction
[sáiəns fíkʃən]

ⓝ 공상 과학 영화/소설 ⊜ SF

Avatar is a 2009 American **science-fiction** film.
'아바타'는 2009년 미국 **공상 과학 영화**이다.

⚙ 다른 명사 앞에 쓰일 때는 science-fiction으로 하이픈이 들어간다.

0536 adventure
[ədvéntʃər]

ⓝ 모험

The film tells a story of **adventure** and survival in the Amazon jungle.
그 영화는 아마존 정글에서의 **모험**과 생존 이야기를 전한다.

➕ adventurous ⓐ 모험심이 강한

0537 comedy
[kɑ́:mədi]

ⓝ 희극, 코미디 ⟷ tragedy 비극

We laughed a lot while watching the **comedy**.
우리는 그 **희극**을 보면서 엄청 웃었다.

➕ comic ⓐ 희극의; 웃기는

0538 horror
[hɔ́:rər]

ⓝ 공포

Dracula movies were the earliest **horror** films.
드라큘라 영화는 최초의 **공포** 영화였다.

영영 a feeling of great fear (큰 불안감)

0539 animated
[ǽnəméitid]

ⓐ 1 활기찬, 활발한 2 만화 영화로 된

an **animated** discussion **활발한** 토론
Yesterday, I watched an **animated** version of *Beauty and the Beast*.
어제 나는 '미녀와 야수'의 **만화 영화** 버전을 봤다.

0540 dramatic
[drəmǽtik]

ⓐ 극적인

The story of the film is **dramatic** and exciting.
그 영화의 이야기는 **극적**이고 흥미진진하다.

영영 very sudden and extreme (아주 갑작스럽고 극단적인)

➕ drama ⓝ 극; 연극

Daily Check-up

A 빈칸에 알맞은 우리말 뜻 또는 영어 단어를 써넣어 워드맵을 완성하시오.

방송과 영화

방송과 언론

1 _____
프로그램; 계획

2 _____
visual

3 _____
아나운서, 방송 진행자

4 _____
newspaper

5 _____
매일의; 매일

보도와 부작용

6 _____
문제, 쟁점, 사안

7 _____
concern

8 _____
기록하다; 기록

9 _____
report

10 _____
면접하다; 면접

11 _____
detail

12 _____
주의, 주목; 관심

13 _____
privacy

영화

14 _____
영화; 촬영하다

15 _____
adventure

16 _____
공상 과학 영화

17 _____
horror

18 _____
희극, 코미디

19 _____
animated

20 _____
극적인

PLAN
8

B 우리말을 참고하여, 문장을 완성하시오. (필요하면 단어 형태를 바꾸시오.)

1 Photographs are very useful as _____ data.
사진은 시각 자료로서 매우 유용하다.

2 The story of the film is _____ and exciting.
그 영화의 이야기는 극적이고 흥미진진하다.

3 You should care about the _____ of others.
여러분은 다른 사람의 사생활을 배려해야 한다.

4 We pay very much _____ to famous people's lives.
우리는 유명인들의 삶에 아주 많은 주의를 기울인다.

5 The hurricane has been _____ as the worst in 50 years.
그 허리케인은 50년 만에 최악으로 기록되었다.

Day 28 건축과 음악

건축

0541 structure
[strʌ́ktʃər]

ⓝ 1 구조 2 **구조물**

social **structure** 사회 **구조**
Bridges are **structures** for crossing rivers.
다리는 강을 건너기 위한 **구조물**이다.

0542 design
[dizáin]

ⓥ 설계하다 ⓝ 1 디자인, 설계 2 설계도

The Eiffel Tower was **designed** by Gustave Eiffel.
에펠탑은 귀스타브 에펠에 의해 **설계되었다.**

designs for a bridge 교량 **설계도**

0543 architect
[ɑ́:rkitèkt]

ⓝ 건축가

Architects design buildings and other structures.
건축가들은 건물과 기타 구조물들을 설계한다.

영영 a person who designs buildings (건물을 설계하는 사람)
➕ architecture ⓝ 건축(학); 건축 양식

0544 construct
[kənstrʌ́kt]

ⓥ 건설하다, 세우다

construct a highway 고속 도로를 **건설하다**
Angkor Wat was **constructed** in the early 12th century.
앙코르와트는 12세기 초에 **건설되었다.**

영영 to build or make a building, bridge, or road
(건물, 교량, 도로를 짓거나 만들다)
➕ construction ⓝ 건설, 건축
🔍 con(함께) + struct(세우다) → 함께 세우다 → 건설하다

0545 beauty
[bjú:ti]

ⓝ 아름다움, 미

The Sydney Opera House is well known for its **beauty**.
시드니 오페라하우스는 **아름다움**으로 유명하다.

➕ beautiful ⓐ 아름다운

0546 harmony
[hɑ́:rməni]

ⓝ 조화

All new buildings should be in **harmony** with nature.
새로운 모든 건물들은 자연과 **조화**를 이루어야 한다.

🔖 be in harmony with ~: ~와 조화를 이루다
➕ harmonious ⓐ 조화를 이루는

0547 unique
[juníːk]

ⓐ 1 독특한; 특별한 ↔ common 보통의, 흔한   2 고유한

unique beauty 독특한 아름다움
These houses are **unique** to this region.
이런 가옥들은 이 지역의 **고유한** 것이다.

➕ uniqueness ⓝ 독특성, 유일함

건축 소재

0548 metal
[métl]

ⓝ 금속

We use different **metals** for different things.
우리는 여러 다른 물건에 여러 다른 **금속**을 사용한다.

0549 steel
[stiːl]

ⓝ 강철

Steel is used to build cars, buildings, and homes.
강철은 자동차, 건물, 주택을 짓는 데 사용된다.

영영 a strong, hard metal

0550 brick
[brik]

ⓝ 벽돌

In this area, most houses have **brick** walls.
이 지역에서는 대부분의 가옥들에 **벽돌** 담장이 있다.

0551 concrete
ⓝ [kάːnkriːt]
ⓐ [kɑnkríːt]

ⓝ (건축) 콘크리트   ⓐ 콘크리트의

Most buildings were constructed with **concrete**.
대부분의 건물들은 **콘크리트**로 건축되었다.

a **concrete** wall 콘크리트 벽

음악

0552 orchestra
[ɔ́ːrkəstrə]

ⓝ 오케스트라, 관현악단

There are almost 100 musicians in an **orchestra**.
한 **오케스트라**에 거의 100명에 이르는 음악가들이 있다.

a symphony **orchestra** 교향악단

0553 concert
[kάːnsərt]

ⓝ 음악회, 연주회, 콘서트

The band gave its final **concert** in 2012.
그 악단은 마지막 **음악회**를 2012년에 가졌다.

0554 instrument

[ínstrəmənt]

ⓝ 1 기구, 도구   2 악기   ⸗ musical instrument

scientific **instruments** such as microscopes
현미경과 같은 과학 **기구들**

Do you play any **instruments**? — Yes, I play the piano.
"**악기** 연주 하세요?" "예, 피아노를 칩니다."

영영 2 an object such as a piano, guitar, or flute

0555 conductor

[kəndʌ́ktər]

ⓝ 지휘자

The **conductor** keeps an orchestra together.
지휘자는 오케스트라를 하나가 되게 한다.

➕ conduct ⓥ 지휘하다; 행동하다

0556 amuse

[əmjúːz]

ⓥ 즐겁게 하다   ⸗ please

Listening to music always **amuses** us.
음악 감상은 항상 우리를 **즐겁게 한다**.

➕ amusement ⓝ 즐거움; 오락
✿ amusement park 놀이공원

0557 composer

[kəmpóuzər]

ⓝ 작곡가

Ludwig van Beethoven was a German **composer** and pianist.
루트비히 판 베토벤은 독일 **작곡가**이자 피아니스트였다.

영영 a person who writes music (곡을 쓰는 사람)
➕ compose ⓥ 작곡하다; 작문하다

0558 create

[kriéit]

ⓥ 창조하다, 창작하다

During his life, Bach **created** over 1,000 pieces of music.
일생 동안 바흐는 1천 곡 이상의 곡을 **창작했다**.

➕ creation ⓝ 창조, 창작 | creative ⓐ 창의적인

0559 modern

[mɑ́ːdərn]

ⓐ 현대의, 현대적인

Modern musicians create music by using computers.
현대의 음악가들은 컴퓨터를 사용하여 음악을 창작한다.

0560 classical

[klǽsikəl]

ⓐ 1 고전적인   2 (음악이) 클래식의

classical ballet   고전 발레

Do you like **classical** music or pop music?
너는 **클래식** 음악을 좋아하니, 대중음악을 좋아하니?

Daily Check-up

A 빈칸에 알맞은 우리말 뜻 또는 영어 단어를 써넣어 워드맵을 완성하시오.

건축과 음악

건축

1 _____ 구조; 구조물

2 _____ architect

3 _____ 설계하다; 설계도

4 _____ construct

5 _____ 아름다움, 미

6 _____ harmony

7 _____ 독특한; 특별한

음악

12 _____ 관현악단

13 _____ instrument

14 _____ 음악회, 연주회

15 _____ conductor

16 _____ 즐겁게 하다

17 _____ 작곡가

18 _____ create

19 _____ 현대의, 현대적인

20 _____ classical

건축 소재

8 _____ 강철

9 _____ metal

10 _____ 콘크리트(의)

11 _____ brick

B 우리말을 참고하여, 문장을 완성하시오. (필요하면 단어 형태를 바꾸시오.)

1 _____ design buildings and other structures.
건축가들은 건물과 기타 구조물들을 설계한다.

2 Do you like _____ music or pop music?
너는 클래식 음악을 좋아하니, 대중음악을 좋아하니?

3 All new buildings should be in _____ with nature.
새로운 모든 건물들은 자연과 조화를 이루어야 한다.

4 Do you play any _____? — Yes, I play the piano.
"악기 연주 하세요?" "예, 피아노를 칩니다."

5 Angkor Wat was _____ in the early 12th century.
앙코르와트는 12세기 초에 건설되었다.

Day 29 미술

미술 작품

0561 **artist**
[ɑ́:rtist]

ⓝ 예술가, 화가

Artists create things that have never been seen before.
예술가들은 이전에 본 적이 없는 것을 창조한다.

➕ art ⓝ 예술, 미술 | artistic ⓐ 예술적인

0562 **painting**
[péintiŋ]

ⓝ 그림, 회화

It is said that Picasso's **paintings** are a diary of his life.
피카소의 **그림들**은 피카소 자신의 삶의 일기라고 한다.

➕ painter ⓝ 화가

0563 **portrait**
[pɔ́:rtrət]

ⓝ 초상화; 인물 사진

The painting is a **portrait** of an old lady.
그 그림은 한 노부인의 **초상화**이다.

ⓔ영 a painting or photograph of a person

➕ portray ⓥ 그리다, 묘사하다

0564 **genius**
[dʒí:niəs]

ⓝ 1 천재   2 천재성

Leonardo da Vinci was a **genius** at painting.
레오나르도 다빈치는 그림의 **천재**였다.

People noticed her **genius** at a very young age.
사람들은 아주 어릴 때 그녀의 **천재성**을 알아봤다.

ⓔ영 1 a very talented or creative person (매우 재능 있거나 창의적인 사람)

0565 **gallery**
[gǽləri]

ⓝ 화랑, 미술관 ＝ art gallery

The **gallery** has many works by modern artists.
그 **화랑**은 현대 예술가의 많은 작품들을 소장하고 있다.

ⓔ영 a place where works of art are displayed
(예술 작품이 전시되어 있는 곳)

0566 **popular**
[pɑ́:pjələr]

ⓐ 1 인기 있는   2 대중의, 대중적인

Art museums and galleries are **popular** with tourists.
미술관과 화랑은 관광객에게 **인기가 있다**.

popular music 내중음악(pop music)

➕ popularity ⓝ 인기; 대중성

작품 만들기

0567 draw
[drɔ:]
draw-drew-drawn

ⓥ 1 (연필·펜 등으로) 그리다   2 끌다; 끌어당기다

Draw your designs and fill them with color.
디자인을 **그리고** 그것들을 색으로 채워라.

draw people's attention   사람들의 관심을 **끌다**

➕ drawing ⓝ 그림

0568 paint
[peint]

ⓥ 1 (물감으로) 그리다   2 페인트칠하다
ⓝ 1 물감   2 페인트

Paint your picture with oil **paint**.
너의 그림을 유화 **물감**으로 **그려라**.

0569 carve
[kɑ:rv]

ⓥ 조각하다, 새기다

Children can **carve** animals out of wood.
아이들은 나무로 동물을 **조각할** 수 있다.

🔤 to make an object by cutting wood or stone
(나무나 돌을 잘라서 물체를 만들다)

➕ carving ⓝ 조각(술); 조각품

0570 dye
[dai]

ⓥ 염색하다   ⓝ 염료, 염색약

I **dyed** my hair brown.   나는 내 머리를 갈색으로 **염색했다**.
natural **dye**   천연**염료**

0571 glue
[glu:]

ⓝ 풀, 접착제   ⓥ (접착제로) 붙이다

The **glue** is used to stick posters onto walls.
그 **풀**은 벽에 포스터를 붙이는 데 사용된다.

glue broken parts together   부서진 부분을 **접착제로 붙이다**

0572 clay
[klei]

ⓝ 점토, 찰흙

Most children like to make things with **clay**.
대부분의 아이들은 **점토**를 가지고 물건을 만드는 것을 좋아한다.

작품의 특징

0573 colorful
[kʌlərfəl]

ⓐ 색채가 풍부한, 다채로운

Many people like the artist's **colorful** paintings.
많은 사람들이 그 화가의 **색채가 풍부한** 그림을 좋아한다.

➕ color ⓝ 색깔

0574 realistic
[rìːəlístik]

ⓐ 1 현실적인 2 사실적인, 사실주의의

a **realistic** goal 현실적인 목표
Her paintings are **realistic**, and they look like photographs.
그녀의 그림은 **사실적이어서** 마치 사진처럼 보인다.

0575 graphic
[grǽfik]

ⓐ 1 그래픽의 2 상세한, 생생한

Computer **graphic** artists use computers to create designs.
컴퓨터 **그래픽** 예술가들은 디자인을 창조하기 위해 컴퓨터를 사용한다.

a **graphic** description 상세한 묘사

0576 creative
[kriéitiv]

ⓐ 창의적인, 독창적인

Creative artists always think of new things.
창의적인 예술가들은 항상 새로운 것을 생각한다.

➕ creativity ⓝ 창조성

0577 vivid
[vívid]

ⓐ 1 생생한 2 (빛·색이) 강렬한, 선명한

a **vivid** memory of the past 과거에 대한 **생생한** 기억
Her paintings are very colorful and **vivid**.
그녀의 그림들은 매우 다채롭고 색이 **강렬하다**.

영영 2 very bright in color (색이 매우 선명한)

0578 pale
[peil]

ⓐ 1 (색깔이) 엷은, 연한 ↔ dark 짙은 2 (얼굴이) 창백한

The color is **pale** and not clear. 색깔이 **엷고** 분명하지 않다.
pale yellow / pink 연노랑 / 연분홍
Are you okay? You look **pale** today.
너 괜찮아? 오늘 **창백해** 보여.

영영 1 very light in color (색이 매우 엷은)

0579 reflect
[riflékt]

ⓥ 1 반사하다 2 반영하다, 나타내다

A mirror **reflects** light. 거울은 빛을 **반사한다**.
Art **reflects** our ideas and feelings.
예술은 우리의 생각과 느낌을 **반영한다**.

➕ reflection ⓝ (거울 등에 비친) 상; 반영

0580 shade
[ʃeid]

ⓝ 1 그늘 2 색조

sit down in the **shade** of a tree 나무 **그늘**에 앉다
This color palette shows different **shades** of colors.
이 컬러 팔레트는 여러 다른 색의 **색조**를 보여 준다.

Daily Check-up

학습 Check	MP3 듣기	본문 학습	Daily Check-up	누적 테스트 Days 28-29	Review Test

A 빈칸에 알맞은 우리말 뜻 또는 영어 단어를 써넣어 워드맵을 완성하시오.

미술

미술 작품

1 _____
예술가, 화가

2 _____
genius

3 _____
그림, 회화

4 _____
portrait

5 _____
화랑, 미술관

6 _____
popular

작품 만들기

7 _____
draw

8 _____
그리다; 물감

9 _____
carve

10 _____
염색하다; 염료

11 _____
clay

12 _____
풀, 접착제; 붙이다

작품의 특징

13 _____
색채가 풍부한

14 _____
realistic

15 _____
그래픽의; 상세한

16 _____
creative

17 _____
얇은, 연한; 창백한

18 _____
vivid

19 _____
그늘; 색조

20 _____
reflect

B 우리말을 참고하여, 문장을 완성하시오. (필요하면 단어 형태를 바꾸시오.)

1 Art _____ our ideas and feelings.
예술은 우리의 생각과 느낌을 반영한다.

2 The painting is a _____ of an old lady.
그 그림은 한 노부인의 초상화이다.

3 Leonardo da Vinci was a _____ at painting.
레오나르도 다빈치는 그림의 천재였다.

4 _____ artists always think of new things.
창의적인 예술가들은 항상 새로운 것을 생각한다.

5 Art museums and galleries are _____ with tourists.
미술관과 화랑은 관광객에게 인기가 있다.

Review Test

A 들려주는 영어 단어를 쓴 후 우리말 뜻을 쓰시오.

영단어	뜻	영단어	뜻
1		**2**	
3		**4**	
5		**6**	
7		**8**	
9		**10**	
11		**12**	
13		**14**	
15		**16**	
17		**18**	
19		**20**	

B 다음 영영 풀이에 해당하는 알맞은 단어를 골라 쓰시오.

> report   architect   portrait   detail   carve   composer

1 a person who writes music _____

2 a person who designs buildings _____

3 a painting or photograph of a person _____

4 to make an object by cutting wood or stone _____

5 to tell people about something that has happened _____

6 facts and pieces of information about someone _____
or something

C 밑줄 친 단어의 동의어(=) 또는 반의어(↔)를 골라 쓰시오.

common movies please worry

1 Animated movies <u>amuse</u> young kids. = _____

2 Everything is going well. There is no reason for <u>concern</u>. = _____

3 Some Korean <u>films</u> are popular in other Asian countries. = _____

4 They have their own <u>unique</u> languages. ↔ _____

D 다음 그림을 보고, 해당하는 단어와 연결하시오.

1  **2** **3** **4**

instrument orchestra draw interview

E 다음을 읽고, 빈칸에 알맞은 단어를 우리말을 참고하여 쓰시오.

1 I keep a _____ of my daily spending.
나는 내 일일 지출을 **기록**해 둔다.

2 Ice cream is always _____ with children.
아이스크림은 아이들에게 항상 **인기가 있다**.

3 Her silence r_____s her disappointment.
그녀의 침묵은 그녀의 실망을 **나타낸다**.

4 Parents always pay _____ to their children's health.
부모들은 항상 자녀의 건강에 **주의**를 기울인다.

PLAN 9
일상과 여가

calendar 달력
present 현재(의)
always 항상

hurry 서두르다
in time 제시간에
return 돌아오다

시간

일상
생활

일상과
여가

취미

스포츠

enjoy 즐기다
outdoor 야외의
club 클럽, 동호회

basketball 농구
stadium 경기장
beat 이기다

Day 30 시간

때와 날짜

0581 calendar
[kǽləndər]

ⓝ 달력

I put many birthdays on the **calendar** on my phone.
나는 많은 생일을 내 전화기의 **달력**에 입력했다.

Some Asian countries use the lunar **calendar**.
일부 아시아 국가들은 **음력**을 사용한다.

0582 date
[deit]

ⓝ 날짜

What's the **date** today? — (Today is) August 19.
"오늘 **며칠**이니?" "(오늘은) 8월 19일이야."

We haven't set a **date** for the next meeting yet.
우리는 아직 다음 회의 **날짜**를 정하지 않았다.

🖐 set a date 날짜를 정하다

0583 noon
[nu:n]

ⓝ 정오, 낮 12시

We have lunch at **noon** every day.
우리는 매일 **정오(12시)**에 점심 식사를 한다.

🖐 at noon 정오에, 낮 12시에

0584 daytime
[déitàim]

ⓝ 낮, 주간

85 percent of people work during the **daytime**.
85퍼센트의 사람들이 **낮** 동안에 일을 한다.

daytime activities 주간 활동

Ⓠ lunchtime 점심시간, nighttime 야간, 밤

0585 midnight
[mídnàit]

ⓝ 한밤중, 자정, 밤 12시

It is not good for your health to eat something at **midnight**.
한밤중에 뭔가를 먹는 것은 당신의 건강에 좋지 않다.

🖐 at midnight 자정[한밤중]에

0586 weekend
[wíːkènd]

ⓝ 주말

What are you going to do this **weekend**?
이번 **주말**에 너는 뭘 할 거니?

We went fishing on the **weekend**.
우리는 **주말**에 낚시를 갔다.

Ⓠ weekday 주중, 평일

0587 monthly
[mʌ́nθli]

ⓐ 월례의, 매달의

Our club's **monthly** meeting is on the second Tuesday of the month.
우리 동아리의 **월례** 모임은 매달 두 번째 화요일이다.

과거 · 현재 · 미래

0588 yesterday
[jéstərdèi]

ⓝ ⓐⓓ 어제

yesterday's meeting 어제의 회의
It rained **yesterday**, but it's sunny today.
어제는 비가 왔지만, 오늘은 날이 화창하다.

0589 already
[ɔ:lrédi]

ⓐⓓ 이미, 벌써

When I arrived, they had **already** started the meeting.
내가 도착했을 때, 그들은 **이미** 회의를 시작했다.

0590 past
[pæst]

ⓝ 과거 ⓐ 과거의; 지난 ↔ future

In the **past**, people lived in caves.
과거에는 사람들이 동굴에 살았다.
I have been very busy for the **past** few weeks.
나는 **지난** 몇 주 동안 아주 바빴다.

0591 present
[prézənt]

ⓝ 1 현재 2 선물 ⓐ 현재의

I think the **present** is more important than the past.
나는 과거보다 **현재**가 더 중요하다고 생각한다.
a birthday **present** 생일 선물
You should be able to enjoy the **present** moment.
여러분은 **현재의** 순간을 즐길 줄 알아야 한다.

영영 ⓝ 1 the period of time that we are in now
(우리가 지금 존재하는 시기)

0592 future
[fjú:tʃər]

ⓝ 미래 ⓐ 미래의 ↔ past

Robots will cook for you in the **future**.
미래에는 로봇이 여러분을 위해 요리를 해줄 것이다.
my **future** husband 내 **미래의** 남편

0593 tomorrow
[təmárou]

ⓝ ⓐⓓ 내일

Tomorrow will be better than today.
내일은 오늘보다 더 좋을 거야.
It's too late. I will call you again **tomorrow**.
너무 늦었어. 내가 **내일** 다시 전화할게.

0594 **someday**

[sʌ́mdèi]

🅐 언젠가, 훗날에

Someday, I will travel around the world.
언젠가 나는 세계 일주 여행을 할 거야.

영영 at some time in the future (미래의 언젠가)

0595 **until**

[əntíl]

prep conj ~ 때까지

I could not sleep **until** midnight.
나는 자정이 될 **때까지** 잠을 이룰 수 없었다.

I will wait for you **until** you arrive.
네가 도착할 **때까지** 너를 기다릴게.

0596 **soon**

[su:n]

🅐 곧, 이내   = before long

It's very cloudy. I think it's going to rain **soon**.
날이 잔뜩 흐려. 내 생각엔 **곧** 비가 올 것 같아.

빈도

0597 **always**

[ɔ́:lweiz]

🅐 항상, 언제나   = all the time

I **always** try to be nice to everyone.
나는 **항상** 모든 사람에게 친절하려고 노력한다.

She **always** drinks coffee in the morning.
그녀는 **항상** 아침에 커피를 마신다.

0598 **usually**

[júːʒuəli]

🅐 보통, 대개

I **usually** go to school by bus.
나는 **보통** 버스를 타고 학교에 간다.

My family **usually** has meat for dinner.
우리 가족은 **보통** 저녁으로 고기를 먹는다.

➕ usual ⓐ 보통의, 일상의

0599 **sometimes**

[sʌ́mtàimz]

🅐 때때로, 이따금

People **sometimes** buy things they don't need.
사람들은 **때때로** 필요하지 않은 물건들을 산다.

영영 at certain times, but not always (특정한 시간에, 항상은 아닌)

0600 **rarely**

[réərli]

🅐 좀처럼 ~하지 않는, 드물게

I **rarely** eat fast food for dinner.
나는 저녁으로 패스트푸드를 **좀처럼** 먹지 **않는다**.

영영 not very often

➕ rare ⓐ 드문

Daily Check-up

A 빈칸에 알맞은 우리말 뜻 또는 영어 단어를 써넣어 워드맵을 완성하시오.

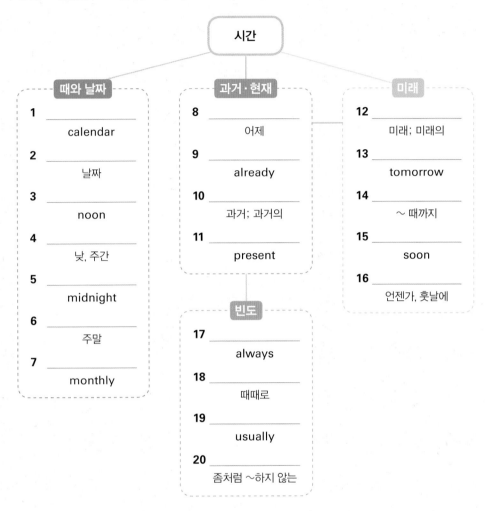

시간

때와 날짜
1 _____ calendar
2 _____ 날짜
3 _____ noon
4 _____ 낮, 주간
5 _____ midnight
6 _____ 주말
7 _____ monthly

과거·현재
8 _____ 어제
9 _____ already
10 _____ 과거; 과거의
11 _____ present

빈도
17 _____ always
18 _____ 때때로
19 _____ usually
20 _____ 좀처럼 ~하지 않는

미래
12 _____ 미래; 미래의
13 _____ tomorrow
14 _____ ~ 때까지
15 _____ soon
16 _____ 언젠가, 훗날에

B 우리말을 참고하여, 어구 또는 문장을 완성하시오. (필요하면 단어 형태를 바꾸시오.)

1 _____ activities   주간 활동

2 _____, I will travel around the world.
언젠가 나는 세계 일주 여행을 할 거야.

3 I _____ eat fast food for dinner.
나는 저녁으로 패스트푸드를 좀처럼 먹지 않는다.

4 I think the _____ is more important than the past.
나는 과거보다 현재가 더 중요하다고 생각한다.

5 When I arrived, they had _____ started the meeting.
내가 도착했을 때, 그들은 이미 회의를 시작했다.

오전

0601 awake
[əwéik]
awake-awoke-awoken

ⓐ 깨어 있는, 자고 있지 않은   ⓥ 깨다; 깨우다

Worries keep us **awake**.
걱정은 우리를 **깨어 있게** 한다.

My alarm **awakes** me at 7 a.m.
내 자명종은 오전 7시에 나를 **깨운다**.

영영 ⓐ not sleeping

0602 get up

일어나다   ↔ go to bed 잠자리에 들다

I usually **get up** at 7 o'clock in the morning.
나는 아침에 보통 7시에 **일어난다**.

💡 wake up은 '잠에서 깨어나다'의 의미이다.

0603 get used to

~에 익숙해지다

I **got used to** getting up early.
나는 일찍 일어나는 것에 **익숙해졌다**.

I **got used to** my new bike.
나는 내 새 자전거에 **익숙해졌다**.

💡 get used to 뒤에는 명사 또는 동명사가 온다.

0604 breakfast
[brékfəst]

ⓝ 아침 식사

Do you love eggs for **breakfast**?
너는 **아침 식사**로 달걀을 좋아하니?

영영 the first meal of the day (하루의 첫 번째 식사)

0605 almost
[ɔ́ːlmoust]

ⓐⓓ 거의   ＝ nearly

It's **almost** time to go to school.
학교에 갈 시간이 **거의** 다 되었다.

Almost all people love some kind of music.
거의 모든 사람들이 어떤 종류의 음악을 좋아한다.

0606 hurry
[hə́ːri]

ⓝ 서두름, 급함   ⓥ 서두르다

I had to wash and dress in a **hurry**.
나는 **서둘러** 씻고 옷을 입어야 했다.

📖 in a hurry 서둘러, 급히

I'm late! I have to **hurry**.
나 늦었어! 나는 **서둘러야** 해.

0607 **put on**

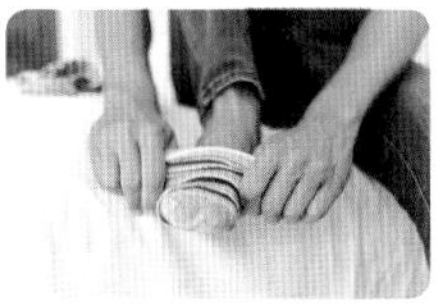

1 (옷을) 입다 ↔ take off 벗다 2 바르다

Put on your socks before you **put on** your jacket.
재킷을 **입기** 전에 양말을 **신어라**.

Don't forget to **put on** sunscreen before you go out.
외출하기 전에 선크림을 **바르는** 것을 잊지 마.

일

0608 **in time**

제시간에, 시간에 맞춰

I am so sorry. I can't get there **in time**.
정말 미안해. 나는 **제시간에** 그곳에 도착할 수 없어.

영영 not late

on time 정각에, 시간을 어기지 않고

0609 **greet**
[gri:t]

ⓥ 인사하다, 환영하다

Friends **greet** each other by saying hi.
친구들은 "안녕"이라고 말하며 서로 **인사한다**.

영영 to say hello to or to shake hands with someone
(누군가에게 "안녕하세요."라고 말하거나 누군가와 악수하다)

+ greeting ⓝ 인사

0610 **typical**
[típikəl]

ⓐ 1 전형적인 2 보통의 = normal

typical English breakfast **전형적인** 영국식 아침 식사

It was a **typical** day with phone call after phone call.
전화가 끊이지 않고 오는 **보통의** 하루였다.

0611 **awful**
[ɔ́:fəl]

ⓐ 끔찍한, 지독한

It was an **awful** day. We had a lot of work to do.
끔찍한 하루였어. 우리는 할 일이 많았어.

영영 very bad or unpleasant

0612 **finish**
[fíniʃ]

ⓥ 마치다, 끝내다 ↔ start 시작하다

Can you **finish** your work before lunch?
점심 전에 일을 **마칠** 수 있나요?

The concert will **finish** at 10 p.m.
그 연주회는 밤 10시에 **끝날** 것이다.

0613 **complete**
[kəmplí:t]

ⓥ 완성하다, 완료하다 = finish ⓐ 완전한

I could **complete** my drawing in seven hours.
나는 7시간 후에 내 그림을 **완성할** 수 있었다.

a **complete** understanding **완전한** 이해

PLAN 9

0614 return

[ritə́:rn]

ⓥ 1 돌아오다[가다] 2 반납하다 ⓝ 돌아옴, 귀가

What time do you usually **return** home?
너는 보통 몇 시에 집에 **돌아오니**?

Did you **return** the book to the library?
너는 도서관에 책을 **반납했니**?

on a **return** trip **돌아오는** 여행길에

🔲영영 ⓥ 1 to go back to a place after one has been away
(다른 곳에 있다가 한 장소로 다시 가다)

0615 exercise

[éksərsàiz]

ⓥ 운동하다 ⓝ 1 운동 2 연습 문제

Do you **exercise** in the morning or evening?
너는 아침에 **운동을 하니**, 아니면 저녁에 하니?

do **exercise** for one's health 건강을 위해 **운동을** 하다

exercises in English reading 영어 독해 **연습 문제**

0616 supper

[sʌ́pər]

ⓝ 저녁 식사

I always take a walk with my dog after **supper**.
난 **저녁 식사**를 한 후에 항상 나의 개와 산책을 한다.

⭐ supper는 저녁에 먹는 식사를 뜻하고, dinner는 하루 중에 가장 중요한
식사로 원래는 꼭 저녁 식사를 가리키는 것은 아니었다. 하지만 요즘은 정찬
을 주로 저녁에 하므로 dinner를 저녁 식사의 의미로 주로 쓰게 되었다.

0617 ordinary

[ɔ́:rdənèri]

ⓐ 보통의, 일상적인 🟰 usual

It was just an **ordinary** day at school.
학교에서 그저 **보통의** 하루였다.

ordinary people **보통** 사람들

0618 diary

[dáiəri]

ⓝ 일기

I keep a **diary** in English. 나는 영어로 **일기**를 쓴다.

🖐 keep a diary 일기를 쓰다

0619 clean

[kli:n]

ⓥ 청소하다 ⓐ 깨끗한 ↔ dirty 더러운, 지저분한

I **clean** my room before I go to bed.
나는 잠자리에 들기 전에 내 방을 **청소한다**.

clean air and water **깨끗한** 공기와 물

0620 asleep

[əslí:p]

ⓐ 잠들어 있는 🟰 sleeping ↔ awake 깨어 있는

I was **asleep** when the phone rang at midnight.
나는 **잠들어 있었는데** 한밤중에 전화가 울렸다.

He fell **asleep** on the couch. 그는 소파에서 **잠이 들었다**.

Daily Check-up

A 빈칸에 알맞은 우리말 뜻 또는 영어를 써넣어 워드맵을 완성하시오.

일상생활

오전

1 _____ 깨어 있는; 깨우다

2 _____ get up

3 _____ ~에 익숙해지다

4 _____ almost

5 _____ 아침 식사

6 _____ hurry

7 _____ (옷을) 입다; 바르다

일

8 _____ 제시간에

9 _____ greet

10 _____ typical

11 _____ 끔찍한, 지독한

12 _____ complete

13 _____ 마치다, 끝내다

저녁

14 _____ 돌아오다; 귀가

15 _____ exercise

16 _____ 저녁 식사

17 _____ diary

18 _____ 보통의, 일상적인

19 _____ clean

20 _____ 잠들어 있는

B 우리말을 참고하여, 문장을 완성하시오. (필요하면 단어 형태를 바꾸시오.)

1 Worries keep us _____.
걱정은 우리를 깨어 있게 한다.

2 Friends _____ each other by saying hi.
친구들은 "안녕"이라고 말하며 서로 인사한다.

3 I could _____ my drawing in seven hours.
나는 7시간 후에 내 그림을 완성할 수 있었다.

4 I was _____ when the phone rang at midnight.
나는 잠들어 있었는데 한밤중에 전화가 울렸다.

5 It was a _____ day with phone call after phone call.
전화가 끊이지 않고 오는 보통의 하루였다.

Day 32 취미

0621 **hobby**
[háːbi]

n 취미

My brother takes photographs as a **hobby**.
우리 형은 **취미**로 사진을 찍는다.

0622 **pastime**
[pǽstàim]

n 취미, 심심풀이

Gardening is a popular **pastime** for many people.
정원 가꾸기(원예)는 많은 사람들에게 인기 있는 **취미**이다.

영영 something that a person does in his or her free time because that person loves it (아주 좋아서 여가 시간에 하는 것)

⚙ hobby: 여가 시간에 즐겨하는 개인적인 취미
pastime: 보통 문어체에서 쓰고, 개인적인 취미 외에 일반적인 사람들의 취미도 나타냄 ex) national pastime 국민적 오락

취미의 즐거움

0623 **leisure**
[líːʒər]

n 여가

What do you do in your **leisure** time? — I watch animated movies.
"당신은 **여가** 시간에 뭘 하세요?" "만화 영화를 봐요."

영영 the time when one is not working (일하지 않고 있는 시간)

0624 **be into**

~에 관심이 많다 = be interested in

My sister **is into** visual arts.
우리 언니는 시각 예술에 **관심이 많다**.

0625 **pleasure**
[pléʒər]

n 즐거움, 기쁨 = joy

We all get **pleasure** from reading.
우리 모두는 독서로부터 **즐거움**을 얻는다.

I'm studying French for **pleasure**.
나는 **재미**로 프랑스어를 공부하고 있다.

숙 for pleasure 재미로; 오락으로
⊕ pleasant ⓐ 즐거운, 유쾌한

0626 **enjoy**
[indʒɔ́i]

v 즐기다

We **enjoyed** watching the tennis match.
우리는 테니스 경기 보는 것을 **즐겼다**.

0627 favorite
[féivərit]

ⓐ 제일[매우] 좋아하는

What's your **favorite** pastime? — I enjoy fishing.
"**제일 좋아하는** 취미가 뭐예요?" "저는 낚시를 즐깁니다."

0628 interested
[íntrəstəd]

ⓐ 관심 있어 하는

I am very **interested** in computer graphics.
나는 컴퓨터 그래픽에 아주 **관심이 있다**.

➕ interest ⓝ 관심, 흥미　ⓥ 관심을 끌다

0629 stress
[stres]

ⓝ 스트레스

When I'm experiencing a lot of **stress**, I watch some comedies.
나는 **스트레스**를 많이 받을 때, 희곡을 본다.

➕ stressful ⓐ 스트레스가 많은

외부 활동

0630 activity
[æktívəti]

ⓝ 활동

Traveling is one popular leisure **activity**.
여행은 인기 있는 여가 **활동**이다.

➕ active ⓐ 활동적인, 적극적인

0631 outdoor
[áutdɔ̀:r]

ⓐ 야외의　↔ indoor 실내의

On rainy days, we cannot do **outdoor** activities.
비 오는 날에 우리는 **야외** 활동을 할 수 없다.

➕ outdoors ⓐⓓ 야외에서

0632 biking
[báikiŋ]

ⓝ 자전거 타기

The road is open for **biking** only during daylight hours.
그 도로는 낮 시간 동안에만 **자전거를 타도록** 개방된다.

➕ bike ⓝ 자전거

0633 hiking
[háikiŋ]

ⓝ 하이킹, 도보 여행

People go **hiking** in the mountains.
사람들은 산으로 **하이킹**을 간다.

🔛 go hiking 하이킹을 가다

🔠 walking a long distance for pleasure
(재미로 긴 거리를 걷는 것)

➕ hike ⓥ 도보 여행하다

PLAN **9**

0634 camping
[kǽmpiŋ]

ⓝ 캠핑, 야영

Let's go **camping** in the valley this weekend.
이번 주말에 계곡으로 **캠핑**을 가자.

➕ camp ⓥ 캠핑[야영]하다 ⓝ 야영지

0635 participate
[pɑːrtísəpèit]

ⓥ 참가[참여]하다

More than 5,000 runners **participated** in this race.
5천 명이 넘는 달리기 선수들이 이 경주에 **참가했다**.

☝ participate in ~: ~에 참가하다 (= take part in)
➕ participation ⓝ 참가, 참여 | participant ⓝ 참가자

기타 활동

0636 club
[klʌb]

ⓝ 클럽, 동호회

Students participate in **club** activities after school.
학생들은 방과 후에 **클럽** 활동에 참여한다.

0637 learn
[ləːrn]

ⓥ 배우다, 학습하다

I'd like to **learn** how to bake bread as a hobby.
나는 취미로 빵 굽는 것을 **배우고** 싶다.

0638 collect
[kəlékt]

ⓥ 수집하다, 모으다 ⌸ gather

We **collect** old books and give them to poor students.
우리는 헌책을 **수집하여** 그것들을 가난한 학생들에게 줍니다.

➕ collection ⓝ 수집(품)

0639 volunteer
[vɑ̀ːləntíər]

ⓝ 자원봉사자 ⓐ 자원봉사의 ⓥ 자원봉사하다

I work as a **volunteer** at a local hospital.
나는 지역 병원에서 **자원봉사자**로 일한다.

take part in **volunteer** activities **자원봉사** 활동에 참여하다
I **volunteered** to look after the elderly people.
나는 어르신들을 돌보는 일을 **자원봉사했다**.

0640 magic
[mǽdʒik]

ⓝ 마술, 마법

I can do amazing **magic** with my smartphone.
나는 내 스마트폰으로 놀라운 **마술**을 할 수 있다.

➕ magical ⓐ 마술의, 마법의

Daily Check-up

A 빈칸에 알맞은 우리말 뜻 또는 영어 단어를 써넣어 워드맵을 완성하시오.

1 _____ hobby

2 p_____ 취미, 심심풀이

취미의 즐거움

3 _____ leisure
4 _____ ~에 관심이 많다
5 _____ enjoy
6 _____ 즐거움, 기쁨
7 _____ favorite
8 _____ 관심 있어 하는
9 _____ 스트레스

외부 활동

10 _____ outdoor
11 _____ 활동
12 _____ camping
13 _____ 하이킹, 도보 여행
14 _____ biking
15 _____ 참가[참여]하다

기타 활동

16 _____ 클럽, 동호회
17 _____ learn
18 _____ 자원봉사자
19 _____ collect
20 _____ 마술, 마법

B 우리말을 참고하여, 문장을 완성하시오. (필요하면 단어 형태를 바꾸시오.)

1 We all get _____ from reading.
우리 모두는 독서로부터 즐거움을 얻는다.

2 I work as a _____ at a local hospital.
나는 지역 병원에서 자원봉사자로 일한다.

3 What do you do in your _____ time?
당신은 여가 시간에 뭘 하세요?

4 More than 5,000 runners _____ in this race.
5천 명이 넘는 달리기 선수들이 이 경주에 참가했다.

5 On rainy days, we cannot do _____ activities.
비 오는 날에 우리는 야외 활동을 할 수 없다.

Day **33** 스포츠

0641 **sport**
[spɔ:rt]

ⓝ 스포츠(sports), 운동, 경기

Do you play any **sports**? — Yes, I do. I play hockey.
"**스포츠**를 하나요?" "네. 저는 하키를 합니다."

경기 종류

0642 **basketball**
[bǽskitbɔ̀:l]

ⓝ 농구

Students can play **basketball** in the school gym after school.
학생들은 방과 후에 학교 체육관에서 **농구**를 할 수 있다.

🌀 baseball 야구, volleyball 배구

0643 **soccer**
[sɑ́kər]

ⓝ 축구

The World Cup is a **soccer** competition.
월드컵은 **축구** 대회이다.

🌀 영국 영어에서는 '축구'를 football, 미국 영어에서는 soccer로 쓴다.
American football은 '미식축구'를 뜻한다.

0644 **table tennis**
[téibl ténis]

ⓝ 탁구

Why is China so good at **table tennis**?
중국은 왜 그렇게 **탁구**를 잘할까?

0645 **track and field**
[træk ænd fi:ld]

ⓝ 육상 경기

Track and field stars compete for the Olympic team.
육상 경기 스타들이 올림픽 팀에 들어가기 위해 경쟁한다.

시합 전

0646 **stadium**
[stéidiəm]

ⓝ 경기장, 스타디움

This soccer **stadium** can hold 80,000 people.
이 축구 **경기장**은 8만 명을 수용할 수 있다.

🔠 a large building with many seats that is used for sports events (스포츠 경기에 사용되는 많은 좌석이 있는 대형 건물)

0647 player
[pléiər]

ⓝ 선수

In a game, each **player** on a team has his or her part to play. 경기에서 각 **선수**는 자신이 해야 할 역할이 있다.

0648 coach
[koutʃ]

ⓝ 코치, (스포츠) 지도자

Coaches must teach players how to avoid injuries.
코치들은 선수들에게 부상을 피하는 방법을 가르쳐야 한다.

영영 a person who trains a person or team in a sport
(스포츠에서 개인이나 팀을 훈련시키는 사람)

PLAN
9

0649 fan
[fæn]

ⓝ 팬

Around 50,000 **fans** crowded into the stadium.
약 5만 명에 달하는 **팬**들이 경기장에 운집했다.

0650 practice
[præktəs]

ⓥ 연습하다　ⓝ 연습

We **practice** soccer after school every day.
우리는 방과 후에 매일 축구 **연습을 한다**.
Practice makes perfect. **연습**은 완벽을 낳는다.

0651 member
[mémbər]

ⓝ 일원; 회원

Our team **members** practice three times a week.
우리 팀**원**들은 일주일에 세 번 연습을 한다.

Members can get in for free.
회원은 무료로 입장할 수 있습니다.

0652 amateur
[æmətər]

ⓝ 아마추어 (선수)　ⓐ 아마추어의　↔ professional 프로의

He plays golf as an **amateur**.
그는 **아마추어 선수**로 골프를 친다.

College sports are **amateur** sports.
대학 스포츠는 **아마추어** 스포츠이다.

영영 ⓝ someone who does something as a hobby and not as a
job (어떤 것을 일이 아니라 취미로 하는 사람)

시합

0653 able
[éibəl]

ⓐ 할 수 있는

The player suffered an injury and won't be **able** to play.
그 선수는 부상을 당해서 경기에 나**설 수** 없을 것이다.

꿀 be able to ~: ~늘 할 수 있다
➕ ability ⓝ 능력

0654 cheer
[tʃiər]

ⓥ 환호하다; 응원하다 ⓝ 환호; 응원

The fans **cheered** their team on during the game.
팬들은 경기 동안 계속 그들의 팀을 **응원했다**.

A great **cheer** came from the crowd.
군중에서 엄청난 **환호**가 나왔다.

영영 ⓥ to shout loudly to encourage someone
(누군가를 격려하기 위해 크게 소리치다)

0655 passion
[pǽʃən]

ⓝ 열정

Our team members always have a **passion** to win.
우리 팀원들은 항상 이기려는 **열정**을 갖고 있다.

➕ passionate ⓐ 열정적인

0656 referee
[rèfərí:]

ⓝ 심판

The player wanted a timeout, so the **referee** stopped the game.
그 선수가 타임아웃을 원해서 **심판**은 경기를 중지시켰다.

0657 beat
[bi:t]
beat-beat-beaten

ⓥ 1 (경기에서) 이기다 2 때리다

South Korea **beat** Germany 2-0 in the World Cup.
월드컵에서 대한민국이 독일을 2대0으로 **이겼다**.

I **beat** the carpet with a stick to remove the dust.
나는 먼지를 제거하기 위해서 막대로 카펫을 **쳤다**.

0658 lose
[lu:z]
lose-lost-lost

ⓥ 1 잃어버리다 2 (경기에서) **지다** ↔ win 이기다

I often **lose** my umbrellas. 나는 내 우산을 자주 **잃어버린다**.

Enjoy the game whether you win or **lose**.
이기든 **지든** 경기를 즐겨라.

➕ loss ⓝ 분실; 패배

0659 tie
[tai]

ⓥ 1 묶다 2 동점을 이루다

I **tied** the gift box with a pink ribbon.
나는 분홍색 리본으로 선물 상자를 **묶었다**.

The game was **tied** 2-2 with five minutes to play.
경기는 경기 시간 5분이 남은 상태에서 2-2 **동점이 되었다**.

영영 2 to have the same number of points in a game
(시합에서 양 팀[선수]이 동일한 득점을 올리다)

0660 champion
[tʃǽmpiən]

ⓝ 챔피언, 우승자[팀]

Germany was the **champion** of the 2014 FIFA World Cup.
독일은 2014년 FIFA(세계 축구 연맹) 월드컵 **챔피언(우승팀)**이었다.

Daily Check-up

A 빈칸에 알맞은 우리말 뜻 또는 영어 단어를 써넣어 워드맵을 완성하시오.

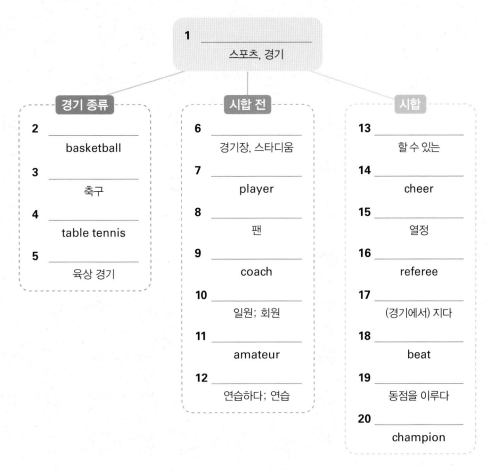

1 _____
스포츠, 경기

경기 종류

2 _____
basketball

3 _____
축구

4 _____
table tennis

5 _____
육상 경기

시합 전

6 _____
경기장, 스타디움

7 _____
player

8 _____
팬

9 _____
coach

10 _____
일원; 회원

11 _____
amateur

12 _____
연습하다; 연습

시합

13 _____
할 수 있는

14 _____
cheer

15 _____
열정

16 _____
referee

17 _____
(경기에서) 지다

18 _____
beat

19 _____
동점을 이루다

20 _____
champion

PLAN 9

B 우리말을 참고하여, 문장을 완성하시오. (필요하면 단어 형태를 바꾸시오.)

1 This soccer _____ can hold 80,000 people.
이 축구 경기장은 8만 명을 수용할 수 있다.

2 Enjoy the game whether you win or _____.
이기든 지든 경기를 즐겨라.

3 We _____ soccer after school every day.
우리는 방과 후에 매일 축구 연습을 한다.

4 The fans _____ their team on during the game.
팬들은 경기 동안 계속 그들의 팀을 응원했다.

5 Our team members always have a _____ to win.
우리 팀원들은 항상 이기려는 열정을 갖고 있다.

A 들려주는 영어 단어를 쓴 후 우리말 뜻을 쓰시오.

영단어	뜻	영단어	뜻
1		**2**	
3		**4**	
5		**6**	
7		**8**	
9		**10**	
11		**12**	
13		**14**	
15		**16**	
17		**18**	
19		**20**	

B 다음 영영 풀이에 해당하는 알맞은 단어를 골라 쓰시오.

cheer	leisure	tie	present	return	breakfast

1 the first meal of the day   _____

2 the time when one is not working   _____

3 the period of time that we are in now   _____

4 to shout loudly to encourage someone   _____

5 to have the same number of points in a game   _____

6 to go back to a place after one has been away   _____

C 밑줄 친 단어의 동의어(=) 또는 반의어(↔)를 골라 쓰시오.

completed　　awake　　past　　normal

1 It was just a <u>typical</u> day for me.　　　　　= _____

2 I <u>finished</u> my homework and watched TV.　= _____

3 My dog is <u>asleep</u> on the sofa.　　　　　　↔ _____

4 I want to travel around the world in the <u>future</u>. ↔ _____

D 다음 그림을 보고, 해당하는 단어와 연결하시오.

1 　**2** 　**3** 　**4**

・　　　　　　・　　　　　　・　　　　　　・

・　　　　　　・　　　　　　・　　　　　　・

stadium　　　　put on　　　　magic　　　table tennis

E 다음을 읽고, 빈칸에 알맞은 단어를 우리말을 참고하여 쓰시오.

1 We _____ed branches to make a fire.
우리는 불을 지피기 위해 나뭇가지들을 **모았다**.

2 Watching movies gives me great _____.
영화 감상은 내게 커다란 **즐거움**을 준다.

3 Most male students _____ in sports.
대부분의 남학생들은 스포츠에 **참여한다**.

4 She had to _____ home to look after her baby.
그녀는 아기를 돌보기 위해 **서둘러** 귀가해야 했다.

PLAN 10
문학과 언어

novel 소설
theme 주제, 테마
publish 출판하다

because ~ 때문에
such as 예를 들어
otherwise 그렇지 않으면

문학과
출판

연결
어구

문학과
언어

중요
부사와
어구

actually 실제로; 사실은
hardly 거의 ~아니다
mainly 주로

Day 34 문학과 출판

출간물

0661 novel
[nάːvəl]

ⓝ 소설

I want to read some **novels** during summer vacation.
나는 여름 방학 동안 **소설**을 좀 읽고 싶다.

➕ novelist ⓝ 소설가

0662 poem
[póuəm]

ⓝ 시

Would you like to hear my **poem**?
제 **시**를 한번 들어보시겠습니까?

➕ poet ⓝ 시인

0663 cartoon
[kɑːrtúːn]

ⓝ 만화

Did you see the **cartoon** in the newspaper?
너는 신문에 실린 **만화**를 봤니?

📖 a funny drawing in a newspaper or magazine
(신문이나 잡지에 실린 재미있는 그림)

➕ cartoonist ⓝ 만화가

0664 magazine
[mǽgəzìːn]

ⓝ 잡지

a monthly **magazine**   월간지
Let's read the fashion **magazine** together.
같이 패션 **잡지**를 읽자.

0665 series
[síriːz]

ⓝ 1 연속, 일련   2 시리즈, 연속물

a **series** of accidents   사고의 **연속**
Have you finished reading the *Harry Potter* **series**?
너는 '해리포터' **시리즈**를 다 읽었니?

📖 2 a set of books that deal with the same subject
(같은 주제를 다루는 책 세트)

이야기의 구성과 특징

0666 title
[táitl]

ⓝ 1 제목   2 직함

What is the **title** of your favorite book?
네가 제일 좋아하는 책의 **제목**은 무엇이니?

His **title** is pope.   그의 **직함**은 교황이다.

0667 theme
[θi:m]

ⓝ 주제, 테마

The **theme** of the novel is bravery and friendship.
그 소설의 **주제**는 용감함과 우정이다.

0668 topic
[tá:pik]

ⓝ 주제, 화제　⊜ subject

Love is an interesting **topic** to write about.
사랑은 글을 쓰기에 흥미로운 **주제**이다.

> ⊗ theme: 글이나 토론 전반에서 저자나 화자가 전달하고자 하는 중심 생각
> 을 나타냄
> topic: 토론을 하거나 글을 쓸 때의 구체적인 주제를 나타냄

0669 describe
[diskráib]

ⓥ 묘사하다, 말하다

Can you **describe** how the story changed your life?
그 이야기가 당신의 삶을 어떻게 변화시켰는지 **말해줄** 수 있나요?

> 영영 to say or write what something or someone is like in detail
> (무언가나 누군가가 어떤지 자세히 말하거나 쓰다)

ⓞ description ⓝ 서술; 묘사

0670 event
[ivént]

ⓝ 1 (중요한) 사건　2 행사

His death is an important **event** in the novel.
그의 죽음은 그 소설에서 중요한 **사건**이다.

The bookstore is having a book-signing **event** tomorrow.
내일 서점에서 작가 사인회 **행사**가 열릴 예정이다.

0671 symbol
[símbəl]

ⓝ 상징

White has always been a **symbol** of purity.
흰색은 언제나 순수함의 **상징**이었다.

ⓞ symbolize ⓥ 상징하다

0672 character
[kǽrəktər]

ⓝ 1 성격, 기질　2 특징　3 등장인물

a national **character** 국민성
a unique **character** of the building 그 건물의 독특한 **특징**
How many **characters** are there in this novel?
이 소설에는 **등장인물**이 몇 명이 있는가?

0673 romantic
[rouมǽntik]

ⓐ 낭만적인; 애정의

The poet writes **romantic** poems for his wife.
그 시인은 아내를 위해 **낭만적인** 시를 쓴다.

ⓞ romance ⓝ 연애; 사랑

0674 **tragedy**
[trǽdʒədi]

ⓝ 비극 ⟷ comedy 희극

Romeo and Juliet is one of Shakespeare's plays about **tragedy**.
'로미오와 줄리엣'은 **비극**에 관한 셰익스피어의 연극 중 하나이다.

📖 a story with a sad ending (결말이 슬픈 이야기)

0675 **impress**
[imprés]

ⓥ 감동을 주다, 깊은 인상을 주다

She was really **impressed** by your novel.
그녀는 당신의 소설에 정말 **감동 받았습니다**.

➕ impression ⓝ 인상; 감명

출판

0676 **writer**
[ráitər]

ⓝ 작가 = author

Mark Twain is America's favorite **writer**.
마크 트웨인은 미국이 가장 좋아하는 **작가**이다.

➕ write ⓥ 쓰다

0677 **copy**
[kά:pi]

ⓝ 1 복사(본) 2 (책 등의) 한 부 ⓥ 복사하다

I bought a **copy** of *Harry Potter*.
나는 '해리포터' 한 **부**를 구매했다.

Please **copy** the file and send it to me.
파일을 **복사해서** 제게 보내주세요.

0678 **correct**
[kərékt]

ⓥ 정정하다 = revise ⓐ 맞는, 정확한 = right

The editor will **correct** your article.
편집자가 당신의 기사를 **정정할** 것이다.

a **correct** answer 맞는 답

📖 ⓥ to make something right or better
(무언가를 정확히 또는 더 낫게 만들다)

0679 **print**
[print]

ⓥ 1 인쇄하다; 출판하다 2 (책·신문 등에) 싣다

They **printed** 5,000 copies of the writer's book.
그들은 그 작가의 책을 5,000부 **인쇄했다**.

My article was **printed** in the school newspaper.
내 기사가 학교 신문에 **실렸다**.

0680 **publish**
[pʌ́bliʃ]

ⓥ 출판하다

The book was **published** in 1980.
그 책은 1980년에 **출판되었다**.

➕ publisher ⓝ 출판사 | publication ⓝ 출판(물)

A 빈칸에 알맞은 우리말 뜻 또는 영어 단어를 써넣어 워드맵을 완성하시오.

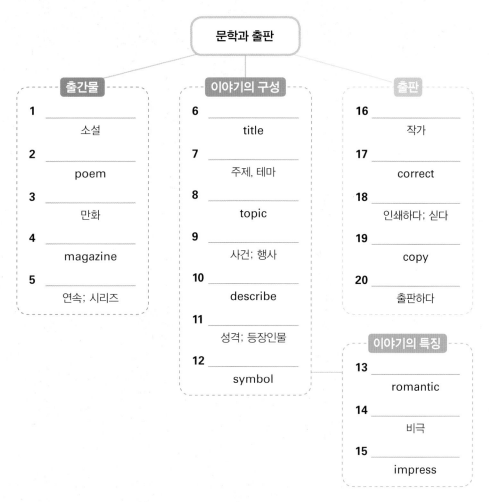

문학과 출판

출간물
1 _____ 소설
2 _____ poem
3 _____ 만화
4 _____ magazine
5 _____ 연속; 시리즈

이야기의 구성
6 _____ title
7 _____ 주제, 테마
8 _____ topic
9 _____ 사건; 행사
10 _____ describe
11 _____ 성격; 등장인물
12 _____ symbol

출판
16 _____ 작가
17 _____ correct
18 _____ 인쇄하다; 싣다
19 _____ copy
20 _____ 출판하다

이야기의 특징
13 _____ romantic
14 _____ 비극
15 _____ impress

PLAN
10

B 우리말을 참고하여, 문장을 완성하시오. (필요하면 단어 형태를 바꾸시오.)

1 She was really _____ by your novel.
그녀는 당신의 소설에 정말 감동 받았습니다.

2 Let's read the fashion _____ together.
같이 패션 잡지를 읽자.

3 They _____ 5,000 copies of the writer's book.
그들은 그 작가의 책을 5,000부 인쇄했다.

4 Can you _____ how the story changed your life?
그 이야기가 당신의 삶을 어떻게 변화시켰는지 말해줄 수 있나요?

5 His death is an important _____ in the novel.
그의 죽음은 그 소설에서 중요한 사건이다.

Day 35 연결어구

원인과 결과

0681 since
[sins]

prep ~부터[이래]   conj 1 ~이래 (줄곧)   2 ~이기 때문에

I have been at school **since** this morning.
나는 오늘 아침**부터** 계속 학교에 있었다.

Since our teacher is absent, we are not taking a quiz.
선생님이 결근하셨기 **때문에** 우리는 쪽지 시험을 보지 않을 것이다.

0682 because
[bikɔ́ːz]

conj ~ 때문에   ⊜ since

I can't go **because** I have to finish my homework.
나는 숙제를 끝내야 하기 **때문에** 갈 수 없다.

He was late **because** of a traffic jam.
그는 교통 체증 **때문에** 지각했다.

※ because of ~ : ~ 때문에

0683 therefore
[ðéərfɔ̀r]

ad 그러므로   ⊜ so

I think; **therefore**, I exist.
나는 생각한다, **그러므로** 나는 존재한다.

영영 for that reason (그런 이유로)

0684 thus
[ðʌs]

ad 따라서, 그러므로   ⊜ therefore

She was the shortest. **Thus**, she had to stand in the first row.
그녀가 제일 작았다. **따라서** 그녀는 첫째 줄에 서야 했다.

0685 as a result

결국에, 결과적으로

Kevin often lied to his parents. **As a result**, he was scolded.
Kevin은 부모님에게 자주 거짓말을 했다. **결국에** 그는 꾸중을 들었다.

예시와 추가

0686 such as

예를 들어, ~와 같은   ⊜ like

I enjoy outdoor activities **such as** camping, surfing, and fishing.
나는 캠핑, 서핑, 그리고 낚시**와 같은** 야외 활동을 즐긴다.

영영 used to give examples (예를 들기 위해 사용)

0687 for example

EXAMPLE
EXAMPLE
EXAMPLE
EXAMPLE

예를 들어　= for instance

You can choose two cities, **for example**, Paris and Seoul.
예를 들어 파리와 서울과 같이 두 도시를 선택할 수 있다.

0688 besides

[bisáidz]

ad 게다가　prep ～ 외에

The hotel was great. **Besides**, the breakfast was very nice. 그 호텔은 훌륭했다. **게다가** 아침 식사도 아주 좋았다.
Besides English, I can speak French and Spanish.
나는 영어 **외에** 프랑스어와 스페인어도 할 줄 안다.

0689 moreover

[mɔːróuvər]

ad 게다가, 더욱이

That dish is delicious. **Moreover**, I think my kids will love it, too.
저 요리가 맛있어요. **더욱이** 제 아이들 또한 좋아할 것 같아요.

0690 in addition

게다가　= besides

In addition, exercise can help you sleep better at night.
게다가, 운동은 밤에 잠을 더 잘 자게 도와줄 수 있다.

0691 however

[hauévər]

ad 하지만, 그러나　= but

I don't like her. **However**, I like her mom.
난 그녀를 좋아하지 않아. **하지만** 그녀의 엄마는 좋아.

0692 despite

[dispáit]

prep ～에도 불구하고　= in spite of

Despite being sick, he won the game.
아팠음**에도 불구하고**, 그는 경기에서 이겼다.

⭐ 전치사 despite 뒤에는 명사(구)가 온다.

0693 although

[ɔːlðóu]

conj ～이긴 하지만

Although I don't like her attitude, she is the smartest student in her class.
나는 그녀의 태도가 마음에 안 들**긴 하지만**, 그녀는 반에서 제일 똑똑한 학생이다.

Although he likes to go hiking, he hasn't had any time to go lately.
그는 하이킹 가는 것을 좋아하**지만**, 그는 최근에 갈 시간이 없었다.

0694 unlike

[ʌnláik]

prep 1 ~와는 다른   2 ~와는 달리

This music is **unlike** anything I've ever heard before.
이 음악은 내가 전에 들었던 것**과는 다르다.**

Unlike his younger brother, he was very kind.
그의 남동생**과는 달리**, 그는 매우 친절했다.

영영 2 used to show the difference between two people or things (두 사람 또는 두 사물 사이의 차이점을 보여주려고 사용)

0695 instead

[instéd]

ad 대신에

I'm busy today. I'm sorry, but can we meet tomorrow **instead**?
제가 오늘 바빠서요. 죄송하지만, **대신** 내일 만나도 될까요?

Can I buy this **instead** of a book?
책 **대신** 이걸 사도 될까요?

숙어 instead of + 명사(구): ~ 대신에

0696 on the other hand

반면에, 다른 한편으로는

On the other hand, he enjoys staying home alone.
반면에, 그는 집에서 혼자 있는 것을 즐긴다.

조건과 정리

0697 otherwise

[ʌðərwàiz]

ad 그렇지 않으면[않았다면] =or else

I was worried about you. **Otherwise**, I wouldn't have called you.
널 걱정했어. **그렇지 않았다면**, 내가 너에게 전화하지 않았을 거야.

0698 unless

[ənlés]

conj ~이 아닌 한, ~하지 않는 한

Unless you take a taxi, you can't get there in time.
네가 택시를 타**지 않는 한**, 넌 제시간에 거기에 도착할 수 없어.

0699 in short

요약하자면, 요컨대

In short, her business became a success.
요약하자면, 그녀의 사업은 성공했다.

영영 used when summarizing a long story (긴 이야기를 요약할 때 사용)

0700 that is

즉, 말하자면 =in other words 다시 말해서

That is, he blamed her for everything.
즉, 그는 모든 것에 대해 그녀를 탓했다.

Daily Check-up

A 빈칸에 알맞은 우리말 뜻 또는 영어를 써넣어 워드맵을 완성하시오.

연결어구

원인과 결과

1 _____
~부터;
~이기 때문에

2 _____
because

3 _____
따라서, 그러므로

4 _____
therefore

5 _____
결국에, 결과적으로

예시와 추가

6 _____
such as

7 _____
예를 들어

8 _____
besides

9 _____
게다가, 더욱이

10 _____
in addition

대조

11 _____
하지만, 그러나

12 _____
although

13 _____
~에도 불구하고

14 _____
unlike

15 _____
대신에

16 _____
on the other hand

조건과 정리

17 _____
그렇지 않으면

18 _____
unless

19 _____
요약하자면

20 _____
that is

PLAN **10**

B 우리말을 참고하여, 문장을 완성하시오. (필요하면 단어 형태를 바꾸시오.)

1 He was late _____ of a traffic jam.
그는 교통 체증 때문에 지각했다.

2 _____, he enjoys staying home alone.
반면에, 그는 집에서 혼자 있는 것을 즐긴다.

3 _____ you take a taxi, you can't get there in time.
네가 택시를 타지 않는 한, 넌 제시간에 거기에 도착할 수 없어.

4 _____, exercise can help you sleep better at night.
게다가, 운동은 밤에 잠을 더 잘 자게 도와줄 수 있다.

5 Kevin often lied to his parents. _____, he was scolded.
Kevin은 부모님에게 자주 거짓말을 했다. 결국에 그는 꾸중을 들었다.

강조

0701 even
[íːvən]

ad 1 ~도[조차]   2 (비교급을 강조하여) 훨씬, 더욱

She hasn't **even** opened her presents yet.
그녀는 아직 선물을 열어보지**도** 않았다.

An apple a day is **even** better for you than you thought.
하루에 사과 한 개 섭취는 당신이 생각한 것보다 당신에게 **훨씬** 더 좋다.

0702 actually
[ǽktʃuəli]

ad 1 실제로, 정말로   2 사실은

I didn't **actually** understand what he said.
나는 그가 말한 것을 **정말로** 이해하지 못했다.

I am **actually** a spy.
저는 **사실** 정보원입니다.

0703 especially
[ispéʃəli]

ad 특히

I **especially** like strawberry macaroons.
나는 **특히** 딸기 마카롱을 좋아한다.

0704 quite
[kwait]

ad 꽤, 상당히   =very

The movie was **quite** good. 그 영화는 **꽤** 좋았다.

That's **quite** interesting news.
그것은 **꽤** 흥미로운 소식이네요.

0705 really
[ríːəli]

ad 1 실제로   2 정말로

The painting shows what the city was **really** like in the 19th century.
그 그림은 그 도시가 19세기에 **실제로** 어땠는지를 보여준다.

I was **really** looking forward to your party.
저는 당신의 파티를 **정말로** 기대하고 있었어요.

부정

0706 hardly
[háːrdli]

ad 거의 ~아니다[않다]

I can **hardly** believe what he said.
나는 그가 말한 것을 **거의** 믿을 수가 **없다**.

Hardly anyone comes to visit the old lady in the hospital.
거의 아무도 병원에 있는 할머니를 보러 오지 **않는다**.

영영 used to show that something almost did not happen
(무언가가 거의 일어나지 않았다는 것을 보여주기 위해 사용)

0707 **never**
[névər]

ⓐ 절대[결코] ~ 않다

Never tell this to anyone.
절대로 이것을 아무한테도 말하지 **마세요.**

Most students are **never** late for their classes.
대부분의 학생들은 **절대** 수업에 늦지 **않는다.**

0708 **neither**
[níːðər / náiðər]

ⓐ ~도 …도 아니다　　ⓟⓡⓞⓝ (둘 중) 어느 것도 ~아니다

I want **neither** cakes nor cookies.
나는 케이크도 쿠키도 원하지 **않는다.**
ꙮ neither A nor B: A도 B도 아닌

Neither of us can drive.　우리 중 **누구도** 운전을 **못한다.**

PLAN
10

0709 **unfortunately**
[ʌnfɔ́ːrtʃənətli]

ⓐ 불행하게도, 유감스럽게도　↔ fortunately 다행히도

Unfortunately, I can't help you.
유감스럽게도, 당신을 도와줄 수가 없네요.

우선순위

0710 **at first**

처음에는

At first, he was okay, but he turned out to be weird.
처음에는 그는 괜찮았지만, 이상한 사람으로 밝혀졌다.

0711 **above all**

무엇보다도; 특히　= especially

Above all, I love singing and dancing.
무엇보다도 나는 노래하고 춤추는 것을 아주 좋아한다.

영영 used to show the most important thing
　　(가장 중요한 것을 보여주기 위해 사용)

0712 **most of all**

무엇보다도　= above all

Most of all, the project isn't as hard as you think.
무엇보다도, 네가 생각하는 것만큼 그 과제는 어렵지 않다.

0713 **finally**
[fáinəli]

ⓐ 1 마침내, 결국　= eventually　2 마지막으로

They **finally** won the championship.
그들은 **결국** 선수권 대회에서 우승했다.

Finally, I'd like to thank my family.
마지막으로, 저는 제 가족에게 감사를 드리고 싶습니다.

영영 2 used to describe the last action or event
　　(마지막 행동이나 일을 설명하기 위해 사용)

0714 mainly
[méinli]

ad 주로 = mostly

Spiders **mainly** eat insects and other spiders.
거미는 **주로** 벌레와 다른 거미들을 먹는다.

0715 normally
[nɔ́ːrməli]

ad 보통, 보통 때는

It **normally** takes about 1 hour to reach the airport.
공항에 도착하는 데 **보통** 약 한 시간 정도 걸린다.

➕ normal ⓐ 보통의

0716 generally
[dʒénrəli]

ad 1 일반적으로   2 보통   = usually

People **generally** believed that the Earth was the center of the universe.
사람들은 **일반적으로** 지구가 우주의 중심이라고 믿었다.

I **generally** have breakfast at 8.
나는 **보통** 아침을 8시에 먹는다.

➕ general ⓐ 일반적인; 보통의

0717 slightly
[sláitli]

ad 약간, 조금 = a little

I was **slightly** confused at first.
처음에 나는 **약간** 혼란스러웠다.

0718 gradually
[grǽdʒuəli]

ad 서서히, 차츰 = slowly

The baby **gradually** stopped crying.
아기는 **서서히** 울음을 멈췄다.

The temperature **gradually** changed.
기온이 **서서히** 바뀌었다.

영영 changing little by little over a period of time
(일정 기간에 걸쳐 조금씩 변하는)

0719 totally
[tóutəli]

ad 전적으로, 완전히 ↔ partially 부분적으로

I **totally** agree with you. 난 네게 **전적으로** 동의해.
They are **totally** different from each other.
그들은 서로 **완전히** 다르다.

➕ total ⓐ 전체의

0720 completely
[kəmplíːtli]

ad 완전히

Some say that her story is **completely** untrue.
몇몇 사람들은 그녀의 이야기가 **완전히** 사실이 아니라고 말한다.

I **completely** forgot to lock the door last night.
어젯밤에 나는 문을 잠그는 것을 **완전히** 잊어버렸다.

Daily Check-up

A 빈칸에 알맞은 우리말 뜻 또는 영어를 써넣어 워드맵을 완성하시오.

중요 부사와 어구

강조

1 _____ even

2 a _____ 실제로; 사실은

3 _____ especially

4 _____ 실제로; 정말로

5 _____ quite

부정

6 _____ 불행하게도

7 _____ hardly

8 _____ ~도 …도 아니다

9 _____ never

우선순위

10 _____ 처음에는

11 _____ above all

12 _____ 무엇보다도

13 _____ finally

정도

14 _____ 주로

15 _____ generally

16 _____ 보통, 보통 때는

17 _____ slightly

18 _____ 서서히, 차츰

19 _____ totally

20 _____ 완전히

B 우리말을 참고하여, 문장을 완성하시오. (필요하면 단어 형태를 바꾸시오.)

1 I was _____ confused at first.
처음에 나는 약간 혼란스러웠다.

2 M_____, the project isn't as hard as you think.
무엇보다도, 네가 생각하는 것만큼 그 과제는 어렵지 않다.

3 _____ anyone comes to visit the old lady in the hospital.
거의 아무도 병원에 있는 할머니를 보러 오지 않는다.

4 An apple a day is _____ better for you than you thought.
하루에 사과 한 개 섭취는 당신이 생각한 것보다 당신에게 훨씬 더 좋다.

5 People _____ believed that the Earth was the center of the universe.
사람들은 일반적으로 지구가 우주의 중심이라고 믿었다.

A 들려주는 영어 단어와 어구를 쓴 후 우리말 뜻을 쓰시오.

영단어	뜻	영단어	뜻
1		2	
3		4	
5		6	
7		8	
9		10	
11		12	
13		14	
15		16	
17		18	
19		20	

B 다음 영영 풀이에 해당하는 알맞은 단어를 골라 쓰시오.

unlike	gradually	therefore	correct	such as	describe

1 for that reason _____

2 used to give examples _____

3 to make something right or better _____

4 changing little by little over a period of time _____

5 used to show the difference between two people or things _____

6 to say or write what something or someone is like in detail _____

C 밑줄 친 단어의 동의어(=) 또는 반의어(↔)를 골라 쓰시오.

eventually　　comedy　　partially　　mostly

1 Our team <u>finally</u> defeated our rivals.　　=＿＿＿＿＿＿＿＿

2 The room is <u>mainly</u> used as the guest bedroom.　　=＿＿＿＿＿＿＿＿

3 The terrorist attack was a <u>tragedy</u>.　　↔＿＿＿＿＿＿＿＿

4 He was <u>totally</u> rude to his parents.　　↔＿＿＿＿＿＿＿＿

D 다음 그림을 보고, 해당하는 단어와 연결하시오.

1 **2** **3** **4**

·　　　　·　　　　·　　　　·

·　　　　·　　　　·　　　　·

writer　　　cartoon　　　magazine　　　copy

E 다음을 읽고, 빈칸에 알맞은 단어를 우리말을 참고하여 쓰시오.

1 D＿＿＿＿＿＿＿ the stormy weather, he went fishing.
폭풍우 치는 날씨**에도 불구하고**, 그는 낚시하러 갔다.

2 Tell me who your favorite ＿＿＿＿＿＿＿ in the movie is.
영화에서 당신이 제일 좋아하는 **등장인물**이 누구인지 말해주세요.

3 I can't help you u＿＿＿＿＿＿＿ you tell me your problems.
네 문제를 내게 말해주지 **않는 한** 난 너를 도와줄 수가 없어.

4 She didn't seem ill ＿＿＿＿＿＿＿, but she ended up in the hospital.
처음에 그녀는 아파보이지 않았지만, 결국 그녀는 병원에 가게 되었다.

PLAN 11
수와 양

shape 모양, 형태
thick 두꺼운
rough 거친; 힘든

count (수를) 세다
million 100만
multiply 곱하다

사물

수치

수와 양

수량과
크기

enough 충분한
tiny 아주 작은
total 전체의; 합계

Day 37 사물

0721 **object**
[ɑ́:bdʒikt]

ⓝ 1 물건, 사물 ⊜thing 2 목적

Please move those **objects** away from the child.
그 **물건들**을 아이로부터 멀리 치워주세요.

What is the **object** of the game?
그 게임의 **목적**은 무엇인가요?

모양

0722 **shape**
[ʃeip]

ⓝ 모양, 형태

I baked cookies in the **shape** of a heart.
나는 하트 **모양**으로 쿠키를 구웠다.

영영 the form of an object (물건의 형태)

0723 **circle**
[sə́:rkl]

ⓝ 동그라미, 원 ⓥ 동그라미를 그리다

The child drew a **circle** in the middle of his paper.
아이는 종이 한가운데에 **동그라미**를 그렸다.

Circle the correct answer. 정답에 **동그라미를 치세요.**

⊕ circular ⓐ 원형의

0724 **square**
[skweər]

ⓝ 1 정사각형 2 광장 ⓐ 정사각형의

My dad cut the rice cake into 4 **squares**.
아빠가 떡 케이크를 4개의 **정사각형**으로 잘랐다.

the town **square** 마을 **광장**

0725 **triangle**
[tráiæ̀ŋgəl]

ⓝ 삼각형

She cut her sandwich into two **triangles**.
그녀는 샌드위치를 두 개의 **삼각형**으로 잘랐다.

⊕ triangular ⓐ 삼각형의

0726 **round**
[raund]

ⓐ 둥근, 원형의 ⓐⓓ 둥글게, 빙빙

The full moon is so **round** and beautiful.
보름달이 아주 **둥글고** 아름답다.

go **round** and **round** **빙글빙글** 돌다

무게 · 두께 · 넓이

0727 heavy
[hévi]

ⓐ 1 무거운　2 (양·정도 등이) 많은, 심한　↔ light 가벼운; 적은

My bag is really **heavy** because it's full of books.
내 가방이 책으로 꽉 차서 정말 **무겁다**.

heavy rain　많은 비(폭우)

0728 light
[lait]

ⓐ 1 밝은　2 가벼운　3 (양·정도 등이) 적은, 약한

Her room was **light** and clean.　그녀의 방은 **밝고** 깨끗했다.

The feather was so **light** that it flew miles away.
깃털은 매우 **가벼워서** 저 멀리 날아가 버렸다.

light rain　약한 비

0729 thick
[θik]

ⓐ 1 두꺼운　2 빽빽한　3 짙은

I need **thick** blankets because it's cold outside.
밖이 추워서 난 **두꺼운** 담요가 필요해.

a **thick** forest　울창한 숲

thick fog　짙은 안개

0730 thin
[θin]

ⓐ 1 얇은　↔ thick　2 (몸이) 마른

I think this T-shirt is too **thin** to wear during fall.
내 생각에 이 티셔츠는 가을에 입기에는 너무 **얇은** 것 같다.

My brother is tall and **thin**.　우리 형은 키가 크고 **말랐다**.

0731 wide
[waid]

ⓐ 1 넓은　2 폭이 ~인

Do you know how **wide** China is?
중국이 얼마나 **넓은지** 너는 알고 있니?

The river is 10 meters **wide**.
그 강은 **폭이** 10미터이다.

➕ width ⓝ 폭, 너비　|　widely ⓐⓓ 널리, 폭넓게

0732 narrow
[nǽrou]

ⓐ 좁은　↔ wide

It was hard to drive through the **narrow** streets.
좁은 길을 지나 운전하는 것은 어려웠다.

표면 · 정도 · 상태

0733 rough
[rʌf]

ⓐ 1 (표면이) 거친　2 힘든

Your skin looks **rough**. Do you get enough sleep?
네 피부가 **거칠어** 보여. 잠을 충분히 자고 있니?

They had a **rough** time yesterday.
그들은 어제 **힘든** 시간을 보냈다.

0734 smooth
[smuːð]

ⓐ 1 매끄러운 2 순조로운

The surface of the floor was **smooth**.
바닥의 표면이 **매끄러웠다**.

My first trip to New York was **smooth**.
내 첫 뉴욕 여행은 **순조로웠다**.

0735 flat
[flæt]

ⓐ 평평한

People in ancient times believed that the Earth was **flat**.
고대의 사람들은 지구가 **평평하다고** 믿었다.

0736 sharp
[ʃɑːrp]

ⓐ 1 뾰족한, 날카로운 ↔blunt 무딘 2 급격한

Be careful of the **sharp** edge of the knife.
칼의 **뾰쪽한** 날을 조심하세요.

a **sharp** increase in oil prices 유가의 **급격한** 상승

➕ sharpness ⓝ 날카로움

0737 tight
[tait]

ⓐ 1 단단한, 단단히 맨 2 꽉 조이는 ↔loose 풀린; 헐렁한

The ribbon was too **tight** to untie.
그 리본은 풀기에 너무 **단단히 묶여져** 있었다.

a **tight** jacket (몸에) **꽉 조이는** 재킷

0738 empty
[émpti]

ⓐ 비어 있는 ↔full 가득한

The jar was **empty** with only cookie crumbs left.
통은 과자 부스러기만 남고 **비어 있었다**.

There are many **empty** houses in the area.
그 지역에는 **빈집들이** 많이 있다.

0739 full
[ful]

ⓐ 1 가득한 2 배부른

I drank a **full** glass of milk in the morning, so I'm not hungry.
나는 아침에 우유 한 잔 **가득** 마셔서, 배가 고프지 않다.

No, thanks. I'm **full**. 아니요, 괜찮습니다. 저는 **배가 불러요**.

영영 to be filled completely (완전히 가득 찬)

0740 separate
ⓥ [sépərèit]
ⓐ [sépərət]

ⓥ 분리하다 ⓐ 분리된

How do you **separate** oil from water?
기름과 물을 어떻게 **분리하나요**?

Keep raw meat **separate** from other foods.
날고기는 다른 음식과 **분리하여** 보관하세요.

➕ separately ⓐⓓ 따로따로, 별도로 | separation ⓝ 분리

A 빈칸에 알맞은 우리말 뜻 또는 영어 단어를 써넣어 워드맵을 완성하시오.

1 _____
물건, 사물

모양

2 _____
모양, 형태

3 _____
circle

4 _____
둥근; 둥글게

5 _____
square

6 _____
삼각형

무게

7 _____
무거운; 많은, 심한

8 _____
light

두께

9 _____
두꺼운; 빽빽한

10 _____
thin

넓이

11 _____
wide

12 _____
좁은

표면·정도·상태

13 _____
rough

14 _____
매끄러운

15 _____
flat

16 _____
뾰족한, 날카로운

17 _____
tight

18 _____
비어 있는

19 _____
full

20 _____
분리하다; 분리된

PLAN **11**

B 우리말을 참고하여, 문장을 완성하시오. (필요하면 단어 형태를 바꾸시오.)

1 They had a _____ time yesterday.
그들은 어제 힘든 시간을 보냈다.

2 My dad cut the rice cake into 4 _____.
아빠가 떡 케이크를 4개의 정사각형으로 잘랐다.

3 I need _____ blankets because it's cold outside.
밖이 추워서 난 두꺼운 담요가 필요해.

4 The child drew a _____ in the middle of his paper.
아이는 종이 한가운데에 동그라미를 그렸다.

5 The feather was so _____ that it flew miles away.
깃털은 매우 가벼워서 저 멀리 날아가 버렸다.

Day 38 수치

수치 재기

0741 **count**
[kaunt]

ⓥ (수를) 세다; 계산하다

Can you **count** the stars in the sky?
하늘에 있는 별의 **수를 셀 수** 있니?

0742 **measure**
[méʒər]

ⓥ 측정하다

Measure how much the bag weighs.
가방의 무게가 얼마인지 **측정하세요**.

➕ measurement ⓝ 측정

0743 **add**
[æd]

ⓥ 더하다, 추가하다 ↔ subtract 빼다

How much is it if we **add** this one?
우리가 이것까지 **더하면** 얼마인가요?

Don't **add** sugar to your coffee.
커피에 설탕을 **추가하지** 마세요.

➕ addition ⓝ 덧셈; 추가

0744 **deep**
[di:p]

ⓐ 깊은 ↔ shallow 얕은 ⓐⓓ 깊게, 깊이

Do you know how **deep** the ocean is?
바다가 얼마나 **깊은지** 알고 있니?

They dug a hole **deep** in the ground.
그들은 땅속 **깊이** 구멍을 팠다.

➕ depth ⓝ 깊이

0745 **length**
[leŋθ]

ⓝ 1 길이 2 기간

What is the **length** of the new curtains?
새 커튼의 **길이**가 어떻게 되나요?

the **length** of a stay in a hospital 병원에서의 입원 **기간**

영영 1 the measurement of how long an object is
(물건이 얼마나 긴지에 대한 측정)

개수와 단위

0746 **thousand**
[θáuzənd]

ⓝ 1,000, 천

That will be five **thousand** dollars in total.
총 5천 달러가 될 거예요.

thousands of people 수천 **명**의 사람들

🔼 thousands of 수천의

0747 million
[míljən]

ⓝ 100만

It's surprising that this table costs a **million** won.
이 탁자가 **100만**원이라는 것이 놀랍다.

millions of years ago **수백만** 년 전에

ⓘ millions of 수백만의

0748 billion
[bíljən]

ⓝ 10억

The population of India is above a **billion** people.
인도의 인구는 **10억**명 이상이다.

billions of dollars **수십억** 달러

0749 couple
[kʌ́pəl]

ⓝ 1 부부, 한 쌍 2 두어 명/개, 몇 명/개

I met the lovely **couple** at the party.
나는 그 아름다운 **한 쌍**을 파티에서 만났다.

Do you have a **couple** of those cookies left?
저 쿠키 **몇 개** 남은 게 있나요?

ⓘ a couple of ~: 몇 개/사람의

0750 pair
[peər]

ⓝ 한 벌; 한 쌍

I bought a **pair** of jeans. 나는 청바지 **한 벌**을 샀다.
a **pair** of earrings 귀걸이 **한 쌍**

ⓘ a pair of ~: ~ 한 벌/쌍

0751 bunch
[bʌntʃ]

ⓝ 다발, 송이

He brought me a **bunch** of flowers.
그는 내게 꽃 한 **다발**을 가져다주었다.

a **bunch** of grapes 포도 한 **송이**

ⓘ a bunch of ~: ~ 한 다발/송이

0752 dozen
[dʌ́zn]

ⓝ 12개짜리 한 묶음

I would like a **dozen** eggs, please.
계란 **12개짜리 한 판** 주세요.

곱셈과 나눗셈

0753 multiply
[mʌ́ltəplài]

ⓥ 곱하다 ↔ divide 나누다

It's so hard for me to **multiply** numbers.
숫자를 **곱하는** 것은 나에게 어렵다.

3 **multiplied** by 5 is 15. 3 **곱하기** 5는 15이다.

➕ multiplication ⓝ 곱셈

PLAN 11

0754 twice
[twais]

ad 1 두 번 2 두 배로

I called you **twice** this morning.
오늘 아침에 네게 두 번이나 전화했어.

Montreal is **twice** the size of Seattle.
몬트리올은 시애틀의 크기의 두 배이다.

0755 double
[dʌ́bəl]

a 1 두 배의 2 2인용의 **v** 두 배로 되다

Can I order a **double** burger?
더블(두 배 크기의) 햄버거를 주문해도 될까요?

a **double** bed 2인용 침대

The number of tourists **doubled** last year.
관광객 수가 작년에 두 배가 되었다.

0756 whole
[houl]

a 전체의, 모든 **n** 전체

I can eat a **whole** box of pizza by myself.
나는 혼자 피자 전체 한 박스를 먹을 수 있다.

the **whole** of the city 그 도시 전체

영영 ⓐ complete, including every part (모든 부분을 포함한 전체의)

0757 single
[síŋgəl]

a 1 단 하나의 = one 2 1인용의

She won the contest by a **single** point.
그녀는 단 한 점차로 경연에서 우승했다.

This is a **single** bed. Is it okay?
이것은 1인용 침대에요. 괜찮겠습니까?

0758 divide
[dəváid]

v 나누다

Mom told me to **divide** the pie.
엄마가 내게 파이를 나눠 자르라고 말했다.

10 **divided** by 2 is 5. 10 나누기 2는 5이다.

영영 to separate into two or more parts (두 부분 이상으로 나누다)

➕ **division** ⓝ 분할; 나눗셈

0759 half
[hæf]

n 반, 절반 **a** 반의

This is not even **half** of the tour.
이것은 투어의 반도 안 됩니다.

a **half** cup of water 물 반 잔

0760 quarter
[kwɔ́ːrtər]

n 1 1/4 2 15분 3 (미국) 25센트짜리 동전

a **quarter** of the sandwich 샌드위치 1/4

It's a **quarter** to five. 5시 15분 전이야. (4시 45분이야.)

You need to change your bills into **quarters**.
너는 지폐를 25센트짜리 동전으로 바꿔야 해.

Daily Check-up

A 빈칸에 알맞은 우리말 뜻 또는 영어 단어를 써넣어 워드맵을 완성하시오.

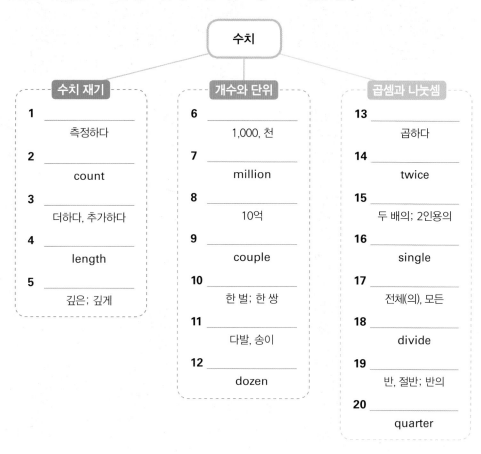

수치

수치 재기

1 _____
측정하다

2 _____
count

3 _____
더하다, 추가하다

4 _____
length

5 _____
깊은; 깊게

개수와 단위

6 _____
1,000, 천

7 _____
million

8 _____
10억

9 _____
couple

10 _____
한 벌; 한 쌍

11 _____
다발, 송이

12 _____
dozen

곱셈과 나눗셈

13 _____
곱하다

14 _____
twice

15 _____
두 배의; 2인용의

16 _____
single

17 _____
전체(의), 모든

18 _____
divide

19 _____
반, 절반; 반의

20 _____
quarter

PLAN
11

B 우리말을 참고하여, 문장을 완성하시오. (필요하면 단어 형태를 바꾸시오.)

1 _____ how much the bag weighs.
가방의 무게가 얼마인지 측정하세요.

2 He brought me a _____ of flowers.
그는 내게 꽃 한 다발을 가져다주었다.

3 What is the _____ of the new curtains?
새 커튼의 길이가 어떻게 되나요?

4 I can eat a _____ box of pizza by myself.
나는 혼자 피자 전체 한 박스를 먹을 수 있다.

5 The population of India is above a _____ people.
인도의 인구는 10억 명 이상이다.

Day 39 수량과 크기

많고 적음

0761 amount
[əmáunt]

ⓝ 1 양 2 액수, 총액

Fruit juice contains a large **amount** of sugar.
과일 주스는 많은 **양**의 당분이 들어있다.

I paid a small **amount** of money.
나는 적은 **액수**의 돈을 지불했다.

0762 enough
[inʌ́f]

ⓐ 충분한 ⓐⓓ ~할 만큼 (충분히)

Will that be **enough** food for us?
우리가 먹기에 음식이 **충분할**까요?

My younger sister is tall **enough** to ride the roller coaster.
내 여동생은 롤러코스터를 탈 수 **있을 만큼 충분히** 크다.

0763 a lot of

많은

Wow, you have **a lot of** gifts.
어머나, 너는 **많은** 선물을 받았구나.

I spent **a lot of** time in front of a computer.
나는 컴퓨터 앞에서 **많은** 시간을 보냈다.

💬 a lot of 뒤에는 셀 수 있는 명사와 셀 수 없는 명사가 모두 올 수 있다.

0764 many
[méni]

ⓐ 많은 ⓟⓡⓞⓝ 다수의 사람/것

I have **many** things to do today. 나는 오늘 할 일이 **많다**.
Many of my friends like to go to the movies.
내 친구 **대다수**는 영화 보러 가는 것을 좋아한다.

0765 much
[mʌtʃ]

ⓐ 많은 ⓐⓓ 매우; 훨씬

I spent very **much** money on the games.
나는 게임에 아주 **많은** 돈을 썼다.

I'm feeling **much** better today.
나는 오늘 기분이 **훨씬** 나아졌다.

💬 much + 셀 수 없는 명사 / many + 셀 수 있는 명사

0766 plenty
[plénti]

ⓟⓡⓞⓝ 많음, 풍부

plenty of time **많은** 시간
We have **plenty** of books for kids.
우리는 아이들을 위한 책이 **많이** 있다.

🏛 plenty of 많은

PLAN
11

0767 little
[lítl]

ⓐ 1 작은 ⊜ small 2 어린 ⓐⓓ 별로[거의] ~않다

The puppy is so **little** that I can carry it in my bag.
강아지가 아주 **작아서** 내 가방에 넣고 다닐 수 있다.

I know very **little** about the project.
나는 그 프로젝트에 대해서 **거의 아는 것이 없다.**

0768 few
[fju:]

ⓐ 1 (수가) 많지 않은 2 약간의

Few students understood the lesson.
그 수업을 이해하는 학생이 **거의 없었다.**

I have a **few** good friends. 나는 좋은 친구가 **몇 명** 있다.

영영 a small number
⭐ few + 셀 수 있는 명사 / little + 셀 수 없는 명사

0769 bit
[bit]

ⓝ 1 조금 2 한 조각

I was a **bit** surprised. 나는 **조금** 놀랐다.
🔖 a bit 조금, 약간 (= a little)

Can I have a **bit** of cheese? 치즈 **한 조각** 좀 먹어도 될까요?

0770 least
[li:st]

ⓐ 가장 적은[작은] ⓝ 최소(의 것) ↔ most 최대의; 최대량

He has the **least** experience of all the members.
그는 모든 회원들 중에서 **가장 경험이 적다.**

This is the **least** I could do for you.
이것이 내가 너를 위해서 해줄 수 있는 **최소한의 것**이다.

⭐ little - less - least

크고 작음

0771 size
[saiz]

ⓝ 1 크기 2 치수

I was amazed by the **size** of the museum.
나는 그 박물관의 **크기**에 매우 놀랐다.

What **size** shoes do you wear?
신발 **치수**가 어떻게 되나요?

0772 tiny
[táini]

ⓐ 아주 작은 ⊜ very small

The baby is **tiny** and cute. 아기는 **아주 작고** 귀엽다.

0773 average
[ǽvəridʒ]

ⓐ 1 평균의 2 보통의 ⓝ 평균

average rainfall **평균** 강수량
an **average** day **보통의** 날

It takes an **average** of two months to change a habit.
습관을 바꾸려면 **평균** 두 달이 걸린다.

0774 huge
[hju:ʤ]

ⓐ 거대한　↔ tiny 아주 작은

I dug in the sand and made a **huge** sandcastle.
나는 모래를 파서 **거대한** 모래성을 만들었다.

영영 very large in size, amount, or degree (크기, 양, 정도가 아주 큰)

0775 enormous
[inɔ́:rməs]

ⓐ 거대한, 막대한　= huge

They live in an **enormous** house.
그들은 **거대한** 집에서 산다.

an **enormous** amount of time　**막대한** 시간

전체와 일부

0776 total
[tóutl]

ⓐ 전체의, 총　ⓝ 합계, 총액

What is the **total** number of passengers on board?
탑승한 승객의 **총** 수는 얼마입니까?

She borrowed a **total** of $1,000 from a bank.
그녀는 은행에서 **총** 1000달러를 빌렸다.

➊ totally ⓐⓓ 완전히

0777 entire
[intáiər]

ⓐ 전체의, 온　= whole

I spent the **entire** day swimming in the pool.
나는 **온종일** 수영장에서 수영을 하며 보냈다.

➊ entirely ⓐⓓ 완전히

0778 several
[sévərəl]

ⓐ 몇몇의　pron 몇몇

I've read **several** books about China.
나는 중국에 관한 책 **몇** 권을 읽었다.

Several of the boys wanted to play basketball.
남자아이들 **몇몇**은 농구를 하고 싶어 했다.

0779 piece
[pi:s]

ⓝ 조각, 부분

a **piece** of cake　케이크 한 **조각**

I found a **piece** of broken glass near the door.
나는 문 근처에서 깨진 유리 **조각**을 찾았다.

영영 a bit of something (무언가의 한 조각)

0780 equally
[í:kwəli]

ⓐⓓ 똑같이, 동등하게

The work should be divided **equally**.
그 일은 **똑같이** 나누어져야 한다.

Treat the children **equally**.　아이들을 **똑같이** 대해주세요.

➊ equal ⓐ 동일한 | equality ⓝ 평등

Daily Check-up

A 빈칸에 알맞은 우리말 뜻 또는 영어 단어를 써넣어 워드맵을 완성하시오.

1 _____ 양; 액수

2 _____ size

많음

3 _____ 충분한

4 _____ a lot of

5 _____ 많은; 매우; 훨씬

6 _____ many

7 _____ 많음, 풍부

크고 작음

12 _____ 아주 작은

13 _____ average

14 e_____ 거대한, 막대한

15 _____ huge

전체와 일부

16 _____ 전체의, 온

17 _____ total

18 _____ 몇몇(의)

19 _____ piece

20 _____ 똑같이, 동등하게

적음

8 _____ little

9 _____ (수가) 많지 않은

10 _____ bit

11 _____ 가장 적은[작은]

PLAN **11**

B 우리말을 참고하여, 문장을 완성하시오. (필요하면 단어 형태를 바꾸시오.)

1 I have a _____ good friends.
나는 좋은 친구가 몇 명 있다.

2 _____ of my friends like to go to the movies.
내 친구 대다수는 영화 보러 가는 것을 좋아한다.

3 I spent the _____ day swimming in the pool.
나는 온종일 수영장에서 수영을 하며 보냈다.

4 It takes an _____ of two months to change a habit.
습관을 바꾸려면 평균 두 달이 걸린다.

5 My younger sister is tall _____ to ride the roller coaster.
내 여동생은 롤러코스터를 탈 수 있을 만큼 충분히 크다.

Review Test

A 들려주는 영어 단어를 쓴 후 우리말 뜻을 쓰시오.

영단어	뜻	영단어	뜻
1		**2**	
3		**4**	
5		**6**	
7		**8**	
9		**10**	
11		**12**	
13		**14**	
15		**16**	
17		**18**	
19		**20**	

B 다음 영영 풀이에 해당하는 알맞은 단어를 찾아 쓰시오.

full   shape   whole   piece   few   divide

1 a small number   _____

2 the form of an object   _____

3 a bit of something   _____

4 to be filled completely   _____

5 complete, including every part   _____

6 to separate into two or more parts   _____

C 밑줄 친 단어의 동의어(=) 또는 반의어(↔)를 골라 쓰시오.

loose   whole   thin   things

1 I spent my <u>entire</u> weekend doing my homework.   = _____

2 Please do not touch any <u>objects</u> inside the museum.   = _____

3 The new pants were too <u>tight</u> for me.   ↔ _____

4 This blanket is very <u>thick</u> and warm.   ↔ _____

D 다음 그림을 보고, 해당하는 단어와 연결하시오.

1   **2**   **3**   **4**

  •   •   •   •

  •   •   •   •

square   sharp   empty   tiny

E 다음을 읽고, 빈칸에 알맞은 단어를 우리말을 참고하여 쓰시오.

1 4 _____ by 9 is 36.

4 곱하기 9는 36이다.

2 I ate _____ of the watermelon by myself.

나는 혼자서 수박 **반쪽**을 먹었다.

3 She is too _____. She should gain some weight.

그녀는 너무 **말랐어**. 그녀는 살을 좀 찌워야 해.

4 He told me to _____ sheep if I have trouble sleeping.

그는 나에게 잠드는 것이 힘들면 양을 **세라고** 말했다.

PLAN 12
사회

belief 믿음, 신념
spirit 정신; 영혼
origin 기원, 유래

human 인간(의)
violent 폭력적인
fair 타당한; 공평한

종교와
역사

사회
문제

사회

법과
규칙

도덕
예절

control 통제하다
evidence 증거
break 어기다

polite 예의 바른
behavior 행동
apologize 사과하다

Day 40 종교와 역사

0781 **god**
[gɑːd]

ⓝ 1 (대문자로) 하느님   2 신

I prayed for **God** to save her.
나는 **하느님**에게 그녀를 구해달라고 기도했다.

The Aztecs believed in a sun **god**.
아즈텍 사람들은 태양**신**을 믿었다.

0782 **belief**
[bilíːf]

ⓝ 믿음, 신념

My dad has a strong **belief** in God.
우리 아빠는 하느님에 대한 강한 **믿음**이 있다.

➕ believe ⓥ 믿다 | believer ⓝ 신자; 믿는 사람

0783 **heaven**
[hévən]

ⓝ (대문자로) 천국   ↔ Hell 지옥

I wonder what **Heaven** is like.
나는 **천국**이 어떤 곳일지 궁금하다.

영영 the place where God lives and good people go after death
(하느님이 살고 선한 사람들이 사후에 가는 곳)

0784 **church**
[tʃəːrtʃ]

ⓝ 교회

I go to **church** every Sunday.
나는 매주 일요일마다 **교회**에 간다.

church services 예배

🔍 a Catholic Church 천주교회, cathedral 대성당

0785 **temple**
[témpəl]

ⓝ 신전, 절, 사찰

The ancient Greek **temples** were built for the gods.
고대 그리스 **신전**들은 신들을 위해 지어졌다.

a Buddhist **temple** 불교 **사찰**

0786 **bless**
[bles]

ⓥ (신의) 가호[축복]를 빌다

The priest **blessed** the child.
신부는 아이의 **축복**을 빌어 주었다.

God **bless** you! 당신에게 **신의 축복**이 있기를 빕니다!

➕ blessing ⓝ 축복

0787 miracle
[mírəkəl]

ⓝ 기적

Jesus turning water into wine was a **miracle**.
예수가 물을 포도주로 바꾼 것은 **기적**이었다.

It's a **miracle** that the baby is alive.
그 아기가 살아있는 것은 **기적**이다.

➕ miraculous ⓐ 기적적인

0788 myth
[miθ]

ⓝ 신화

Zeus is a Greek god in **myths**.
제우스는 **신화** 속에 나오는 그리스 신이다.

미신

0789 spirit
[spírit]

ⓝ 1 정신, 마음 2 영혼

Sports are good for the body and the **spirit**.
스포츠는 몸과 **정신**에 좋다.

Do you believe in **spirits**? 당신은 **영혼**이 존재한다고 믿나요?

➕ spiritual ⓐ 정신의; 영혼의

PLAN
12

0790 soul
[soul]

ⓝ 영혼

Some people believe that the **soul** leaves the body after death.
어떤 사람들은 사후에 **영혼**이 몸을 떠난다고 믿는다.

0791 devil
[dévl]

ⓝ 악마 ↔ angel 천사

They were afraid of **devils** and witches.
그들은 **악마**와 마녀를 두려워했다.

🔤 an evil spirit (악령)

0792 ghost
[goust]

ⓝ 유령

Some people say that they can see **ghosts**.
어떤 사람들은 자신들은 **유령**을 볼 수 있다고 말한다.

역사

0793 history
[hístəri]

ⓝ 역사

History repeats itself. **역사**는 되풀이 된다.
I'm going to study Korean **history**.
나는 한국사를 공부할 것이다.

➕ historical ⓐ 역사상의

0794 origin
[ɔ́:rədʒin]

ⓝ 기원, 유래　＝beginning

Tell me about the **origin** of the universe.
우주의 **기원**에 대해서 얘기해주세요.

➕ originate ⓥ 유래하다

0795 century
[séntʃəri]

ⓝ 100년; 세기

My grandmother lived for a **century**.
우리 할머니는 100년을 사셨다.

the 21st **century** 21세기

0796 treasure
[tréʒər]

ⓝ 보물

They found **treasure** at the bottom of the ocean.
그들은 해저에서 **보물**을 찾았다.

Namdaemun is National **Treasure** Number 1.
남대문은 국보 1호이다.

영영 valuable objects like gold and silver (금은과 같은 귀중한 것들)

0797 tribe
[traib]

ⓝ 부족, 종족

There are many **tribes** in Africa.
아프리카에는 여러 **부족들**이 있다.

0798 kingdom
[kíŋdəm]

ⓝ 왕국

The young prince refused to become the king of the **kingdom**.
어린 왕자는 **왕국**의 왕이 되기를 거부했다.

영영 a country ruled by a king or queen
(왕이나 여왕이 통치하는 나라)

0799 palace
[pǽləs]

ⓝ 궁전

a royal **palace** 왕궁

The princess lived happily in the **palace**.
공주는 **궁전**에서 행복하게 살았다.

0800 class
[klæs]

ⓝ 1 학급; 수업　2 계층; 계급

a history **class** 역사 수업

the middle **class** 중산층

They had to marry within the same **class**.
그들은 같은 **계급** 내에서 결혼해야 했다.

Daily Check-up

A 빈칸에 알맞은 우리말 뜻 또는 영어 단어를 써넣어 워드맵을 완성하시오.

종교와 역사

종교와 믿음

1 _____
하느님; 신

2 _____
믿음, 신념

3 _____
heaven

4 _____
신전, 절, 사찰

5 _____
church

6 _____
가호[축복]를 빌다

7 _____
miracle

8 _____
신화

미신

9 _____
soul

10 _____
정신, 마음; 영혼

11 _____
ghost

12 _____
악마

역사

13 _____
역사

14 _____
origin

15 _____
100년; 세기

16 _____
treasure

17 _____
부족, 종족

18 _____
palace

19 _____
왕국

20 _____
class

PLAN
12

B 우리말을 참고하여, 문장을 완성하시오. (필요하면 단어 형태를 바꾸시오.)

1 My dad has a strong _____ in God.
우리 아빠는 하느님에 대한 강한 믿음이 있다.

2 Jesus turning water into wine was a _____.
예수가 물을 포도주로 바꾼 것은 기적이었다.

3 The ancient Greek _____ were built for the gods.
고대 그리스 신전들은 신들을 위해 지어졌다.

4 The young prince refused to become the king of the _____.
어린 왕자는 왕국의 왕이 되기를 거부했다.

5 Some people believe that the _____ leaves the body after death.
어떤 사람들은 사후에 영혼이 몸을 떠난다고 믿는다.

Day 41 사회 문제

0801 **society**
[səsáiəti]

ⓝ 사회

modern **society** 현대 사회
A school is also a small **society**.
학교도 작은 **사회**이다.

➕ social ⓐ 사회의

0802 **problem**
[prάːbləm]

ⓝ 문제

a social **problem** 사회 문제
He caused a lot of **problems** at school.
그는 학교에서 많은 **문제**를 일으켰다.

사회 약자

0803 **disabled**
[diséibəld]

ⓐ 장애를 가진

The **disabled** child uses a wheelchair.
그 **장애를 가진** 아이는 휠체어를 사용한다.
We will increase services for the **disabled**.
우리는 **장애인들**을 위한 서비스를 늘릴 것이다.

➕ disability ⓝ 장애

0804 **homeless**
[hóumlis]

ⓐ 노숙자의

The volunteers provided meals to the **homeless**.
자원봉사자들은 **노숙자들**에게 식사를 제공했다.

영영 being without a house to live (살 집이 없는)

★ home(집) + (ess(~이 없는) → 집이 없는 → 노숙자의

0805 **human**
[hjúːmən]

ⓐ 인간의 ⓝ 인간

human behavior **인간의** 행동
All **humans** are equal. 모든 **인간**은 평등하다.

사고와 문제

0806 **accident**
[æksidənt]

ⓝ 사고

traffic **accident** 교통사고
Many people were injured in the **accident**.
많은 사람들이 그 **사고**로 부상을 입었다.

0807 fault
[fɔ:lt]

ⓝ 1 잘못　2 결점

The accident is not your **fault**, so don't cry.
그 사고는 네 **잘못**이 아니야. 그러니 울지 마.

Her only **fault** is her laziness.
그녀의 유일한 **결점**은 게으름이다.

📖 1 a problem or a mistake caused by a person
(누군가로 인해 생긴 문제나 실수)

0808 cheat
[tʃi:t]

ⓥ 1 속이다　2 부정행위를 하다

The salesman tried to **cheat** me.
그 판매원은 나를 **속이려고** 했다.

Don't **cheat** on the test.
시험에서 **부정행위를 하지** 마라.

0809 steal
[sti:l]
steal–stole–stolen

ⓥ 훔치다, 도둑질하다

You shouldn't **steal** from others even though you're hungry.
배가 고프더라도 다른 사람들의 것을 **도둑질해서는** 안 된다.

0810 thief
[θi:f]

ⓝ 도둑　= robber 강도

The **thief** tried to get inside the house.
도둑은 집 안으로 들어가려고 시도했다.

✪ thieves (복수형)

0811 serious
[síriəs]

ⓐ 1 심각한　2 진지한

The number of **serious** crimes increased last year.
작년에 **심각한** 범죄의 수가 증가했다.

have a **serious** talk　**진지한** 대화를 하다

➕ seriously ⓐⓓ 심각하게; 진지하게

0812 violent
[váiələnt]

ⓐ 폭력적인

Some students participated in the **violent** protest.
일부 학생들이 **폭력적인** 시위에 참가했다.

➕ violence ⓝ 폭력

0813 murder
[mə́:rdər]

ⓝ 살인　ⓥ 살해하다

Murder is a violent crime.
살인은 폭력 범죄이다.

She was **murdered** by her husband.
그녀는 남편에게 **살해당했다**.

➕ murderer ⓝ 살인범

PLAN
12

0814 **risk**
[risk]

ⓝ 위험　ⓔdanger　ⓥ ~을 위태롭게 하다[걸다]

the **risk** of serious accidents　심각한 사고의 **위험**
She **risked** her life to save her son.
그녀는 자신의 아들을 구하기 위해서 목숨을 **내걸었다**.

➕ risky ⓐ 위험한

바람직한 사회

0815 **proper**
[prɑ́:pər]

ⓐ 적절한, 제대로 된

This will be a **proper** solution to the problem.
이것은 그 문제에 대한 **적절한** 해결책이 될 것이다.

a **proper** education　**적절한** 교육

➕ properly ⓐd 제대로, 적절히

0816 **fair**
[feər]

ⓐ 1 타당한　2 공평한, 공정한　↔unfair 불공평한

a **fair** price　**타당한[적당한]** 가격
The judge must be **fair** to all.
판사는 모두에게 **공평해야** 한다.

➕ fairness ⓝ 공정성

0817 **trust**
[trʌst]

ⓝ 신뢰　ⓥ 신뢰하다

I have **trust** in you.　저는 당신에 대한 **신뢰**가 있습니다.
It is important to **trust** each other.
서로를 **신뢰하는** 것이 중요하다.

0818 **safe**
[seif]

ⓐ 안전한　↔dangerous 위험한

It is not **safe** to go out in the dark.
어두울 때 밖에 나가는 것은 **안전하지** 않다.

➕ safety ⓝ 안전

0819 **opportunity**
[ɑ̀:pərtjúːnəti]

ⓝ 기회

a golden **opportunity**　절호의 **기회**
The teacher gave me another **opportunity**.
선생님은 내게 또 한 번의 **기회**를 주셨다.

0820 **charity**
[tʃǽrəti]

ⓝ 1 자선　2 자선 단체

a **charity** event　**자선** 행사
We raised over $5,000 for local **charities**.
우리는 지역 **자선 단체**들을 위해 5,000달러 이상을 모았다.

Daily Check-up

A 빈칸에 알맞은 우리말 뜻 또는 영어 단어를 써넣어 워드맵을 완성하시오.

1 _____
사회

2 _____
problem

사회 약자

3 _____
장애를 가진

4 _____
homeless

5 _____
인간의; 인간

바람직한 사회

15 _____
proper

16 _____
타당한; 공평한

17 _____
safe

18 _____
신뢰; 신뢰하다

19 _____
charity

20 _____
기회

PLAN
12

사고와 문제

6 _____
사고

7 _____
fault

8 _____
속이다

9 _____
thief

10 _____
훔치다, 도둑질하다

11 _____
심각한; 진지한

12 _____
violent

13 _____
살인; 살해하다

14 _____
risk

B 우리말을 참고하여, 문장을 완성하시오. (필요하면 단어 형태를 바꾸시오.)

1 Many people were injured in the _____.
많은 사람들이 그 사고로 부상을 입었다.

2 The teacher gave me another _____.
선생님은 내게 또 한 번의 기회를 주셨다.

3 We will increase services for the _____.
우리는 장애인들을 위한 서비스를 늘릴 것이다.

4 Some students participated in the _____ protest.
일부 학생들이 폭력적인 시위에 참가했다.

5 You shouldn't _____ from others even though you're hungry.
배가 고프더라도 다른 사람들의 것을 도둑질해서는 안 된다.

Day 42 법과 규칙

0821 **law**
[lɔː]

ⓝ 법

There are **laws** in every country.
모든 나라에는 **법**이 존재한다.

영명 rules that people in a country have to follow
(한 나라의 국민들이 따라야 하는 규칙)

법과 규칙 준수

0822 **follow**
[fɑ́ːlou]

ⓥ 1 (뒤를) 따라가다   2 뒤를 잇다   3 (지시 등을) 따르다

The dog is **following** me. 개가 나를 **따라오고** 있다.

The cooking class is **followed** by lunch.
요리 수업 **뒤에** 점심 식사가 **있다**.

Please **follow** the safety instructions.
안전 지시에 **따라주세요**.

0823 **rule**
[ruːl]

ⓝ 규칙   ⓥ 통치하다, 지배하다

The police asked us to follow the **rules**.
경찰은 우리에게 **규칙**을 따르라고 요청했다.

The country was once **ruled** by France.
그 나라는 한때 프랑스에 **통치를 받았다**.

0824 **necessary**
[nésəsèri]

ⓐ 필요한, 필수의   ↔ unnecessary 불필요한

It's **necessary** to know the traffic laws.
교통법을 아는 것이 **필요하다**.

0825 **control**
[kəntróul]

ⓥ 통제하다, 지배하다   ⓝ 통제, 지배

The police **controlled** traffic in the town.
경찰은 마을의 교통을 **통제했다**.

The soldiers took **control** of the city.
군인들이 그 도시를 **장악했다**.

숙 take control of ~: ~을 장악[지배]하다

0826 **permit**
[pərmít]

ⓥ 허용하다   ＝ allow   ↔ forbid 금지하다

Photos are not **permitted** inside the temple.
사진은 사원 안에서 **허용되지** 않는다.

➕ permission ⓝ 허락, 허가

0827 guard
[gɑ:rd]

ⓝ 경비 요원　ⓥ 지키다, 보호하다　⊜ protect

The **guard** went off duty, so nobody is here.
경비원이 퇴근해서 이곳에는 아무도 없다.

Police officers **guarded** the building.
경찰관들이 그 건물을 **지켰다.**

범죄 증거

0828 notice
[nóutis]

ⓥ 알아채다, 인지하다　ⓝ 신경 씀, 알아챔

He **noticed** something bad had happened.
그는 무언가 나쁜 일이 일어났다는 것을 **알아챘다.**

I didn't take **notice** of my doctor's advice.
나는 의사 선생님의 충고에 **신경** 쓰지 않았다.

0829 proof
[pru:f]

ⓝ 증거

I have **proof** that he stole my car.
나는 그가 내 차를 훔쳤다는 **증거**를 가지고 있다.

영영 a fact or information that shows something is true or
correct (무엇인가가 사실이거나 맞다고 보여 주는 사실이나 정보)

➕ prove ⓥ 증명하다

0830 evidence
[évidəns]

ⓝ 증거

clear **evidence**　명백한 **증거**

Do you have any **evidence** that he murdered her?
당신은 그가 그녀를 살인했다는 **증거**를 갖고 있습니까?

영영 something that makes you believe that something is true
or exists (무언가가 맞거나 존재한다고 당신을 믿게 만드는 어떤 것)

➕ proof와 evidence는 둘 다 바꿔서 사용할 수 있지만, proof는 의심할 여
지가 없는 결정적인 증거를 나타낸다.

0831 scene
[si:n]

ⓝ 1 (사건의) 현장　2 (영화·책 등의) 장면

The police looked around the crime **scene**.
경찰은 범죄 **현장**을 둘러봤다.

an impressive **scene** in a movie　영화에서 인상적인 **장면**

0832 innocent
[ínəsənt]

ⓐ 1 무죄인　2 순진한

He was declared **innocent**.
그는 **무죄**를 선고받았다.

0833 look into

조사하다　⊜ investigate

The police **looked into** the matter carefully.
경찰은 그 문제를 꼼꼼히 **조사했다.**

0834 **commit**
[kəmít]

ⓥ (죄·과실 등을) 저지르다, 범하다

My neighbor **committed** a crime.
내 이웃이 범죄를 저질렀다.

영영 to do something bad or illegal (나쁘거나 불법적인 것을 하다)

0835 **break**
[breik]
break-broke-broken

ⓥ 1 깨다, 부수다 2 고장 내다 3 어기다 ↔ follow 따르다

break the window 창문을 깨다
Her phone was **broken**. 그녀의 전화기가 고장이 났다.
He **broke** the law again. 그는 법을 다시 어겼다.

0836 **suspect**
ⓝ [sʌ́spèkt]
ⓥ [səspékt]

ⓝ 용의자 ⓥ 의심하다

There are only two **suspects** remaining.
이제 용의자 2명만 남았다.

Why do you **suspect** that he broke the window?
왜 너는 그가 창문을 깼다고 의심하니?

0837 **guilty**
[gílti]

ⓐ 1 유죄의 ↔ innocent 무죄의 2 죄책감을 느끼는

The man refused to admit that he was **guilty**.
그 남자는 자신이 유죄라는 것을 인정하는 것을 거부했다.

I felt **guilty** about cheating on the test.
나는 시험에서 부정행위를 한 것에 죄책감을 느꼈다.

0838 **fine**
[fain]

ⓝ 벌금

You have to pay a large **fine** for speeding.
속도위반을 하면 많은 벌금을 내야 한다.

영영 an amount of money one pays for breaking a law
(법을 어긴 것에 지불해야 하는 돈)

0839 **punish**
[pʌ́niʃ]

ⓥ 처벌하다, 벌주다

The murderer was caught and **punished**.
그 살인자는 잡혀서 처벌되었다.

The mother **punished** her child for lying.
엄마는 아이가 거짓말을 해서 벌을 주었다.

➕ punishment ⓝ 벌, 처벌

0840 **prison**
[prízn]

ⓝ 교도소, 감옥

She was sent to **prison** for 2 years.
그녀는 2년형으로 교도소에 수감되었다.

➕ prisoner ⓝ 죄수

Daily Check-up

A 빈칸에 알맞은 우리말 뜻 또는 영어를 써넣어 워드맵을 완성하시오.

1 _____ 법

법과 규칙 준수

2 _____ rule

3 _____ 따라가다; 따르다

4 _____ 필요한, 필수의

5 _____ control

6 _____ 허용하다

7 _____ guard

범죄 증거

8 _____ notice

9 p _____ 증거

10 _____ evidence

11 _____ 현장; 장면

12 _____ look into

13 _____ 무죄인; 순진한

법 위반

14 _____ 저지르다, 범하다

15 _____ break

16 _____ 용의자; 의심하다

17 _____ guilty

18 _____ 벌금

19 _____ punish

20 _____ 교도소, 감옥

PLAN
12

B 우리말을 참고하여, 문장을 완성하시오. (필요하면 단어 형태를 바꾸시오.)

1 The cooking class is _____ by lunch.
요리 수업 뒤에 점심 식사가 있다.

2 Photos are not _____ inside the temple.
사진은 사원 안에서 허용되지 않는다.

3 I didn't take _____ of my doctor's advice.
나는 의사 선생님의 충고에 신경 쓰지 않았다.

4 Why do you _____ that he broke the window?
왜 너는 그가 창문을 깼다고 의심하니?

5 Do you have any _____ that he murdered her?
당신은 그가 그녀를 살인했다는 증거를 갖고 있습니까?

Day 43 도덕 예절

0841 **manner**

[mǽnər]

ⓝ 1 (일의) 방식 2 태도 3 (복수로) 예의

The work was done in the proper **manner**.
그 일은 적절한 **방식**으로 완료되었다.

a friendly **manner** 호의적인 **태도**

The child had good table **manners**.
그 아이는 바른 식사 **예절**을 가지고 있었다.

🖐 have good manners 예의가 바르다

0842 **etiquette**

[étikət]

ⓝ 예의

You need to take **etiquette** lessons.
너는 **예절** 교육을 받아야 한다.

💬 manner: 모든 사람이 갖춰야 할 일반적인 예의범절
etiquette: 특정 집단이나 특정 상황에서의 예의 바른 행동에 대한 규칙

호의와 용기

0843 **gentle**

[ʤéntl]

ⓐ 온화한, 부드러운 ⹀kind

He talked to us in a **gentle** voice.
그는 **부드러운** 목소리로 우리에게 말했다.

➕ gently ⓐⓓ 부드럽게

0844 **favor**

[féivər]

ⓝ 1 친절한 행위; 부탁 2 찬성

I would like to ask a **favor** of you.
당신에게 **부탁** 하나 하고 싶은데요.

They are in **favor** of the law.
그들은 그 법에 **찬성**한다.

🖐 in favor of ~에 찬성[지지]하여

0845 **polite**

[pəláit]

ⓐ 예의 바른, 정중한 ⟷impolite 무례한

Be **polite** to your elders.
어르신들에게 **정중하게** 행동하세요.

➕ politely ⓐⓓ 예의 바르게, 공손히

0846 **thank**

[θæŋk]

ⓥ 감사하다, 감사를 표하다

Amy **thanked** her classmates for their presents.
Amy는 반 친구들에게 그들의 선물에 **감사를 전했다**.

➕ thankful ⓐ 감사하는

0847　warmhearted
[wɔ́ːrmhɑ̀ːrtid]

ⓐ 마음이 따뜻한, 친절한　↔ coldhearted 냉담한

Mother Teresa was a **warmhearted** person.
테레사 수녀는 **마음이 따뜻한** 사람이었다.

0848　courage
[kɔ́ːridʒ]

ⓝ 용기　⊜ bravery

If you have **courage**, you'll succeed.
용기를 가지면 너는 성공할 거야.

➕ courageous ⓐ 용감한

바른 행실

0849　behave
[bihéiv]

ⓥ 행동하다, 처신하다

The father **behaved** like a happy child in front of his children.
아버지는 자녀들 앞에서 즐거운 아이처럼 **행동했다**.

🔤 to act in a certain way (특정한 방식으로 행동하다)

0850　behavior
[bihéivjər]

ⓝ 행동

good / bad **behavior** 좋은/나쁜 **행동**
Think about how your **behavior** can affect others.
너의 **행동**이 다른 사람들에게 어떻게 영향을 줄 수 있는지 생각해 봐라.

0851　share
[ʃeər]

ⓥ 1 함께 쓰다　2 나누다

He **shares** the car with his wife.
그는 자신의 아내와 차를 **같이 쓴다**.

The girl **shared** her chocolate bar with her friends.
그 여자아이는 초콜릿 바를 친구들과 **나눠 먹었다**.

0852　support
[səpɔ́ːrt]

ⓥ 1 지지하다　2 지원하다　ⓝ 1 지지　2 지원

I strongly **support** your decision.
나는 너의 결정을 강력하게 **지지해**.

The charity **supports** the homeless.
그 자선 단체는 노숙자들을 **지원한다**.

Thank you for your **support** and love.
여러분의 **지지**와 애정에 감사드립니다.

0853　praise
[preiz]

ⓥ 칭찬하다　↔ criticize 비판하다　ⓝ 칭찬

Parents should **praise** their children for their good behavior.
부모는 아이의 바른 행동에 대해 **칭찬해줘야** 한다.

win [receive] **praise** 칭찬을 받다

0854 respect
[rispékt]

ⓝ 존경　ⓥ 존경하다

The soldier showed a lot of **respect** for his grandfather.
군인은 자신의 할아버지에 대해 많은 **존경**을 표했다.

The teacher is **respected** by her students.
그 선생님은 학생들에게 **존경을 받는다.**

➕ respectful ⓐ 존경심을 보이는, 공손한

0855 deserve
[dizə́:rv]

ⓥ ～을 받을 만하다, ～을 누릴 자격이 있다

She **deserves** a lot of praise.
그녀는 칭찬을 많이 **받을 만하다.**

You **deserve** to go on a long vacation.
당신은 긴 휴가를 떠날 **자격이 있다.**

사과와 용서

0856 apologize
[əpɑ́:lədʒàiz]

ⓥ 사과하다

The Germans sincerely **apologized** to the Jews.
독일인들은 유대인들에게 진심으로 **사과했다.**

➕ apology ⓝ 사과

0857 pity
[píti]

ⓝ 연민, 동정(심)

She felt **pity** for the homeless old man.
그녀는 노숙하는 노인에게 **동정심**을 느꼈다.

➕ pitiful ⓐ 측은한, 가련한

0858 excuse
ⓝ [ikskjú:s]
ⓥ [ikskjú:z]

ⓝ 변명　ⓥ (실수나 잘못 등을) 용서하다

What's your **excuse** for not doing your homework?
숙제를 하지 않은 너의 **변명**은 뭐니?

Please **excuse** my brother.
제 남동생을 **용서해주세요.**

0859 forgive
[fərgív]
forgive-forgave-
forgiven

ⓥ 용서하다

The king wanted to **forgive** the prince, but he couldn't.
왕은 왕자를 **용서하고** 싶었지만, 그럴 수 없었다.

➕ forgiveness ⓝ 용서

0860 pardon
[pɑ́:rdn]

ⓝ 용서　ⓥ 용서하다

I beg your **pardon**.
죄송합니다. / (말을 못 알아들었을 때) 뭐라고요?

Pardon me for being late.　늦어서 죄송합니다.

Daily Check-up

학습 Check	MP3 듣기	본문 학습	Daily Check-up	누적 테스트 Days 42-43	Review Test

A 빈칸에 알맞은 우리말 뜻 또는 영어 단어를 써넣어 워드맵을 완성하시오.

1 _____ 2 _____
예의   manner

호의와 용기

3 _____
친절한 행위; 찬성

4 _____
gentle

5 _____
예의 바른, 정중한

6 _____
thank

7 _____
마음이 따뜻한

8 _____
courage

바른 행실

9 _____
행동하다, 처신하다

10 _____
behavior

11 _____
함께 쓰다; 나누다

12 _____
support

13 _____
존경; 존경하다

14 _____
praise

15 _____
~을 받을 만하다

사과와 용서

16 _____
사과하다

17 _____
pity

18 _____
변명; 용서하다

19 _____
forgive

20 p _____
용서; 용서하다

B 우리말을 참고하여, 문장을 완성하시오. (필요하면 단어 형태를 바꾸시오.)

1 The child had good table _____.
그 아이는 바른 식사 예절을 가지고 있었다.

2 Mother Teresa was a _____ person.
테레사 수녀는 마음이 따뜻한 사람이었다.

3 Thank you for your _____ and love.
여러분의 지지와 애정에 감사드립니다.

4 The king wanted to _____ the prince, but he couldn't.
왕은 왕자를 용서하고 싶었지만, 그럴 수 없었다.

5 The father _____ like a happy child in front of his children.
아버지는 자녀들 앞에서 즐거운 아이처럼 행동했다.

A 들려주는 영어 단어를 쓴 후 우리말 뜻을 쓰시오.

영단어	뜻	영단어	뜻
1		2	
3		4	
5		6	
7		8	
9		10	
11		12	
13		14	
15		16	
17		18	
19		20	

B 다음 영영 풀이에 해당하는 알맞은 단어를 골라 쓰시오.

> fine   behave   treasure   proof   fault   law

1 to act in a certain way _____

2 valuable objects like gold and silver _____

3 rules that people in a country have to follow _____

4 a problem or a mistake caused by a person _____

5 an amount of money one pays for breaking a law _____

6 a fact or information that shows something is true or correct _____

C 밑줄 친 단어의 동의어(=) 또는 반의어(↔)를 골라 쓰시오.

criticized   robber   followed   beginning

1 A <u>thief</u> broke into our house yesterday.   = _____

2 Do you know the <u>origin</u> of the language?   = _____

3 He was <u>praised</u> for his wonderful paintings.   ↔ _____

4 The student never <u>broke</u> the school rules.   ↔ _____

D 다음 그림을 보고, 해당하는 단어와 연결하시오.

1    **2**   **3**   **4**

·   ·   ·   ·

·   ·   ·   ·

temple   homeless   palace   prison

E 다음을 읽고, 빈칸에 알맞은 단어를 우리말을 참고하여 쓰시오.

1 She is very nice and has good _____s.
그녀는 아주 친절하고 **예의**가 바르다.

2 I feel _____ed to have a family that loves me.
나를 사랑해주는 가족이 있어서 나는 **축복받았다고** 느낀다.

3 It took about a(n) _____ to find the hidden treasure.
숨겨진 보물을 찾는 데 약 **100년**이 걸렸다.

4 He was _____ed for not cleaning up his messy room.
그는 자신의 더러운 방을 치우지 않아서 **벌을 받았다**.

PLAN 13
산업과 경제

farming 농사, 농업
fishing 낚시; 어업
factory 공장

office 사무실
labor 노동
businessman 사업가

산업

직장과
직업

산업과
경제

소비와
저축

savings 저축, 저금
export 수출하다; 수출(품)
consume 소비하다

Day **44** 산업

0861 **industry**
[índəstri]

ⓝ 산업, 공업

the tourist **industry** 관광 산업
I work in the fashion **industry**.
나는 패션 **산업**에 종사한다.

➕ industrial ⓐ 산업의, 공업의

농업

0862 **farming**
[fá:rmiŋ]

ⓝ 농사, 농업

organic **farming** 유기 **농업**
This land is good for **farming**. 이 땅은 **농사**에 좋다.

➕ farm ⓝ 농장 ⓥ 농사를 짓다

0863 **field**
[fi:ld]

ⓝ 밭

The farmers are working in the **field**.
농부들이 밭에서 일을 하고 있다.

영장 an area of land used for farming (농사를 위해 사용되는 땅)

0864 **grow**
[grou]
grow-grew-grown

ⓥ 1 커지다, 증가하다 2 (사람·동물이) 자라다 3 재배하다

Social networks have **grown** fast.
소셜 네트워크(사회 연결망)가 빠르게 **증가했다**.
I **grew** up in London. 나는 런던에서 **자랐다**.
I plan to **grow** carrots and tomatoes in my garden.
나는 정원에서 당근과 토마토를 **재배할** 계획이다.

0865 **raise**
[reiz]

ⓥ 1 (들어) 올리다 2 기르다 3 (돈을) 모으다

Please **raise** your hand. 손을 **들어** 주세요.
I'm going to **raise** chickens on my farm.
나는 농장에서 닭을 **기를** 예정이다.
raise money for charity 자선 **모금을 하다**

0866 **crop**
[krɑ:p]

ⓝ 농작물

What kinds of **crops** should be planted here?
이곳에 어떤 종류의 **농작물**을 심어야 하나요?

0867 rice
[rais]

ⓝ 쌀; 밥

Rice is the main crop in many Asian countries.
쌀은 많은 아시아 국가들에서 주요 농작물이다.

cook **rice** 밥을 짓다

0868 wheat
[wiːt]

ⓝ 밀

wheat flour 밀가루
We grow **wheat** on our farm.
우리는 농장에서 **밀**을 재배한다.

0869 orchard
[ɔ́ːrtʃərd]

ⓝ 과수원

We are going to visit our grandma's apple **orchard**.
우리는 할머니 댁의 사과 **과수원**을 방문할 예정이다.

영영 a place where fruit trees are grown (과일나무가 자라는 곳)

PLAN 13

0870 harvest
[hɑ́ːrvist]

ⓝ 수확; 수확량   ⓥ 수확하다

The **harvest** is good this year.
올해 **수확량**이 좋다.

My grandfather has been **harvesting** grapes for 30 years.
우리 할아버지는 30년간 포도를 **수확하고** 계신다.

영영 ⓥ to gather a crop (농작물을 거두워들이다)

어업

0871 fishing
[fíʃiŋ]

ⓝ 낚시; 어업

a **fishing** boat 낚싯배, 어선
Do you want to go **fishing** this evening?
너는 오늘 저녁에 **낚시**하러 가고 싶니?

0872 net
[net]

ⓝ 망, 그물

fishing **net** 어망
Should we cast a **net** here? 여기에 **망**을 던질까요?

숙어 cast a net 망을 던지다

0873 salmon
[sǽmən]

ⓝ 연어

wild **salmon** 자연산 **연어**
Salmon swim upstream.
연어는 물살을 거슬러 헤엄친다.

0874 shrimp
[ʃrimp]

ⓝ 새우

Shrimp live in rivers, lakes, and oceans.
새우는 강, 호수, 바다에 서식한다.

제조업 · 공업

0875 factory
[fǽktəri]

ⓝ 공장

a car **factory** 자동차 **공장**

The **factory** was shut down last year.
그 **공장**은 작년에 문을 닫았다.

영명 a building where goods are made
(상품이 만들어지는 건물)

0876 produce
[prədúːs]

ⓥ 생산하다

The factory **produces** thousands of phones each day.
그 공장은 하루에 수천 대의 전화기를 **생산한다**.

➕ production ⓝ 생산

0877 product
[prɑ́ːdʌkt]

ⓝ 상품, 제품 ⊜ goods

meat **product** 육류 **제품**

Would you like to see our new **product**?
저희 신**제품**을 한번 보시겠습니까?

0878 business
[bíznəs]

ⓝ 1 사업, 장사 2 업무

How is your **business** going?
요즘 당신의 **사업**은 어떤가요?

She went to Beijing on **business**.
그녀는 **업무**차 베이징에 갔다.

0879 set up

1 ~을 시작하다 2 ~을 세우다

I will **set up** a new business in Brazil.
나는 브라질에서 새로운 사업을 **시작할** 것이다.

set up a museum 박물관을 **세우다**

0880 major
[méidʒər]

ⓐ 주요한, 중대한 ↔minor 중요하지 않은 ⓥ 전공하다

Burger King is a **major** fast-food chain.
버거킹은 **주요** 패스트푸드 체인이다.

a **major** problem **중대한** 문제

She **majored** in law. 그녀는 법을 **전공했다**.

Daily Check-up

A 빈칸에 알맞은 우리말 뜻 또는 영어를 써넣어 워드맵을 완성하시오.

1 _____
산업, 공업

농업

2 _____
농사, 농업

3 _____
orchard

4 _____
field

5 _____
자라다; 재배하다

6 _____
raise

7 _____
수확(량); 수확하다

8 _____
농작물

9 _____
rice

10 _____
밀

제조업·공업

15 _____
공장

16 _____
produce

17 _____
상품, 제품

18 _____
business

19 _____
주요한; 전공하다

20 _____
set up

어업

11 _____
낚시; 어업

12 _____
net

13 _____
연어

14 _____
shrimp

PLAN **13**

B 우리말을 참고하여, 문장을 완성하시오. (필요하면 단어 형태를 바꾸시오.)

1 I will _____ a new business in Brazil.
나는 브라질에서 새로운 사업을 시작할 것이다.

2 What kinds of _____ should be planted here?
이곳에 어떤 종류의 농작물을 심어야 하나요?

3 We are going to visit our grandma's apple _____.
우리는 할머니 댁의 사과 과수원을 방문할 예정이다.

4 My grandfather has been _____ grapes for 30 years.
우리 할아버지는 30년간 포도를 수확하고 계신다.

5 The factory _____ thousands of phones each day.
그 공장은 하루에 수천 대의 전화기를 생산한다.

Day 45 직장과 직업

0881 **company**
[kʌ́mpəni]

ⓝ 회사

I worked for only one **company** during my lifetime.
나는 한평생 한 **회사**에서만 일을 했다.

Amazon is one of the biggest **companies** in the world.
Amazon은 세계에서 가장 큰 **회사들** 중 하나이다.

0882 **job**
[dʒɑːb]

ⓝ 직장, 일, 일자리

apply for a **job** 직장[일자리]에 지원하다
The **job** paid little, so I quit.
그 **직장**은 임금이 낮아서 나는 그만두었다.

직장

0883 **office**
[ɑ́ːfəs]

ⓝ 사무실, 사무소

My **office** is downstairs.
내 **사무실**은 아래층이다.

an **office** job 사무직

➕ official ⓐ 직무상의, 공식적인

0884 **offer**
[ɑ́ːfər]

ⓝ 제안, 제의　ⓥ 1 제안하다　2 제공하다

accept a job **offer** 일자리 **제안**을 받아들이다

My son was **offered** a job at Google.
내 아들은 구글에서 일자리를 **제안받았다**.

offer advice and support 조언과 지지를 **제공하다**

0885 **hire**
[háiər]

ⓥ 고용하다　⟷ fire 해고하다

The company **hired** me for the project.
그 회사는 그 프로젝트에 나를 **고용했다**.

0886 **salary**
[sǽləri]

ⓝ 월급, 급여

Are you satisfied with your **salary**?
당신의 **급여**에 만족하나요?

She gets a high **salary**. 그녀는 높은 **급여**를 받는다.

영영 money you receive from your company, usually every month (보통 매달 회사에서 받는 돈)

일과 경력

0887 labor
[léibər]

🔵 노동 ⊜ work

heavy **labor** 중**노동**(육체적으로 힘이 드는 일)
How many hours of **labor** does this job require?
이 일은 몇 시간의 **노동**을 요하나요?

0888 experience
[ikspíəriəns]

🔵 경험, 경력

learn from **experience** **경험**을 통해 배우다
We are looking for someone with at least 3 years of **experience**.
우리는 최소 3년의 **경력**이 있는 사람을 찾고 있습니다.

🔠 knowledge or skill that one gets from doing a job or from doing or seeing something (일을 해서 얻거나 무언가를 하거나 본 것을 통해 얻은 지식이나 기술)

0889 skill
[skil]

🔵 숙련; 기술

Do you have computer **skills**?
당신은 컴퓨터 활용 **기술**을 갖고 있나요?

🔠 the ability to do something that one gets from one's experience or practice (경험이나 연습을 통해 얻은 무언가를 할 수 있는 능력)

0890 successful
[səksésfəl]

🅰 성공한, 성공적인

Her first project was **successful**.
그녀의 첫 프로젝트는 **성공적**이었다.

He is a **successful** farmer. 그는 **성공한** 농부이다.

➕ successfully 〔ad〕 성공적으로 | success 🔵 성공

다양한 직업

0891 hairdresser
[héərdrèsər]

🔵 미용사

My aunt works as a **hairdresser** in Tokyo.
우리 이모는 도쿄에서 **미용사**로 일하고 계신다.

🔍 남자 머리를 이발하는 이발사는 barber이다.

0892 dentist
[déntist]

🔵 치과 의사

Most children are afraid of **dentists**.
대부분의 아이들은 **치과 의사들**을 무서워한다.

➕ dental ⓐ 이의; 치과의
🔍 cf. physician 내과 의사, surgeon 외과 의사

| 0893 | **baker**
[béikər] | | n 제빵사 |

The **baker** bakes the most delicious baguettes.
그 **제빵사**는 가장 맛있는 바게트를 굽는다.

➕ bake ⓥ (빵 등을) 굽다

| 0894 | **actor**
[æktər] |

n 배우　↔ actress 여배우

The **actor** played Shakespeare in the movie.
그 **배우**는 영화에서 셰익스피어 역을 연기했다.

➕ act ⓥ 행동하다; 연기하다　ⓝ 행동

| 0895 | **police officer**
[pəlíːs áːfisər] |

n 경찰관

The **police officer** helped me find my dog.
경찰관은 내 강아지를 찾는 데 도와주었다.

| 0896 | **soldier**
[sóuldʒər] |

n 군인

The wounded **soldier** cried out in pain.
부상을 입은 **군인**은 고통스러워 울부짖었다.

| 0897 | **businessman**
[bíznəsmæn] |

n 사업가, 경영인

The Johnson family has some of the leading
businessmen in the city.
존슨 가문은 도시에서 활동하는 몇몇 뛰어난 **사업가**를 일원으로 두고 있다.

영영 someone who works at a business, usually in a high
position (보통 높은 지위에 있는 사업체에서 일을 하는 사람)

| 0898 | **detective**
[ditéktiv] | |

n 탐정, 형사

The **detective** is searching for clues in the living room.
탐정은 거실에서 단서를 찾는 중이다.

➕ detect ⓥ 발견하다

| 0899 | **chef**
[ʃef] |

n 요리사

I'd like to thank the **chef** for the delicious meal.
맛있는 식사에 대해 **요리사**에게 감사를 드리고 싶습니다.

영영 a person whose job is to cook food in a restaurant or hotel
(레스토랑이나 호텔에서 음식을 만드는 직업을 가진 사람)

| 0900 | **driver**
[dráivər] |

n 운전자, 기사

The taxi **driver** went over the speed limit.
택시 **기사**는 제한 속도를 초과했다.

Daily Check-up

A 빈칸에 알맞은 우리말 뜻 또는 영어를 써넣어 워드맵을 완성하시오.

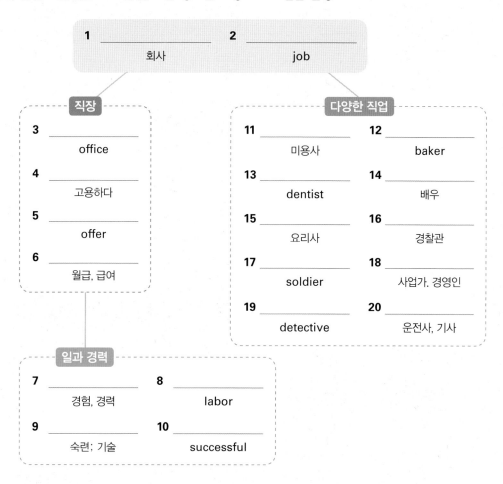

1 _____ 회사
2 _____ job

직장

3 _____ office
4 _____ 고용하다
5 _____ offer
6 _____ 월급, 급여

다양한 직업

11 _____ 미용사
12 _____ baker
13 _____ dentist
14 _____ 배우
15 _____ 요리사
16 _____ 경찰관
17 _____ soldier
18 _____ 사업가. 경영인
19 _____ detective
20 _____ 운전사, 기사

일과 경력

7 _____ 경험, 경력
8 _____ labor
9 _____ 숙련; 기술
10 _____ successful

B 우리말을 참고하여, 문장을 완성하시오. (필요하면 단어 형태를 바꾸시오.)

1 My son was _____ a job at Google.
내 아들은 구글에서 일자리를 제안받았다.

2 The company _____ me for the project.
그 회사는 그 프로젝트에 나를 고용했다.

3 The _____ helped me find my dog.
경찰관은 내 강아지를 찾는 데 도와주었다.

4 The _____ is searching for clues in the living room.
탐정은 거실에서 단서를 찾는 중이다.

5 We are looking for someone with at least 3 years of _____.
우리는 최소 3년의 경력이 있는 사람을 찾고 있습니다.

Day 46 소비와 저축

저축과 재산

0901 savings
[séiviŋz]

ⓝ 저축, 예금, 저금

How much money do you put in your **savings** account?
네 **저축** 예금 계좌에 돈을 얼마나 넣니?

🔖 savings account 저축 예금 계좌

📖 the amount of money that one has saved in a bank
(은행에 저축하는 돈)

0902 allowance
[əláuəns]

ⓝ 용돈

I receive a monthly **allowance** of $200.
나는 한 달 **용돈**으로 200달러를 받는다.

0903 fortune
[fɔ́ːrtʃən]

ⓝ 1 재산, 부   2 행운

Warren Buffet is giving away some of his **fortune**.
워런 버핏은 그의 **재산**의 일부를 기부하고 있다.
🔖 give away one's fortune 부(재산)를 기부하다

Fortune smiled on us yesterday.
어제 **행운**(의 여신)이 우리에게 미소지었다.

0904 wealthy
[wélθi]

ⓐ 부유한   = rich

Bill Gates is a **wealthy** businessman.
빌 게이츠는 **부유한** 사업가이다.

➕ wealth ⓝ 부, 재산

경제

0905 economy
[ikɑ́ːnəmi]

ⓝ 경제; 경기

What do you predict next year's market **economy** will be like?
내년 시장 **경제**가 어떨지 어떻게 예측하시나요?

➕ economic ⓐ 경제의 | economical ⓐ 경제적인; 알뜰한

0906 export
ⓥ [ikspɔ́ːrt]
ⓝ [ékspɔːrt]

ⓥ 수출하다   ⓝ 수출(품)

The company mainly **exports** products to the U.S.
그 회사는 주로 미국에 상품을 **수출한다**.

South Korea's **exports** will continue to grow.
한국의 **수출**은 계속 성장할 것이다.

🔍 ex(바깥으로) + port(나르다) → 바깥으로 물건을 나르다 → 수출하다

0907 import

ⓥ [impɔ́:rt]
ⓝ [ímpɔ:rt]

ⓥ 수입하다　ⓝ 수입(품)

The country has to **import** beef.
그 나라는 쇠고기를 **수입해야** 한다.

reduce / increase **imports** 수입을 줄이다 / 늘리다

🌀 im(안으로) + port(나르다) → 안으로 물건을 나르다 → 수입하다

0908 earn

[ə:rn]

ⓥ (돈을) 벌다　↔ spend 지출하다

How much did you **earn** last month?
지난달에 너는 얼마 **벌었니**?

📖 to get money for the work one does (한 일에 대한 돈을 받다)

0909 budget

[bʌ́dʒit]

ⓝ 예산

the family **budget** 가계 **예산**
I went over my **budget** by $100.
나는 **예산**을 100달러 초과했다.

0910 purpose

[pə́:rpəs]

ⓝ 목적

The **purpose** of this charity is to help poor children.
이 자선 단체의 **목적**은 가난한 아이들을 돕는 것이다.

She did it on **purpose**.　그녀는 **일부러** 그것을 했다.

🔖 on purpose 일부러

0911 lend

[lend]
lend-lent-lent

ⓥ 빌려주다

Nobody wanted to **lend** me any money.
그 누구도 나에게 돈을 **빌려주고** 싶어 하지 않았다.

0912 borrow

[bá:rou]

ⓥ 빌리다　↔ lend

I **borrowed** $5 from my brother.
나는 형에게 5달러를 **빌렸다**.

판매와 소비

0913 sale

[seil]

ⓝ 1 판매; (복수로) 매출(량)　2 할인 판매

Sales increase during the holiday season.
휴가 시즌 동안에는 **매출량**이 증가한다.

The department store is going to have a spring **sale** this week.
백화점은 이번 주에 봄 세일(**할인 판매**)을 할 것이다.

0914 **consume**

[kənsúːm]

ⓥ 소비하다; 소모하다

This refrigerator **consumes** too much energy.
이 냉장고는 너무 많은 에너지를 **소비한다**.

영영 to use time, energy, a product, etc. (시간, 에너지, 물건 등을 쓰다)

⊕ consumer ⓝ 소비자 | consumption ⓝ 소비

0915 **service**

[sə́ːrvis]

ⓝ 서비스, 봉사

The hotel will charge us for the **service**.
호텔은 우리에게 그 **서비스**에 대한 돈을 청구할 것이다.

0916 **effective**

[iféktiv]

ⓐ 효과적인 ⊜efficient 능률적인, 효율적인

an **effective** way to increase exports
수출을 증가시키기 위한 **효과적인** 방법

We need an **effective** sales plan.
우리는 **효과적인** 판매 계획이 필요하다.

⊕ effectively ad 효과적으로

0917 **discount**

[dískàunt]

ⓝ 할인 ⊜sale ⓥ 할인하다

We have an additional **discount** on shoe items.
신발 제품에는 추가 **할인**이 적용됩니다.

a **discounted** price **할인된** 가격

dis(반대로) + count(세다) → 반대로 세다 → 깎다, 할인하다

0918 **change**

[tʃeindʒ]

ⓝ 1 변화 2 거스름돈 ⓥ 변하다; 변화시키다

a **change** in sales 매출량의 **변화**

You can keep the **change**.
거스름돈은 가져도 됩니다.

The company **changed** its original plan.
그 회사는 기존의 계획을 **바꿨다**.

0919 **coin**

[kɔin]

ⓝ 동전

Put the **coins** in the piggy bank.
동전은 돼지 저금통에 넣어두세요.

0920 **bill**

[bil]

ⓝ 1 청구서; 계산서 2 지폐

Did you get the electricity **bill** this month?
이번 달에 전기 요금 **청구서**를 받았니?

I would like my change in $5 **bills**.
거스름돈을 5달러짜리 **지폐**로 받고 싶어요.

Daily Check-up

A 빈칸에 알맞은 우리말 뜻 또는 영어 단어를 써넣어 워드맵을 완성하시오.

소비와 저축

저축과 재산

1 _____
저축, 예금, 저금

2 _____
allowance

3 _____
재산, 부; 행운

4 _____
wealthy

경제

5 _____
경제; 경기

6 _____
export

7 _____
수입하다; 수입(품)

8 _____
earn

9 _____
목적

10 _____
budget

11 _____
빌려주다

12 _____
borrow

판매와 소비

13 _____
판매; 할인 판매

14 _____
consume

15 _____
서비스, 봉사

16 _____
effective

17 _____
할인; 할인하다

18 _____
bill

19 _____
거스름돈; 변하다

20 _____
coin

PLAN
13

B 우리말을 참고하여, 문장을 완성하시오. (필요하면 단어 형태를 바꾸시오.)

1 We need an _____ sales plan.
우리는 효과적인 판매 계획이 필요하다.

2 This refrigerator _____ too much energy.
이 냉장고는 너무 많은 에너지를 소비한다.

3 The company mainly _____ products to the U.S.
그 회사는 주로 미국에 상품을 수출한다.

4 The _____ of this charity is to help poor children.
이 자선 단체의 목적은 가난한 아이들을 돕는 것이다.

5 How much money do you put in your _____ account?
네 저축 예금 계좌에 돈을 얼마나 넣니?

A 들려주는 영어 단어를 쓴 후 우리말 뜻을 쓰시오.

영단어	뜻	영단어	뜻
1		2	
3		4	
5		6	
7		8	
9		10	
11		12	
13		14	
15		16	
17		18	
19		20	

B 다음 영영 풀이에 해당하는 알맞은 단어를 골라 쓰시오.

consume   salary   orchard   savings   skill   factory

1 a building where goods are made _____

2 a place where fruit trees are grown _____

3 to use time, energy, a product, etc. _____

4 the amount of money that one has saved in a bank _____

5 money you receive from your company, usually every month _____

6 the ability to do something that one gets from one's experience or practice _____

C 밑줄 친 단어의 동의어(=) 또는 반의어(↔)를 골라 쓰시오.

efficient　　fired　　rich　　minor

1 Jack became <u>wealthy</u> after he won the lottery.　=　_____

2 The system was <u>effective</u> at solving problems.　=　_____

3 A <u>major</u> problem occurred at the factory.　　　↔　_____

4 I was <u>hired</u> as the director of the Sales
Department.　　　　　　　　　　　　　　　　　↔　_____

D 다음 그림을 보고, 해당하는 단어와 연결하시오.

1  　 **2**  　 **3** 　 **4**

・　　　　　　・　　　　　　・　　　　　　・

・　　　　　　・　　　　　　・　　　　　　・

bill　　　　　　coin　　　　　　soldier　　　　hairdresser

E 다음을 읽고, 빈칸에 알맞은 단어를 우리말을 참고하여 쓰시오.

1 The _____ told me I had several cavities.
치과 의사는 나에게 충치가 여러 개 있다고 말했다.

2 I _____ed some books from the library.
나는 도서관에서 책 몇 권을 빌렸다.

3 He plans to donate half of his _____.
그는 자신의 재산의 반을 기부할 계획이다.

4 I had an interview before I was _____ed the new job.
새로운 일자리를 제안받기 전에 나는 면접을 봤다.

PLAN 14
과학과 환경

scientist 과학자
chemical 화학의; 화학 물질
discover 발견하다

automatic 자동의
software 소프트웨어
develop 발달시키다

과학

기술

과학과
환경

지구와
우주

환경

air 공기, 대기
astronaut 우주 비행사
planet 행성

energy 활기; 에너지
pollute 오염시키다
destroy 파괴하다

Day 47 과학

0921 **scientific**
[sàiəntífik]

ⓐ 과학의; 과학적인

scientific evidence 과학적인 증거
It is not a **scientific** way to deal with the problem.
그것은 그 문제를 다루는 데 **과학적인** 방법이 아니다.

➕ science ⓝ 과학

과학 연구

0922 **scientist**
[sáiəntist]

ⓝ 과학자

The **scientist** was working on an experiment.
과학자는 실험을 하는 중이었다.

0923 **researcher**
[risə́ːrtʃer]

ⓝ 연구원

Medical **researchers** study the causes of diseases.
의학 **연구원**들은 질병의 원인을 연구한다.

영영 a person who studies something to find out new things
(새로운 것을 발견하기 위해 무언가를 연구하는 사람)

➕ research ⓝ 연구 ⓥ 연구하다

0924 **laboratory**
[lǽbrətɔ̀ːri]

ⓝ 실험실

He went to the **laboratory** to carry out some research.
그는 연구를 하기 위해 **실험실**에 갔다.

a research **laboratory** 연구소

0925 **test**
[test]

ⓝ 시험, 검사 ⓥ 시험하다, 검사하다

Your doctor will carry out blood **tests**.
의사가 혈액 **검사**를 할 것입니다.

Scientists have **tested** the new device.
과학자들은 새로운 장치를 **시험했다**.

0926 **data**
[déitə / dǽtə]

BIGDATA

ⓝ 자료, 정보, 데이터

We have all the **data** on your health.
저희는 여러분의 건강에 대한 모든 **데이터**를 가지고 있습니다.

영영 information or facts about something (어떤 것에 대한 정보나 사실들)

❓ data는 datum의 복수형이지만, 동사는 단수와 복수형 모두 올 수 있다.

연구 과정

0927 basic
[béisik]

ⓐ 1 기본적인　2 기초적인

basic ideas **기본적인** 생각
We only have your **basic** health information.
저희는 당신의 **기본적인** 건강 정보만 있습니다.
basic English grammar **기초** 영문법

영영 1 being the most important part of something
(무언가의 가장 중요한 부분이 되는)

➕ **basically** ⓐⓓ 기본적으로, 근본적으로

0928 sample
[sǽmpəl]

ⓝ 샘플, 견본

a blood **sample** 혈액 **샘플**
The researcher tested a new **sample**.
연구원은 새로운 **견본**을 시험했다.

0929 chemical
[kémikəl]

ⓐ 화학의; 화학적인　ⓝ 화학 물질

We think there will be a **chemical** reaction.
우리는 **화학** 반응이 일어날 것이라고 생각한다.
dangerous **chemicals** 위험한 **화학 물질**

0930 element
[éləmənt]

ⓝ 1 요소, 성분　2 원소

Curiosity is an important **element** of scientific research.
호기심은 과학 연구의 중요한 **요소**이다.
a chemical **element** 화학 **원소**

0931 combine
[kəmbáin]

ⓥ 결합하다　⊜ mix

What happens if hydrogen and oxygen **combine**?
수소와 산소가 **결합하면** 어떤 일이 벌어질까?

➕ **combination** ⓝ 결합

0932 tube
[tu:b]

ⓝ 관

They collected blood samples in the test **tube**.
그들은 혈액 샘플을 시험**관**에 모았다.

영영 a long pipe for a liquid or gas to flow through
(액체나 기체가 흐를 수 있는 긴 관)

0933 consist
[kənsíst]

ⓥ (부분·요소로) 이루어져 있다

The research **consists** of several steps.
그 연구는 몇 가지 단계로 **이루어져 있다**.
Rocks **consist** of minerals. 바위는 광물로 **이루어져 있다**.

0934 form
[fɔ:rm]

ⓝ 1 종류 2 형태 ⓥ 형성되다

a **form** of art 예술의 한 **종류**

Ice is a solid **form** of water.
얼음은 물의 고체 **형태**이다.

Why does moss **form** in wet places?
왜 이끼는 축축한 곳에서 **형성되나요**?

연구 결과

0935 prove
[pru:v]

ⓥ 증명[입증]하다

The ancient Greeks **proved** that the world was round.
고대 그리스인들은 세상이 둥글다는 것을 **증명했다**.

➕ proof ⓝ 증거

0936 result
[rizʎlt]

ⓝ 결과 ⓥ (~의 결과로) 생기다

The scientist explained the **results** of his experiment.
그 과학자는 자신의 실험 **결과**를 설명했다.

A flood **results** from days of heavy rain.
홍수는 수일간의 폭우로 **생긴다**.

0937 specific
[spəsífik]

ⓐ 구체적인, 명확한 ⟷ general 일반적인

We need **specific** details on how the robot works.
그 로봇이 어떻게 작동하는지에 대해 우리는 **구체적인** 세부 사항이 필요하다.

0938 come up with

~을 생각해내다

come up with an answer 답을 **찾아내다**

The Wright brothers **came up with** the first airplane.
라이트 형제는 최초의 비행기를 **생각해냈다**.

0939 discover
[diskʎvər]

ⓥ 발견하다 ＝ find out

Alexander Fleming **discovered** penicillin.
알렉산더 플레밍은 페니실린을 **발견했다**.

➕ discovery ⓝ 발견

0940 invent
[invént]

ⓥ 발명하다

Edison **invented** the record player.
에디슨은 레코드플레이어(전축)를 **발명했다**.

영영 to create something for the first time
(처음으로 무언가를 만들어내다)

➕ invention ⓝ 발명(품)

Daily Check-up

A 빈칸에 알맞은 우리말 뜻 또는 영어를 써넣어 워드맵을 완성하시오.

1 _____ 과학의; 과학적인

과학 연구

2 _____ scientist

3 _____ 연구원

4 _____ laboratory

5 _____ 자료, 정보, 데이터

6 _____ test

연구 과정

7 _____ 샘플, 견본

8 _____ basic

9 _____ 화학의; 화학 물질

10 _____ element

11 _____ 결합하다

12 _____ tube

13 _____ 이루어져 있다

14 _____ form

연구 결과

15 _____ 증명[입증]하다

16 _____ result

17 _____ ~을 생각해내다

18 _____ 발견하다

19 _____ invent

20 _____ specific

PLAN
14

B 우리말을 참고하여, 문장을 완성하시오. (필요하면 단어 형태를 바꾸시오.)

1 We think there will be a _____ reaction.
우리는 화학 반응이 일어날 것이라고 생각한다.

2 It is not a _____ way to deal with the problem.
그것은 그 문제를 다루는 데 과학적인 방법이 아니다.

3 The ancient Greeks _____ that the world was round.
고대 그리스인들은 세상이 둥글다는 것을 증명했다.

4 Curiosity is an important _____ of scientific research.
호기심은 과학 연구의 중요한 요소이다.

5 We need _____ details on how the robot works.
그 로봇이 어떻게 작동하는지에 대해 우리는 구체적인 세부 사항이 필요하다.

Day 48 기술

0941 **technology**
[teknάːlədʒi]

ⓝ (과학) 기술

Technology has made our lives easier.
기술은 우리의 삶을 더 편하게 만들었다.

➕ technological ⓐ (과학) 기술의

기계와 기술

0942 **technique**
[tekníːk]

ⓝ 기법　≡ method

a new 3D printing **technique**
새로운 3D 프린트 **기법**

The farmer learned a new farming **technique**.
그 농부는 새로운 농사 **기법**을 배웠다.

영영 a special way of doing something (무언가를 하는 특별한 방법)

0943 **automatic**
[ɔ̀ːtəmǽtik]

ⓐ 자동의

automatic dishwasher　**자동** 식기세척기

Most people learn how to drive an **automatic** car.
대부분의 사람들은 **자동**(오토매틱) 차량을 운전하는 법을 배운다.

➕ automatically ⓐⓓ 자동적으로

0944 **connect**
[kənékt]

ⓥ 1 연결하다　2 접속하다　↔ disconnect 연결을 끊다

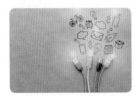

This road **connects** the two areas.
이 도로는 두 지역을 **연결한다**.

Could you help me **connect** this printer to the computer?
이 프린터기를 컴퓨터에 **연결하는** 것을 도와주시겠어요?

connect to the Internet　인터넷에 **접속하다**

➕ connection ⓝ 연결, 접속

0945 **machine**
[məʃíːn]

ⓝ 기계　≡ device

I don't know how to run this **machine**.
나는 어떻게 이 **기계**를 작동시키는지 모르겠다.

0946 **mechanic**
[məkǽnik]

ⓝ (특히 차량 엔진) 정비공

The **mechanic** fixed my truck.
정비공은 내 트럭을 고쳤다.

컴퓨터

0947 **file**
[fail]

ⓝ 1 파일, 서류철　2 (컴퓨터) 파일

The secretary arranged the **files**.
비서는 **파일**을 정리했다.

Don't forget to save the **file**.
파일을 저장하는 것을 잊지 마.

0948 **download**
[dáunlòud]

ⓥ 내려받다, 다운로드하다

download movies from the Internet
인터넷에서 영화를 **내려받다**

How long will it take to **download** all the files?
모든 파일을 **내려받는** 데 시간이 얼마나 걸릴까요?

0949 **upload**
[ʌ́plòud]

ⓥ 올리다, 업로드하다

upload data to the Internet
인터넷에 데이터를 **올리다**

Please **upload** the notice on the school website.
학교 웹사이트에 공지를 **올려주세요**.

PLAN
14

0950 **post**
[poust]

ⓥ 올리다, 게시하다　ⓝ 우편

I'm going to **post** this picture on my Facebook account.
나는 이 사진을 내 페이스북 계정에 **게시할** 거야.

send a letter by **post**　**우편**으로 편지를 보내다

✪ '우편'을 영국 영어에서는 post, 미국 영어에서는 mail로 쓴다.

0951 **surf**
[sə:rf]

ⓥ 1 파도타기를 하다　2 인터넷을 검색하다

I'm **surfing** the Web for new chairs.
나는 새 의자를 인터넷에 **검색하고 있다**.

🏄 surf the Web 인터넷을 검색하다

0952 **virus**
[váirəs]

ⓝ 바이러스

Did you remove the computer **virus**?
너는 컴퓨터 **바이러스**를 제거했니?

0953 **software**
[sɔ́:ftweər]

ⓝ 소프트웨어　⟷ hardware 하드웨어

You need to download some **software** on your computer.
네 컴퓨터에 **소프트웨어**를 좀 내려받아야 해.

🔎 programs that tell a computer how to do a job
(컴퓨터에게 어떻게 일을 해야 하는지 말해주는 프로그램)

0954 develop
[divéləp]

ⓥ 1 발달[발전]시키다 ⊜grow   2 개발하다

Learning how to code **develops** children's creativity.
코딩하는 법을 배우는 것은 아이들의 창의력을 **발달시킨다**.

The researchers have **developed** some new software.
연구원들은 새로운 소프트웨어를 **개발했다**.

➕ development ⓝ 발달; 개발

0955 filter
[fíltər]

ⓥ 여과하다, 거르다

Social media should be **filtered** to remove harmful content.
소셜 미디어는 유해한 내용을 제거하기 위해 **여과되어야** 한다.

Let's **filter** out items above $100.
100달러를 초과하는 항목들을 **걸러내자**.

0956 failure
[féiljər]

ⓝ 실패   ⟷success 성공

Our computer project was a total **failure**.
우리의 컴퓨터 프로젝트는 완전히 **실패했다**.

➕ fail ⓥ 실패하다

0957 solution
[səlúːʃən]

ⓝ 1 해법, 해결책   2 정답   ⊜answer

We found a **solution** to your problem.
저희는 여러분의 문제에 대한 **해결책**을 찾았습니다.

the **solution** to the puzzle   수수께끼의 **정답**

➕ solve ⓥ 해결하다, 풀다

0958 perfect
[pɔ́rfikt]

ⓐ 완벽한

Not all application programs are **perfect**.
모든 응용 프로그램들이 **완벽한** 것은 아니다.

0959 useful
[júːsfəl]

ⓐ 유용한   ⟷useless 쓸모없는

Learning how to use Excel is very **useful**.
엑셀 프로그램 사용법을 배우는 것은 매우 **유용하다**.

What is the most **useful** technology?
가장 **유용한** 기술은 무엇일까?

영영 effective and helpful (효과적이고 도움이 되는)

0960 achieve
[ətʃíːv]

ⓥ 이루다, 달성하다

achieve success   성공을 **이루다**
Technology helps students **achieve** meaningful learning.
기술은 학생들이 유의미한 학습을 **이룰 수 있도록** 도와준다.

➕ achievement ⓝ 성취

Daily Check-up

A 빈칸에 알맞은 우리말 뜻 또는 영어 단어를 써넣어 워드맵을 완성하시오.

1 _____
(과학) 기술

기계와 기술

2 _____
technique

3 _____
자동의

4 _____
connect

5 _____
정비공

6 _____
machine

컴퓨터

7 _____
내려받다

8 _____
upload

9 _____
게시하다; 우편

10 _____
file

11 _____
소프트웨어

12 _____
surf

13 _____
바이러스

기술의 발달

14 _____
발달[발전]시키다; 개발하다

15 _____
filter

16 _____
실패

17 _____
solution

18 _____
유용한

19 _____
perfect

20 _____
이루다, 달성하다

PLAN
14

B 우리말을 참고하여, 문장을 완성하시오. (필요하면 단어 형태를 바꾸시오.)

1 We found a _____ to your problem.
저희는 여러분의 문제에 대한 해결책을 찾았습니다.

2 _____ has made our lives easier.
기술은 우리의 삶을 더 편하게 만들었다.

3 I'm going to _____ this picture on my Facebook account.
나는 이 사진을 내 페이스북 계정에 게시할 거야.

4 Could you help me _____ this printer to the computer?
이 프린터기를 컴퓨터에 연결하는 것을 도와주시겠어요?

5 Technology helps students _____ meaningful learning.
기술은 학생들이 유의미한 학습을 이룰 수 있도록 도와준다.

Day 49 지구와 우주

0961 Earth
[əːrə]

① 지구

About 70% of the **Earth** is covered in water.
지구의 약 70퍼센트는 물로 덮여 있다.

ⓠ Earth, earth 둘 다 쓸 수 있다.

0962 space
[speis]

① 1 공간 2 **우주** ⊜ outer space

The couch takes up too much **space**.
소파가 너무 많은 **공간**을 차지한다.

We can see the Earth from **space**.
우리는 **우주**에서 지구를 볼 수 있다.

지구

0963 air
[éər]

① 공기, 대기

The Earth has land, **air**, and water.
지구에는 땅, **공기**, 물이 있다.

fresh **air** 신선한 **공기**

0964 life
[laif]

① 1 생명; 생명체 2 삶, 인생

The Earth is the only place where **life** exists.
지구는 **생명체**가 존재하는 유일한 곳이다.

Life is too short, so enjoy your **life**.
인생은 너무 짧으니 네 **삶**을 즐겨라.

➕ live ⓥ 살다

0965 layer
[léjər]

① 층

ozone **layer** 오존층

The Earth is made up of several **layers**.
지구는 몇 개의 **층**으로 구성되어 있다.

0966 spin
[spin]
spin-spun-spun

ⓥ 돌다, 회전하다

The Earth **spins** around the sun.
지구는 태양 주위를 **돈다**.

The figure skater is **spinning** on the ice.
피겨 스케이트 선수가 빙상에서 **돌고** 있다.

영영 to turn around and around repeatedly (반복하여 계속 돌다)

0967 magnet
[mǽgnət]

ⓝ 자석

The Earth has north and south poles like a **magnet**.
지구는 **자석**처럼 북극과 남극이 있다.

➕ magnetic ⓐ 자석 같은

우주 탐험

0968 astronaut
[ǽstrənɔ̀:t]

ⓝ 우주 비행사

Astronauts train before going into space.
우주 비행사들은 우주에 가기 전에 훈련을 받는다.

0969 rocket
[rɑ́:kit]

ⓝ 로켓

a space **rocket**　우주 로켓

How hard is it to launch a **rocket**?
로켓을 발사하는 것은 얼마나 어려운가요?

🎯 launch a rocket 로켓을 발사하다

0970 shuttle
[ʃʌ́tl]

ⓝ 우주 왕복선; 정기 왕복 차량

NASA launched a space **shuttle** yesterday.
어제 나사(미국 항공 우주국)는 **우주 왕복선**을 발사했다.

a **shuttle** bus　셔틀버스(근거리 왕복 버스)

0971 detect
[ditékt]

ⓥ (알아내기 쉽지 않은 것을) 발견하다　🟰 discover

The astronaut **detected** a problem during the flight.
우주 비행사는 비행 도중 문제를 **발견했다**.

➕ detection ⓝ 발견

0972 alien
[éiliən]

ⓝ 외계인　ⓐ 1 외국의　2 외계의

I am sure that **aliens** will never attack humans.
외계인이 인간을 절대 공격하지 않을 거라고 나는 확신한다.

an **alien** culture　**외국** 문화

영영 ⓝ external beings that live in outer space
（우주 공간에 사는 외부의 존재）

0973 darkness
[dɑ́:rknis]

ⓝ 어둠, 암흑　↔ brightness 밝음

Space is filled with total **darkness**.
우주는 완전한 **암흑**으로 가득 차 있다.

➕ dark ⓐ 어두운

0974 planet
[plǽnət]

ⓝ 행성

How many **planets** are in the solar system?
태양계에는 **행성**이 몇 개 있나요?

Earth is the third **planet** from the sun.
지구는 태양으로부터 3번째 **행성**이다.

영영 a round object in space that moves around a star
(별 주위로 움직이는 우주의 둥근 물체)

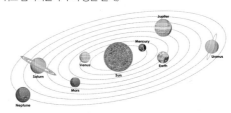

0975 Milky Way
[mílki wei]

ⓝ 은하계

There are so many stars in the **Milky Way**.
은하계에는 수많은 별이 있다.

0976 Mercury
[mə́:rkjəri]

ⓝ 수성

Mercury is the closest planet to the sun.
수성은 태양과 가장 가까운 행성이다.

0977 Venus
[víːnəs]

ⓝ 금성

Venus has a lot of volcanoes.
금성에는 화산이 많다.

0978 Mars
[mɑːrz]

ⓝ 화성

There were several space missions to **Mars**.
화성으로의 몇 가지 우주 임무가 있었다.

➕ Martian ⓐ 화성의 ⓝ 화성인

0979 Jupiter
[dʒúːpətər]

ⓝ 목성

Jupiter is famous for the Great Red Spot.
목성은 대적점으로 유명하다.

0980 Saturn
[sǽtəːrn]

ⓝ 토성

Saturn is the second largest planet in our solar system.
토성은 태양계에서 두 번째로 큰 행성이다.

⭐ 그 밖의 행성: Uranus[júrənəs] 천왕성, Neptune[néptjuːn] 해왕성

Daily Check-up

A 빈칸에 알맞은 우리말 뜻 또는 영어 단어를 써넣어 워드맵을 완성하시오.

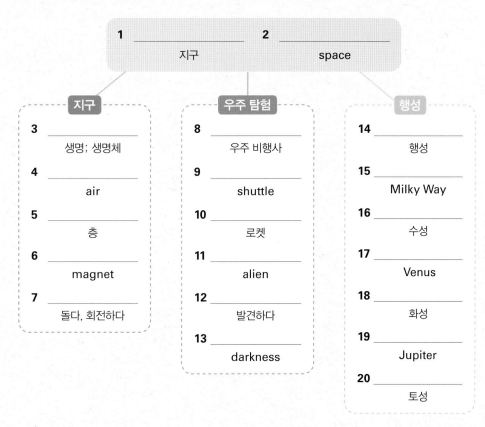

```
        1 _____    2 _____
              지구                    space

    [지구]              [우주 탐험]            [행성]

3 _____      8 _____      14 _____
  생명; 생명체         우주 비행사             행성

4 _____      9 _____      15 _____
    air               shuttle           Milky Way

5 _____     10 _____      16 _____
    층                로켓                수성

6 _____     11 _____      17 _____
  magnet            alien              Venus

7 _____     12 _____      18 _____
  돌다, 회전하다        발견하다              화성

                  13 _____      19 _____
                     darkness           Jupiter

                                      20 _____
                                         토성
```

PLAN
14

B 우리말을 참고하여, 문장을 완성하시오. (필요하면 단어 형태를 바꾸시오.)

1 _____ has a lot of volcanoes.
금성에는 화산이 많다.

2 NASA launched a space _____ yesterday.
어제 나사(미국 항공 우주국)는 우주 왕복선을 발사했다.

3 There are so many stars in the _____.
은하계에는 수많은 별이 있다.

4 I am sure that _____ will never attack humans.
외계인이 인간을 절대 공격하지 않을 거라고 나는 확신한다.

5 The Earth has north and south poles like a _____.
지구는 자석처럼 북극과 남극이 있다.

Day 50 환경

0981 **environment**
[inváirənmənt]

ⓝ 환경

We have damaged our **environment** in many ways.
우리는 많은 방식으로 우리의 **환경**을 훼손했다.

a working **environment** 작업 환경

➕ environmental ⓐ 환경의

에너지원

0982 **energy**
[énərdʒi]

ⓝ 1 활기 2 에너지

My daughter is always full of **energy**.
내 딸은 늘 **활기**가 넘친다.

We can produce **energy** from the sun.
우리는 태양으로부터 **에너지**를 생산할 수 있다.

0983 **source**
[sɔːrs]

ⓝ 1 원천 2 근원, 원인

The sun is a major **source** of energy.
태양은 에너지의 주요 **원천**이다.

a **source** of problem 문제의 **근원**

영영 where something comes from (무언가가 생겨난 곳)

0984 **power**
[páuər]

ⓝ 1 힘 2 동력, 에너지

the **power** of a storm 폭풍우의 **힘**

Wind **power** is cheaper than natural gas.
풍력은 천연가스보다 저렴하다.

0985 **wave**
[weiv]

ⓝ 파도, 물결 ⓥ (손을) 흔들다

There are some methods of getting energy from
waves.
파도로부터 에너지를 얻는 몇 가지 방법이 있다.

The actress **waved** at us. 그 여배우는 우리에게 **손을 흔들었다**.

0986 **heat**
[hiːt]

ⓝ 1 열 2 더위 ⓥ 가열하다

Heat is a form of energy.
열은 에너지의 한 형태이다.

Heat the soup until it boils.
수프가 끓을 때까지 **가열하세요**.

영영 ⓝ energy that makes things warmer
(무언가를 더 따뜻하게 만드는 에너지)

환경 오염

0987 pollute
[pəlúːt]

ⓥ 오염시키다

Chemicals have **polluted** the river.
화학 물질이 강을 **오염시켰다.**

➕ pollution ⓝ 오염, 공해

0988 waste
[weist]

ⓝ 1 낭비　2 쓰레기, 폐기물　🟰 garbage　ⓥ 낭비하다

a **waste** of energy　에너지 **낭비**
industrial **waste**　산업 폐기물
Don't **waste** your money on it.
그것에 돈을 **낭비하지** 마라.

0989 plastic
[plǽstik]

ⓝ 플라스틱　ⓐ 플라스틱으로 된

There is so much **plastic** in the ocean.
바다에 너무 많은 **플라스틱**이 있다.

a **plastic** bag　비닐봉지

0990 dirty
[də́ːrti]

ⓐ 더러운　↔ clean 깨끗한

The beach was **dirty** and was filled with garbage.
해변은 **더러웠고** 쓰레기로 가득 차 있었다.

0991 pure
[pjuər]

ⓐ 1 순수한　2 깨끗한　🟰 clean

pure wool sweater　순모 스웨터
Where can we find **pure** water?
어디에서 우리는 **깨끗한** 물을 찾을 수 있나요?

0992 matter
[mǽtəːr]

ⓝ 문제, 사안　ⓥ 중요하다; 문제 되다

Fine dust is a **matter** of concern in Korea.
미세 먼지는 한국에서 관심 **사안**이다.

It doesn't **matter** where you came from.
당신이 어디에서 왔던 **중요하지** 않다.

영영 ⓝ something that one has to think about or deal with
(생각하거나 처리해야 하는 것)

온난화와 대책

0993 global
[glóubəl]

ⓐ 세계적인; 지구의

Air pollution is a **global** problem.
대기 오염은 **세계적인** 문제이다.

Can **global** warming be stopped?
지구 온난화가 멈출 수 있는가?

➕ globally ⓐⓓ 전 세계적으로

0994 cause
[kɔːz]

ⓝ 원인 ⓔ source **ⓥ 야기하다, 초래하다**

the main **cause** of global warming
지구 온난화의 주요 **원인**

Humans have **caused** global warming.
사람들이 지구 온난화를 **초래했다.**

0995 danger
[déindʒər]

ⓝ 위험

Pandas are in **danger** of dying out.
판다는 멸종될 **위험**에 처해 있다.

⚒ be in danger of ~ : ~할 위험에 처하다

➕ dangerous ⓐ 위험한

0996 destroy
[distrɔ́i]

ⓥ 파괴하다

The Amazon Rainforest is being **destroyed** by humans.
아마존 열대 우림이 인간에 의해 **파괴되어 가고** 있다.

➕ destruction ⓝ 파괴

0997 ruin
[rúːin]

ⓥ 파괴하다, 파멸시키다 ⓔ destroy **ⓝ 붕괴; 파멸**

Too much farming can **ruin** the environment.
지나친 농사는 환경을 **파괴할** 수 있다.

financial **ruin** 재정적 **파멸**

0998 disappear
[dìsəpíər]

ⓥ 사라지다 ⟷ appear 나타나다

How did dinosaurs **disappear** from the Earth?
공룡은 지구에서 어떻게 **사라졌을까?**

영영 to stop existing anywhere (어디에도 존재하지 않다)

➕ disappearance ⓝ 사라짐; 실종

0999 save
[seiv]

ⓥ 1 (재난·위험 등에서) 구하다 ⓔ rescue **2 모으다**

We need to **save** the trees from burning.
우리는 나무가 타는 것으로부터 **구해야** 한다.
⚒ save A from B: A를 B로부터 구하다

I have **saved** money for a new car.
나는 새 차를 사려고 돈을 **모았다.**

1000 solve
[saːlv]

ⓥ 1 (어려운 일을) 해결하다 2 (문제 등을) 풀다

There are various ways to help **solve** water pollution.
수질 오염을 **해결하는** 데 도움이 되는 다양한 방법이 있다.

solve a hard math problem 어려운 수학 문제를 **풀다**

➕ solution ⓝ 해결책

Daily Check-up

A 빈칸에 알맞은 우리말 뜻 또는 영어 단어를 써넣어 워드맵을 완성하시오.

1 _____
환경

에너지원

2 _____
활기; 에너지

3 _____
power

4 _____
원천; 근원

5 _____
wave

6 _____
열; 가열하다

환경 오염

7 _____
pollute

8 _____
쓰레기; 낭비하다

9 _____
플라스틱(으로 된)

10 _____
dirty

11 _____
순수한; 깨끗한

12 _____
matter

온난화와 대책

13 _____
global

14 _____
원인; 야기하다

15 _____
danger

16 _____
파괴하다

17 _____
ruin

18 _____
사라지다

19 _____
save

20 _____
해결하다; 풀다

PLAN
14

B 우리말을 참고하여, 문장을 완성하시오. (필요하면 단어 형태를 바꾸시오.)

1 Can _____ warming be stopped?
지구 온난화가 멈출 수 있을까?

2 The sun is a major _____ of energy.
태양은 에너지의 주요 원천이다.

3 We need to _____ the trees from burning.
우리는 나무가 타는 것으로부터 구해야 한다.

4 How did dinosaurs _____ from the Earth?
공룡은 지구에서 어떻게 사라졌을까?

5 Fine dust is a _____ of concern in Korea.
미세 먼지는 한국에서 관심 사안이다.

A 들려주는 영어 단어와 어구를 쓴 후 우리말 뜻을 쓰시오.

영단어	뜻	영단어	뜻
1		2	
3		4	
5		6	
7		8	
9		10	
11		12	
13		14	
15		16	
17		18	
19		20	

B 다음 영영 풀이에 해당하는 알맞은 단어를 골라 쓰시오.

matter	planet	spin	data	useful	software

1 effective and helpful _____

2 to turn around and around repeatedly _____

3 information or facts about something _____

4 programs that tell a computer how to do a job _____

5 something that one has to think about or deal with _____

6 a round object in space that moves around a star _____

C 밑줄 친 단어의 동의어(=) 또는 반의어(↔)를 골라 쓰시오.

garbage   successes   source   general

1 Household <u>waste</u> is dumped into the ocean.   = _____

2 Stress is the main <u>cause</u> of health problems.   = _____

3 Everyone experiences <u>failures</u>.   ↔ _____

4 The actor gave <u>specific</u> examples of foods   ↔ _____
he didn't eat.

D 다음 그림을 보고, 해당하는 단어와 연결하시오.

1   **2**   **3**   **4**

•   •   •   •

•   •   •   •

magnet   astronaut   rocket   laboratory

E 다음을 읽고, 빈칸에 알맞은 단어를 우리말을 참고하여 쓰시오.

1 He wanted to _____ his goals within 5 years.
그는 5년 안에 그의 목표를 **이루고** 싶었다.

2 There was no other _____ to solve the problem.
그 문제를 해결하기 위한 다른 **해결책**은 없었다.

3 The magician made the girl _____ from the stage.
마술사는 무대에서 소녀를 **사라지게** 만들었다.

4 Every time I did the experiment, I got different _____s.
매번 실험을 할 때마다, 나는 다른 **결과**를 얻었다.

ANSWER KEY

PLAN 1 가정생활

Day 1 가족과 생활

A 1 household 2 조부모 3 parent
   4 친척; 비교상의; 상대적인 5 cousin
   6 중요한 7 depend on 8 바치다, 쏟다
   9 marry 10 결혼(식) 11 husband
   12 딸 13 twin 14 비슷한, 닮은
   15 resemble 16 준비하다 17 cooking
   18 수리하다; 수리 19 get together
   20 나머지; 휴식

B 1 daughter 2 rest 3 similar
   4 relative 5 devote

Day 2 집

A 1 지붕 2 yard 3 차고 4 울타리, 담
   5 balcony 6 furniture 7 서랍
   8 closet 9 긴 의자, 소파 10 shelf
   11 lamp 12 담요 13 거울; 잘 보여주다,
   반영하다 14 바닥; 층 15 ceiling
   16 stair 17 욕조 18 toilet 19 거실
   20 bedroom

B 1 floor 2 garage 3 mirror 4 drawer
   5 bathtub

Day 3 주방

A 1 kitchen 2 싱크대, 개수대; 가라앉다
   3 microwave oven 4 식기세척기
   5 refrigerator 6 난로, 스토브; 가스레인지
   7 plate 8 병 9 bowl 10 냄비, 솥
   11 jar 12 쟁반 13 scissors 14 knife
   15 recipe 16 튀기다, 굽다 17 boil
   18 설탕; 당분 19 pepper 20 소스, 양념

B 1 sugar 2 recipe 3 stove 4 bottles
   5 sink

Day 4 음식

A 1 짠, 소금기가 있는 2 bitter 3 양념 맛이
   강한, 매운 4 sweet 5 신, 시큼한; 상한
   6 delicious 7 grain 8 밀가루,
   (곡물의) 가루 9 meat 10 돼지고기
   11 beef 12 vegetable 13 해산물
   14 dish 15 식사, 음식; 식이 요법; 규정식
   16 snack 17 국수, 면 18 curry
   19 steak 20 dessert

B 1 bitter 2 seafood 3 snack 4 spicy
   5 dish

Review Test

A 1 grandparent 조부모 2 mirror 거울;
   잘 보여주다, 반영하다 3 garage 차고
   4 boil 끓다, 끓이다; 삶다 5 refrigerator
   냉장고 6 delicious 아주 맛있는
   7 relative 친척; 비교상의; 상대적인
   8 important 중요한 9 recipe 조리법,
   요리법 10 grain 곡물; 낟알 11 flour
   밀가루, (곡물의) 가루 12 pepper 후추;
   고추; 피망 13 depend on ~에 의존하다
   14 ceiling 천장 15 dessert 디저트, 후식
   16 get together 모이다, 만나다
   17 yard 마당, 뜰 18 dish 접시; 요리
   19 resemble 닮다 20 floor 바닥; 층

B 1 household 2 pot 3 diet 4 devote
   5 spicy 6 balcony

C 1 fixing 2 tasty 3 wife 4 sweet

D 1 plate 2 wedding 3 closet
   4 bottle

E 1 married 2 vegetable(s) 3 scissors
   4 furniture

Day 5 학교

A **1** classroom **2** 교과서 **3** blackboard
4 사전 **5** cafeteria **6** 도서관
7 playground **8** 복도 **9** elementary
10 사적인, 개인적인; 사립의 **11** public
12 grade **13** 들어가다; 입학하다
14 대학, 전문학교 **15** university
16 presentation **17** 대회, 경연
18 uniform **19** 결석한, 결근한 **20** mark

B **1** elementary **2** enter **3** textbooks
4 grades **5** absent

Day 6 교육과 학습

A **1** lesson **2** 활기[생기] 넘치는, 활발한
3 explain **4** 시험; 조사, 검토
5 encourage **6** 꾸짖다, 야단치다
7 homework **8** 노력, 수고 **9** repeat
10 어려움, 곤경 **11** review **12** 초점;
집중하다 **13** bother **14** 미술; 예술
15 mathematics **16** 지리학
17 chemistry **18** 사회 **19** physical
education **20** 언어

B **1** examination **2** lesson **3** difficulty
4 review **5** language

Day 7 친구

A **1** classmate **2** 또래 **3** senior
4 파트너, 동료, 협력자 **5** introduce
6 친숙한, 낯익은 **7** relationship
8 이야기를 나누다, 수다 떨다; 잡담, 수다
9 friendship **10** 약속하다; 약속
11 care about **12** 접촉, 연락; 연락하다
13 common **14** compete **15** 경쟁자,
경쟁 상대 **16** jealous **17** 혼자의; 혼자서
18 pressure **19** 비교하다 **20** motivate

B **1** contact **2** familiar **3** peers
4 promise **5** compares

Review Test

A **1** textbook 교과서 **2** classmate 급우,
반 친구 **3** compete 경쟁하다; 참가하다
4 familiar 친숙한, 낯익은 **5** presentation
발표; 제출; 수여 **6** absent 결석한, 결근한
7 care about ~에 마음을 쓰다, ~에 관심을
가지다 **8** compare 비교하다 **9** lesson
수업, 교습; 과; 교훈 **10** repeat 반복하다,
되풀이하다 **11** grade 학년; 성적; 등급
12 mark 자국; 점수; 표시하다 **13** effort
노력, 수고 **14** bother 귀찮게 하다, 괴롭히다
15 difficulty 어려움, 곤경 **16** lively
활기[생기] 넘치는, 활발한 **17** common
흔한; 공동의, 공통의 **18** enter 들어가다;
입학하다 **19** relationship 관계
20 encourage 격려하다; 권장[장려]하다

B **1** elementary **2** review **3** motivate
4 peer **5** effort **6** social studies

C **1** concentrate **2** competition
3 praise **4** public

D **1** classroom **2** introduce **3** alone
4 hallway

E **1** library **2** geography **3** promise
4 jealous

Day 8 장소

A **1** 지역 사회, 주민; 공동체 **2** neighbor
3 지역의, 현지의 **4** city **5** 소도시, 읍
6 village **7** 시골, 전원 지대 **8** capital
9 mall **10** 식료품점 **11** department
store **12** 빵집, 제과점 **13** market
14 restaurant **15** 극장; 연극 **16** police
station **17** 우체국 **18** fire station
19 병원 **20** museum

B **1** community **2** grocery **3** theaters
4 countryside **5** capitals

Day 9 교통

A 1 vehicle 2 자동차 3 subway 4 철도;
철로 5 station 6 항구; 항구 도시
7 airport 8 road 9 거리, 도로 10 path
11 표지판; 징후; 서명하다 12 tunnel
13 교통 체증 14 운반하다, 실어 나르다;
가지고 다니다 15 pass 16 빨리 가다,
질주하다; 속도위반하다; 속도 17 get on
18 연료 19 block 20 전후로, 왔다 갔다

B 1 airport 2 railway 3 carry
4 traffic jam 5 back and forth

Day 10 위치와 방향 1

A 1 direction 2 진로, 방향; 강의
3 toward(s) 4 across 5 ～을 따라;
앞으로 6 through 7 eastern
8 서쪽의 9 southern 10 북쪽의
11 맞는; 오른쪽의[으로] 12 left 13 앞으로
14 backward 15 center 16 중앙,
한가운데 17 bottom 18 지하에; 지하의
19 outside 20 inside

B 1 across 2 underground 3 forward
4 southern 5 course

Day 11 위치와 방향 2

A 1 above 2 ～의 위에; ～을 넘어[건너]
3 below 4 ～ 아래에, ～의 바로 밑에
5 front 6 ～의 뒤에 7 between
8 ～에서 가까이, ～의 근처에; 가까운
9 (b)eside 10 ～ 바로 옆에 11 around
12 ～안으로, ～ 안에 13 out of 14 apart
15 떨어진 곳에; 다른 데로 16 aside
17 앞으로, 앞에; 미리 18 upside down
19 위층으로, 위층에 20 opposite

B 1 above 2 between 3 below
4 around 5 apart

Review Test

A 1 upstairs 위층으로, 위층에 2 street 거리,
도로 3 community 지역 사회, 주민;
공동체 4 opposite ～의 건너편[맞은편]에;
반대편[맞은편]의 5 above
～보다 위에[위로]; 위에 6 eastern 동쪽의
7 back and forth 전후로, 왔다 갔다
8 capital 수도; 대문자 9 neighbor
이웃 사람 10 northern 북쪽의 11 apart
떨어져, 헤어져; 산산이 12 between
사이에 13 middle 중앙, 한가운데
14 underground 지하에; 지하의
15 grocery 식료품점 16 subway 지하철
17 automobile 자동차 18 through
～을 통하여; 지나서, 뚫고서 19 behind
～의 뒤에 20 get on 타다, 승차하다

B 1 ahead 2 backward 3 port 4 path
5 vehicle 6 town

C 1 direction 2 next to 3 above
4 top

D 1 museum 2 post office
3 traffic jam 4 countryside

E 1 department 2 fuel 3 (f)orward
4 upside

Daily Check-up

PLAN 4 개인 생활

Day 12 성격

A 1 personality 2 활발한; 적극적인
3 cheerful 4 brave 5 호기심이 많은;
궁금한 6 humorous 7 careful
8 수줍음이 많은, 부끄러워하는 9 quiet
10 부지런한, 근면한 11 patient
12 kindness 13 정직한; 솔직한
14 friendly 15 상냥한, 애정 어린; 부드러운
16 탐욕스러운, 욕심 많은 17 selfish
18 엄격한 19 게으른, 나태한 20 cruel

B 1 tender 2 personality 3 curious
4 patient 5 strict

Day 13 감정

A 1 기쁨, 즐거움 2 pleased 3 기쁜
4 excited 5 proud 6 감사하는,
고맙게 여기는 7 unhappy 8 눈물; 찢다,
뜯다 9 worry 10 놓치다; 그리워하다
11 두려움, 공포; 두려워[무서워]하다
12 (a)fraid 13 무서워하는, 겁먹은
14 surprised 15 충격을 받은
16 wonder 17 anger 18 속상한;
속상하게 하다 19 annoyed
20 실망한, 낙담한

B 1 unhappy 2 (s)cared 3 joy
4 thankful 5 disappointed

Day 14 생각

A 1 추측(하다), 짐작(하다) 2 understand
3 믿다; 생각하다 4 express 5 바라다,
원하다; 소원, 바람 6 regard 7 부인하다,
부정하다 8 ignore 9 상관하다,
언짢아하다; 마음, 정신 10 remember
11 잊다 12 confuse 13 의도하다,
작정하다 14 determine 15 확신하는,
확실한 16 prefer 17 idea 18 어리석은,
바보 같은 19 wise 20 타당한, 합리적인;
적정한

B 1 reasonable 2 determined
3 believe 4 wish 5 forget

Day 15 의사소통

A 1 communicate 2 dialogue
3 의미하다, ~라는 뜻이다 4 reply
5 조언하다, 충고하다 6 attitude
7 rumor 8 거짓말; 거짓말하다 9 secret
10 고요, 정적; 침묵 11 seem
12 속삭이다, 귓속말을 하다; 속삭임
13 truth 14 사실 15 argue
16 비난하다; 탓하다; 비난; 책임 17 yell
18 직접적으로; 곧장, 똑바로 10 frankly
20 가능한; 있을 수 있는

B 1 replied 2 seem 3 lying 4 blame
5 possible

Review Test

A 1 selfish 이기적인 2 reasonable 타당한,
합리적인; 적정한 3 determine 결정하다;
알아내다 4 pleased 기쁜, 만족스러운
5 personality 성격, 인격 6 communicate
의사소통하다 7 regard 간주하다, 여기다
8 dialogue 대화 9 thankful 감사하는,
고맙게 여기는 10 cheerful 쾌활한, 발랄한
11 remember 기억하다 12 directly
직접적으로; 곧장, 똑바로 13 careful
조심하는, 신중한 14 advise 조언하다,
충고하다 15 whisper 속삭이다, 귓속말을
하다; 속삭임 16 greedy 탐욕스러운,
욕심 많은 17 patient 참을성[인내심] 있는;
환자 18 surprised 놀란 19 frankly
솔직히, 노골적으로 20 argue 말다툼하다,
언쟁하다; 주장하다

B 1 annoyed 2 deny 3 intend
4 diligent 5 attitude 6 express

C 1 gentle 2 courageous 3 diligent
4 satisfied

D 1 fear 2 excited 3 tear 4 anger

E 1 proud 2 secret 3 ignore
4 curious

> Daily Check-up

> **PLAN 5** 신체와 건강

Day 16 몸과 감각

A 1 얼굴 2 brain 3 피부 4 waist
5 팔꿈치 6 wrist 7 발목 8 toe
9 뼈 10 tired 11 목마른, 갈증 나는
12 hunger 13 졸린, 졸음이 오는
14 sense 15 냄새 맡다; 냄새가 나다;
냄새, 향 16 touch 17 듣다; 들리다
18 sound 19 맛; 맛이 ~하다, ~ 맛이 나다
20 sight

B 1 thirsty 2 bones 3 elbows
4 taste 5 face

Day 17 신체 묘사

A 1 age   2 젊음; 어린 시절; 젊은이
3 middle-aged   4 연세가 드신
5 female   6 남성의; 남성   7 appearance
8 잘생긴, 멋진   9 attractive   10 못생긴,
추한   11 plain   12 점, 반점; 곳, 장소
13 curly   14 곧은, 똑바른; 똑바로; 곧장
15 bald   16 height   17 weight
18 체중을 재다; 무게가 ~이다
19 overweight   20 날씬한, 호리호리한

B 1 plain   2 Females   3 weighed
4 straight   5 youth

Day 18 신체 활동

A 1 구부리다   2 stretch   3 밀다; 누르다
5 swing   5 hit   6 잡다, 쥐다; 걸리다
7 throw   8 굴리다; 구르다   9 kick
10 산책하다   11 jog   12 쫓다; 추격, 추적
13 race   14 ride   15 뛰어들다;
잠수하다   16 skiing   17 오르다, 등반하다
18 skateboard   19 썰매; 썰매를 타다
20 slide

B 1 chasing   2 Catch   3 bend   4 ride
5 climb

Day 19 건강과 질병

A 1 pain   2 다치다, 다치게 하다; 아프다
3 ill   4 약한, 힘이 없는   5 fever
6 기침을 하다; 기침   7 runny nose
8 injury   9 베다, 자르다   10 burn   11 피
12 harm   13 심한, 끔찍한   14 생존하다,
살아남다   15 death   16 맹인의, 눈먼,
시각 장애의   17 deaf   18 get better
19 치료, 치료법   20 healthy

B 1 fever   2 survive   3 blood   4 injury
5 treatment

Review Test

A 1 skin 피부   2 bend 구부리다   3 brain
뇌, 두뇌   4 throw 던지다   5 thirsty
목마른, 갈증 나는   6 take a walk 산책하다
7 tired 피곤한, 지친; 싫증 난   8 chase
쫓다; 추격, 추적   9 sight 시력; 보기, 봄
10 slide 미끄러지다; 미끄럼틀   11 age
나이; 시대; 나이가 들다   12 blood 피
13 male 남성의; 남성   14 get better
호전되다, 좋아지다   15 height 키, 신장;
높이   16 healthy 건강한; 건강에 좋은
17 appearance 외모, 겉모습; 등장; 출현
18 treatment 치료, 치료법   19 straight
곧은, 똑바른; 똑바로; 곧장   20 survive
생존하다, 살아남다

B 1 deaf   2 hurt   3 climb   4 catch
5 bald   6 wrist

C 1 fat   2 charming   3 birth   4 young

D 1 elbow   2 toe   3 curly   4 smell

E 1 injury   2 blind   3 runny   4 hunger

Daily Check-up

PLAN 6 휴가

Day 20 여행

A 1 travel   2 계획하다; 계획   3 book
4 교환(하다); 환전(하다)   5 abroad
6 distance   7 도착하다   8 address
9 안내원, 가이드; 안내하다   10 tour
11 사진; 사진을 찍다   12 well-known
13 모국의, 출생지의; 원산[토종]의
14 traditional   15 다양한, 여러 가지의
16 culture   17 놀라운   18 region
19 성   20 crowded

B 1 native   2 exchange   3 culture
4 distance   5 abroad

Day 21 쇼핑

A 1 목록 2 item 3 물품, 상품 4 brand
5 진열(하다), 전시(하다) 6 attract
7 제공하다, 공급하다 8 deliver
9 명령(하다); 주문(하다) 10 저렴한, 값싼
11 expensive 12 고르다, 선택하다
13 price 14 지불하다 15 fashion
16 유행하는, 유행을 따른 17 latest
18 방식; 스타일 19 fit 20 편안한

B 1 display 2 delivered 3 comfortable
4 latest 5 provide

Day 22 기념일

A 1 anniversary 2 festival 3 휴일; 휴가
4 fireworks 5 깃발 6 parade
7 초대하다 8 guest 9 장식하다
10 wrap 11 풍선 12 special
13 칠면조 (고기) 14 celebrate 15 축하;
축하 인사 16 gather 17 (불을) 불어서
끄다 18 candle 19 받다 20 merry

B 1 receive 2 anniversary
3 decorated 4 gathered 5 celebrate

Review Test ·················

A 1 book 예약하다 2 flag 깃발 3 distance
거리 4 wrap 포장하다, 싸다; 포장지
5 address 주소 6 anniversary 기념일
7 various 다양한, 여러 가지의 8 goods
물품, 상품 9 culture 문화 10 celebrate
기념하다, 축하하다 11 order 명령(하다);
주문(하다) 12 congratulation 축하;
축하 인사 13 deliver 배달하다 14 gather
모이다; 모으다, 수집하다 15 choose
고르다, 선택하다 16 travel 여행하다[가다];
여행 17 latest (가장) 최신의, 최근의
18 exchange 교환(하다); 환전(하다)
19 festival 축제 20 attract 끌다, 매혹하다

B 1 guide 2 goods 3 castle 4 special
5 display 6 holiday

C 1 supply 2 famous 3 cheap
4 foreign

D 1 candle 2 decorate 3 pay
4 photograph

E 1 comfortable 2 arrive(d)
3 traditional 4 abroad

PLAN 7 자연

Day 23 자연과 지리

A 1 nature 2 자연의, 천연의; 당연한
3 stream 4 호수 5 beach 6 기슭,
물가 7 ocean 8 섬 9 언덕 10 valley
11 동굴 12 waterfall 13 절벽
14 peak 15 ground 16 soil 17 진흙,
진창 18 rock 19 사막 20 area

B 1 streams 2 island 3 cliff 4 ground
5 desert

Day 24 날씨

A 1 날씨 2 degree 3 bright 4 빛나다;
비치다 5 clear 6 차가운, 쌀쌀한
7 freezing 8 눈이 내리는; 눈에 덮인
9 snowfall 10 축축한, 습기 찬 11 moist
12 끈적끈적한; 무더운, 후덥지근한
13 raindrop 14 내리다; 떨어지다
15 hurricane 16 폭풍(우) 17 cloudy
18 바람이 많이 부는 19 fog 20 먼지

B 1 degrees 2 shined 3 (m)oist
4 storm 5 weather

Day 25 동물

A 1 야생의 2 turtle 3 사슴 4 zebra
5 악어 6 leopard 7 owl 8 날개
9 feather 10 꼬리 11 insect 12 벌레
13 nest 14 shark 15 돌고래
16 whale 17 sheep 18 염소
19 cattle 20 애완동물

B 1 nests 2 cattle 3 Feathers 4 wild
  5 insects

Day 26 식물

A 1 plant 2 나무, 목재; 숲 3 root 4 줄기
  5 trunk 6 (나뭇)가지 7 leaf 8 forest
  9 소나무 10 maple 11 수풀, 덤불, 관목
  12 grass 13 풀, 약초 14 햇빛 15 seed
  16 싹, 눈 17 bloom 18 꽃; 꽃을 피우다,
  꽃이 피다 19 fruit 20 산딸기류 열매, 베리

B 1 grass 2 branches 3 forest
  4 sunlight 5 fruit

Review Test

A 1 natural 자연의, 천연의; 당연한 2 zebra
  얼룩말 3 ocean 대양, 바다 4 wing 날개
  5 valley 계곡, 골짜기 6 dolphin 돌고래
  7 plant 식물; 심다 8 cattle 소 9 cliff
  절벽 10 branch (나뭇)가지 11 weather
  날씨 12 forest 숲, 산림 13 storm
  폭풍(우) 14 bud 싹, 눈 15 dust 먼지
  16 ground 땅바닥, 지면; 땅 17 chilly
  차가운, 쌀쌀한 18 shine 빛나다; 비치다
  19 root 뿌리; 근원, 원인 20 fog 안개

B 1 damp 2 feather 3 island 4 valley
  5 desert 6 seed

C 1 top 2 dark 3 dry 4 rise

D 1 turtle 2 bloom 3 maple 4 desert

E 1 wood 2 tail 3 stream 4 wild

PLAN 8 문화 예술

Day 27 방송과 영화

A 1 program 2 시각의 3 announcer
  4 신문 5 daily 6 issue 7 우려; 관심;
  걱정시키다; 관계되다 8 record
  9 보도/보고하다; 보도; 보고서
  10 interview 11 상세, 세부
  12 attention 13 사생활, 프라이버시
  14 film 15 모험 16 science fiction
  17 공포 18 comedy 19 활기찬, 활발한;
  만화 영화로 된 20 dramatic

B 1 visual 2 dramatic 3 privacy
  4 attention 5 recorded

Day 28 건축과 음악

A 1 structure 2 건축가 3 design
  4 건설하다, 세우다 5 beauty 6 조화
  7 unique 8 steel 9 금속
  10 concrete 11 벽돌 12 orchestra
  13 기구, 도구; 악기 14 concert
  15 지휘자 16 amuse 17 composer
  18 창조[창작]하다 19 modern
  20 고전적인; 클래식의

B 1 Architects 2 classical 3 harmony
  4 instruments 5 constructed

Day 29 미술

A 1 artist 2 천재; 천재성 3 painting
  4 초상화; 인물 사진 5 gallery
  6 인기 있는; 대중의, 대중적인 7 그리다;
  끌다; 끌어당기다 8 paint 9 조각하다,
  새기다 10 dye 11 점토, 찰흙 12 glue
  13 colorful 14 현실적인; 사실적인,
  사실주의의 15 graphic 16 창의[독창]적인
  17 pale 18 생생한; 강렬한, 선명한
  19 shade 20 반사하다; 반영하다, 나타내다

B 1 reflects 2 portrait 3 genius
  4 Creative 5 popular

Review Test

A **1** newspaper 신문 **2** visual 시각의
3 science fiction 공상 과학 영화/소설
4 adventure 모험 **5** structure 구조;
구조물 **6** construct 건설하다, 세우다
7 beauty 아름다움, 미 **8** harmony 조화
9 conductor 지휘자 **10** create 창조하다,
창작하다 **11** metal 금속 **12** classical
고전적인; 클래식의 **13** realistic 현실적인;
사실적인, 사실주의의 **14** creative
창의적인, 독창적인 **15** vivid 생생한; 강렬한,
선명한 **16** daily 매일의; 일간의; 매일
17 steel 강철 **18** modern 현대의,
현대적인 **19** painting 그림, 회화
20 pale 엷은, 연한; 창백한

B **1** composer **2** architect **3** portrait
4 carve **5** report **6** detail

C **1** please **2** worry **3** movies
4 common

D **1** orchestra **2** instrument
3 interview **4** draw

E **1** record **2** popular **3** (r)eflect(s)
4 attention

> **Daily Check-up**

> **PLAN 9** 일상과 여가

Day 30 시간

A **1** 달력 **2** date **3** 정오, 낮 12시
4 daytime **5** 한밤중, 자정, 밤 12시
6 weekend **7** 월례의, 매달의
8 yesterday **9** 이미, 벌써 **10** past
11 현재(의); 선물 **12** future **13** 내일
14 until **15** 곧, 이내 **16** someday
17 항상, 언제나 **18** sometimes
19 보통, 대개 **20** rarely

B **1** daytime **2** Someday **3** rarely
4 present **5** already

Day 31 일상생활

A **1** awake **2** 일어나다 **3** get used to
4 거의 **5** breakfast **6** 서두름, 급함;
서두르다 **7** put on **8** in time
9 인사하다, 환영하다 **10** 전형적인; 보통의
11 awful **12** 완성[완료]하다; 완전한
13 finish **14** return **15** 운동하다; 운동;
연습 문제 **16** supper **17** 일기
18 ordinary **19** 청소하다; 깨끗한
20 asleep

B **1** awake **2** greet **3** complete
4 asleep **5** typical

Day 32 취미

A **1** 취미 **2** (p)astime **3** 여가 **4** be into
5 즐기다 **6** pleasure **7** 제일[매우]
좋아하는 **8** interested **9** stress
10 야외의 **11** activity **12** 캠핑, 야영
13 hiking **14** 자전거 타기
15 participate **16** club **17** 배우다,
학습하다 **18** volunteer **19** 수집하다,
모으다 **20** magic

B **1** pleasure **2** volunteer **3** leisure
4 participated **5** outdoor

Day 33 스포츠

A **1** sport **2** 농구 **3** soccer **4** 탁구
5 track and field **6** stadium **7** 선수
8 fan **9** 코치, 지도자 **10** member
11 아마추어 (선수); 아마추어의
12 practice **13** able **14** 환호(하다);
응원(하다) **15** passion **16** 심판
17 lose **18** 이기다; 때리다 **19** tie
20 챔피언, 우승자[팀]

B **1** stadium **2** lose **3** practice
4 cheered **5** passion

Review Test

A **1** calendar 달력 **2** awful 끔찍한, 지독한 **3** monthly 월례의, 매달의 **4** ordinary 보통의, 일상적인 **5** already 이미, 벌써 **6** activity 활동 **7** always 항상, 언제나 **8** member 일원; 회원 **9** sometimes 때때로, 이따금 **10** practice 연습하다; 연습 **11** usually 보통, 대개 **12** passion 열정 **13** rarely 좀처럼 ~하지 않는, 드물게 **14** track and field 육상 경기 **15** volunteer 자원봉사자[의]; 자원봉사하다 **16** outdoor 야외의 **17** in time 제시간에, 시간에 맞춰 **18** favorite 제일[매우] 좋아하는 **19** greet 인사하다, 환영하다 **20** hobby 취미

B **1** breakfast **2** leisure **3** present **4** cheer **5** tie **6** return

C **1** normal **2** completed **3** awake **4** past

D **1** magic **2** table tennis **3** stadium **4** put on

E **1** collect(ed) **2** pleasure **3** participate **4** hurry

---

PLAN 10 문학과 언어

Day 34 문학과 출판

A **1** novel **2** 시 **3** cartoon **4** 잡지 **5** series **6** 제목; 직함 **7** theme **8** 주제, 화제 **9** event **10** 묘사하다, 말하다 **11** character **12** 상징 **13** 낭만적인; 애정의 **14** tragedy **15** 감동을 주다, 깊은 인상을 주다 **16** writer **17** 정정하다; 맞는, 정확한 **18** print **19** 복사(본); 한 부; 복사하다 **20** publish

B **1** impressed **2** magazine **3** printed **4** describe **5** event

---

Day 35 연결어구

A **1** since **2** ~ 때문에 **3** thus **4** 그러므로 **5** as a result **6** 예를 들어, ~와 같은 **7** for example **8** 게다가; ~ 외에 **9** moreover **10** 게다가 **11** however **12** ~이긴 하지만 **13** despite **14** ~와는 다른; ~와는 달리 **15** instead **16** 반면에, 다른 한편으로는 **17** otherwise **18** ~이 아닌 한, ~하지 않는 한 **19** in short **20** 즉, 말하자면

B **1** because **2** On the other hand **3** Unless **4** In addition **5** As a result

---

Day 36 중요 부사와 어구

A **1** ~도[조차]; 훨씬, 더욱 **2** (a)ctually **3** 특히 **4** really **5** 꽤, 상당히 **6** unfortunately **7** 거의 ~아니다[않다] **8** neither **9** 절대[결코] ~ 않다 **10** at first **11** 무엇보다도; 특히 **12** most of all **13** 마침내, 결국; 마지막으로 **14** mainly **15** 일반적으로; 보통 **16** normally **17** 약간, 조금 **18** gradually **19** 전적으로, 완전히 **20** completely

B **1** slightly **2** (M)ost of all **3** Hardly **4** even **5** generally

---

Review Test

A **1** even ~도[조차]; 훨씬, 더욱 **2** that is 즉, 말하자면 **3** instead 대신에 **4** normally 보통, 보통 때는 **5** although ~이긴 하지만 **6** novel 소설 **7** especially 특히 **8** actually 실제로, 정말로; 사실은 **9** however 하지만, 그러나 **10** poem 시 **11** as a result 결국에, 결과적으로 **12** never 절대[결코] ~ 않다 **13** most of all 무엇보다도 **14** therefore 그러므로 **15** theme 주제, 테마 **16** otherwise 그렇지 않으면[않았다면] **17** symbol 상징 **18** for example 예를 들어 **19** unfortunately 불행하세노, 유감스럽게도 **20** slightly 약간, 조금

B 1 therefore 2 such as 3 correct
4 gradually 5 unlike 6 describe

C 1 eventually 2 mostly 3 comedy
4 partially

D 1 magazine 2 copy 3 cartoon
4 writer

E 1 (D)espite 2 character 3 (u)nless
4 at first

Daily Check-up

PLAN 11 수와 양

Day 37 사물

A 1 object 2 shape 3 동그라미(를 그리다), 원 4 round 5 정사각형(의); 광장
6 triangle 7 heavy 8 밝은; 가벼운; 적은, 약한 9 thick 10 얇은; 마른
11 넓은; 폭이 ~인 12 narrow 13 거친; 힘든 14 smooth 15 평평한 16 sharp
17 단단한, 단단히 맨; 꽉 조이는 18 empty
19 가득한; 배부른 20 separate

B 1 rough 2 squares 3 thick 4 circle
5 light

Day 38 수치

A 1 measure 2 (수를) 세다; 계산하다
3 add 4 길이; 기간 5 deep
6 thousand 7 100만 8 billion
9 부부, 한 쌍; 두어 명/개; 몇 명/개
10 pair 11 bunch 12 12개짜리 한 묶음
13 multiply 14 두 번; 두 배로
15 double 16 단 하나의; 1인용의
17 whole 18 나누다 19 half
20 1/4; 15분; 25센트짜리 동전

B 1 Measure 2 bunch 3 length
4 whole 5 billion

Day 39 수량과 크기

A 1 amount 2 크기; 치수 3 enough
4 많은 5 much 6 많은; 다수의 사람/것
7 plenty 8 작은; 어린; 별로[거의] ~않다
9 few 10 조금; 한 조각 11 least
12 tiny 13 평균(의); 보통의
14 (e)normous 15 거대한 16 entire
17 전체의, 총; 합계, 총액 18 several
19 조각, 부분 20 equally

B 1 few 2 Many 3 entire 4 average
5 enough

Review Test

A 1 amount 양; 액수, 총액 2 little 작은; 어린; 별로[거의] ~않다 3 twice 두 번; 두 배로 4 deep 깊은; 깊게, 깊이 5 total 전체의, 총; 합계, 총액 6 length 길이; 기간
7 billion 10억 8 average 평균의; 보통의; 평균 9 flat 평평한 10 size 크기; 치수
11 least 가장 적은[작은]; 최소(의 것)
12 smooth 매끄러운; 순조로운
13 million 100만 14 separate 분리하다; 분리된 15 enormous 거대한, 막대한
16 narrow 좁은 17 several 몇몇의; 몇몇
18 many 많은; 다수의 사람/것
19 measure 측정하다 20 equally 똑같이, 동등하게

B 1 few 2 shape 3 piece 4 full
5 whole 6 divide

C 1 whole 2 things 3 loose 4 thin

D 1 square 2 tiny 3 empty 4 sharp

E 1 multiplied 2 half 3 thin 4 count

Day 40 종교와 역사

A **1** god **2** belief **3** 천국 **4** temple
5 교회 **6** bless **7** 기적 **8** myth
9 영혼 **10** spirit **11** 유령 **12** devil
13 history **14** 기원, 유래 **15** century
16 보물 **17** tribe **18** 궁전 **19** kingdom
20 학급; 수업; 계급; 계층

B **1** belief **2** miracle **3** temples
4 kingdom **5** soul

Day 41 사회 문제

A **1** society **2** 문제 **3** disabled
4 노숙자의 **5** human **6** accident
7 잘못; 결점 **8** cheat **9** 도둑 **10** steal
11 serious **12** 폭력적인 **13** murder
14 위험; ~을 위태롭게 하다[걸다]
15 적절한, 제대로 된 **16** fair **17** 안전한
18 trust **19** 자선; 자선 단체
20 opportunity

B **1** accident **2** opportunity **3** disabled
4 violent **5** steal

Day 42 법과 규칙

A **1** law **2** 규칙; 통치하다, 지배하다
3 follow **4** necessary **5** 통제(하다),
지배(하다) **6** permit **7** 경비 요원; 지키다,
보호하다 **8** 알아채다, 인지하다; 신경 씀,
알아챔 **9** (p)roof **10** 증거 **11** scene
12 조사하다 **13** innocent **14** commit
15 깨다, 부수다; 고장 내다; 어기다
16 suspect **17** 유죄의; 죄책감을 느끼는
18 fine **19** 처벌하다, 벌주다 **20** prison

B **1** followed **2** permitted **3** notice
4 suspect **5** evidence

Day 43 도덕 예절

A **1** etiquette **2** 방식; 태도; 예의 **3** favor
4 온화한, 부드러운 **5** polite **6** 감사하다,
감사를 표하다 **7** warmhearted **8** 용기
9 behave **10** 행동 **11** share
12 지지(하다); 지원(하다) **13** respect
14 칭찬하다; 칭찬 **15** deserve
16 apologize **17** 연민, 동정(심)
18 excuse **19** 용서하다 **20** (p)ardon

B **1** manners **2** warmhearted
3 support **4** forgive **5** behaved

Review Test

A **1** apologize 사과하다 **2** opportunity
기회 **3** support 지지(하다); 지원(하다)
4 pity 연민, 동정(심) **5** disabled 장애를
가진 **6** charity 자선; 자선 단체 **7** favor
친절한 행위; 부탁; 찬성 **8** excuse 변명;
용서하다 **9** class 학급; 수업; 계층; 계급
10 history 역사 **11** warmhearted
마음이 따뜻한, 친절한 **12** suspect 용의자;
의심하다 **13** permit 허용하다 **14** belief
믿음, 신념 **15** necessary 필요한, 필수의
16 proper 적절한, 제대로 된 **17** innocent
무죄인; 순진한 **18** behavior 행동
19 courage 용기 **20** polite 예의 바른,
정중한

B **1** behave **2** treasure **3** law **4** fault
5 fine **6** proof

C **1** robber **2** beginning **3** criticized
4 followed

D **1** palace **2** temple **3** homeless
4 prison

E **1** manner(s) **2** bless(ed) **3** century
4 punish(ed)

Day 44 산업

A 1 industry   2 farming   3 과수원
4 밭   5 grow   6 올리다; 기르다; 모으다
7 harvest   8 crop   9 쌀; 밥   10 wheat
11 fishing   12 망, 그물   13 salmon
14 새우   15 factory   16 생산하다
17 product   18 사업, 장사; 업무
19 major   20 ~을 시작하다; ~을 세우다

B 1 set up   2 crops   3 orchard
4 harvesting   5 produces

Day 45 직장과 직업

A 1 company   2 직장, 일, 일자리   3 사무실,
사무소   4 hire   5 제안, 제의;
제안[제공]하다   6 salary   7 experience
8 노동   9 skill   10 성공한, 성공적인
11 hairdresser   12 제빵사   13 치과 의사
14 actor   15 chef   16 police officer
17 군인   18 businessman   19 탐정, 형사
20 driver

B 1 offered   2 hired   3 police officer
4 detective   5 experience

Day 46 소비와 저축

A 1 savings   2 용돈   3 fortune   4 부유한
5 economy   6 수출하다; 수출(품)
7 import   8 (돈을) 벌다   9 purpose
10 예산   11 lend   12 빌리다   13 sale
14 소비하다; 소모하다   15 service
16 효과적인   17 discount   18 청구서;
계산서; 지폐   19 change   20 동전

B 1 effective   2 consumes   3 exports
4 purpose   5 savings

Review Test

A 1 labor 노동   2 harvest 수확; 수확량;
수확하다   3 actor 배우   4 successful
성공한, 성공적인   5 farming 농사, 농업
6 import 수입하다; 수입(품)
7 experience 경험, 경력   8 earn (돈을)
벌다   9 salmon 연어   10 purpose 목적
11 crop 농작물   12 company 회사
13 economy 경제; 경기   14 allowance
용돈   15 change 변화; 거스름돈; 변하다;
변화시키다   16 budget 예산
17 raise 올리다; 기르다; 모으다
18 industry 산업, 공업   19 detective
탐정, 형사   20 lend 빌려주다

B 1 factory   2 orchard   3 consume
4 savings   5 salary   6 skill

C 1 rich   2 efficient   3 minor   4 fired

D 1 coin   2 hairdresser   3 bill
4 soldier

E 1 dentist   2 borrow(ed)   3 fortune
4 offer(ed)

Day 47 과학

A 1 scientific   2 과학자   3 researcher
4 실험실   5 data   6 시험(하다), 검사(하다)
7 sample   8 기본적인; 기초적인
9 chemical   10 요소, 성분; 원소
11 combine   12 관   13 consist
14 종류; 형태; 형성되다   15 prove
16 결과; 생기다   17 come up with
18 discover   19 발명하다   20 구체적인,
명확한

B 1 chemical   2 scientific   3 proved
4 element   5 specific

Day 48 기술

A 1 technology   2 기법   3 automatic
4 연결하다; 접속하다   5 mechanic
6 기계   7 download   8 올리다,
업로드하다   9 post   10 파일, 서류철;
(컴퓨터) 파일   11 software
12 파도타기를 하다; 인터넷을 검색하다
13 virus   14 develop   15 여과하다,
거르다   16 failure   17 해법, 해결책; 정답
18 useful   19 완벽한   20 achieve

B 1 solution   2 Technology   3 post
4 connect   5 achieve

Day 49 지구와 우주

A 1 Earth   2 공간; 우주   3 life
4 공기, 대기   5 layer   6 자석   7 spin
8 astronaut   9 우주 왕복선; 정기 왕복 차량
10 rocket   11 외계인; 외국의; 외계의
12 detect   13 어둠, 암흑   14 planet
15 은하계   16 Mercury   17 금성
18 Mars   19 목성   20 Saturn

B 1 Venus   2 shuttle   3 Milky Way
4 aliens   5 magnet

Day 50 환경

A 1 environment   2 energy   3 힘; 동력,
에너지   4 source   5 파도, 물결; 흔들다
6 heat   7 오염시키다   8 waste
9 plastic   10 더러운   11 pure   12 문제,
사안; 중요하다; 문제 되다   13 세계적인;
지구의   14 cause   15 위험   16 destroy
17 파괴하다, 파멸시키다; 붕괴; 파멸
18 disappear   19 구하다; 모으다
20 solve

B 1 global   2 source   3 save
4 disappear   5 matter

Review Test

A 1 invent 발명하다   2 energy 활기; 에너지
3 pollute 오염시키다   4 develop
발달[발전]시키다; 개발하다   5 Saturn 토성
6 surf 파도타기를 하다; 인터넷을 검색하다
7 detect 발견하다   8 come up with
~을 생각해내다   9 machine 기계
10 environment 환경   11 space 공간;
우주   12 combine 결합하다
13 automatic 자동의   14 upload 올리다,
업로드하다   15 shuttle 우주 왕복선;
정기 왕복 차량   16 destroy 파괴하다
17 scientific 과학의; 과학적인
18 element 요소, 성분; 원소   19 consist
이루어져 있다   20 ruin 파괴하다, 파멸시키다;
붕괴; 파멸

B 1 useful   2 spin   3 data   4 software
5 matter   6 planet

C 1 garbage   2 source   3 successes
4 general

D 1 astronaut   2 rocket   3 laboratory
4 magnet

E 1 achieve   2 solution   3 disappear
4 result(s)

Index

business	234	classroom	32	couch	17
businessman	238	clay	153	cough	100
		clean	166	count	200
		clear	128	countryside	49
———— **C** ————		cliff	125	couple	201
		climb	98	courage	225
cafeteria	34	closet	17	course	56
calendar	160	cloudy	129	cousin	12
camping	170	club	170	create	150
candle	118	coach	173	creative	154
capital	49	coin	242	crocodile	132
care about	41	collect	170	crop	232
careful	69	college	33	crowded	110
carry	54	colorful	153	cruel	70
cartoon	180	combine	249	culture	110
carve	153	come up with	250	curious	68
castle	110	comedy	146	curly	94
catch	96	comfortable	114	curry	26
cattle	134	commit	222	cut	101
cause	262	common	41		
cave	125	communicate	80		
ceiling	18	community	48	———— **D** ————	
celebrate	118	company	236		
center	58	compare	42	daily	144
century	214	compete	42	damp	129
champion	174	complete	165	danger	262
change	242	completely	190	darkness	257
character	181	composer	150	data	248
charity	218	concern	145	date	160
chase	97	concert	149	daughter	13
chat	41	concrete	149	daytime	160
cheap	113	conductor	150	deaf	102
cheat	217	confuse	77	death	102
cheer	174	congratulation	118	decorate	117
cheerful	68	connect	252	deep	200
chef	238	consist	249	deer	132
chemical	249	construct	148	degree	128
chemistry	38	consume	242	delicious	24
chilly	130	contact	41	deliver	113
choose	113	contest	33	dentist	237
church	212	control	220	deny	77
circle	196	cooking	14	department store	49
city	48	copy	102	depend on	12
class	214	correct	182	describe	181
classical	150			desert	120
classmate	40			deserve	226

W

U

V

Y

Z

나만의 주제별 영단어 학습 플래너

VOCA
PLANNER

중등 필수

DARAKWON

누적
테스트

★ 빈칸에 알맞은 우리말 뜻 또는 영어를 쓰시오.

Days 1-2

1.	depend on	_____	16.	부모	_____

1. depend on _____ 16. 부모 _____
2. repair _____ 17. ~와 결혼하다 _____
3. cooking _____ 18. 딸 _____
4. household _____ 19. 바치다, 쏟다 _____
5. similar _____ 20. 조부모 _____
6. wedding _____ 21. 준비하다 _____
7. rest _____ 22. 중요한 _____
8. get together _____ 23. 지붕 _____
9. balcony _____ 24. 남편 _____
10. shelf _____ 25. 닮다 _____
11. relative _____ 26. 차고 _____
12. closet _____ 27. 울타리, 담 _____
13. twin _____ 28. 계단 _____
14. couch _____ 29. 사촌 _____
15. drawer _____ 30. 마당, 뜰 _____

Days 2-3
맞은 개수 /30

1. mirror _____ 16. 담요 _____
2. microwave oven _____ 17. 침실 _____
3. toilet _____ 18. 천장 _____
4. sauce _____ 19. 욕조 _____
5. floor _____ 20. 램프, 등 _____
6. scissors _____ 21. 쟁반 _____
7. fry _____ 22. 칼 _____
8. stove _____ 23. 냉장고 _____
9. boil _____ 24. 가구 _____
10. pot _____ 25. 설탕; 당분 _____
11. sink _____ 26. 병, 단지 _____
12. bottle _____ 27. 부엌 _____
13. pepper _____ 28. (우묵한) 그릇 _____
14. living room _____ 29. 조리법 _____
15. dishwasher _____ 30. 접시; 한 접시분 _____

Days 3-4　　　　　　　　　　　맞은 개수　／30

1.	dish	_____	16.	가위	_____
2.	noodle	_____	17.	아주 맛있는	_____
3.	plate	_____	18.	해산물	_____
4.	sour	_____	19.	냄비, 솥	_____
5.	sugar	_____	20.	병	_____
6.	spicy	_____	21.	짠, 소금기가 있는	_____
7.	refrigerator	_____	22.	소고기	_____
8.	diet	_____	23.	소스, 양념	_____
9.	knife	_____	24.	채소	_____
10.	grain	_____	25.	튀기다, 굽다	_____
11.	dessert	_____	26.	돼지고기	_____
12.	kitchen	_____	27.	달콤한; 상냥한	_____
13.	steak	_____	28.	카레	_____
14.	meat	_____	29.	간식	_____
15.	bitter	_____	30.	밀가루	_____

Days 4-5　　　　　　　　　　　맞은 개수　／30

1.	college	_____	16.	대회, 경연	_____
2.	pork	_____	17.	사전	_____
3.	enter	_____	18.	국수, 면	_____
4.	flour	_____	19.	결석한, 결근한	_____
5.	delicious	_____	20.	신; 상한	_____
6.	vegetable	_____	21.	교복, 제복	_____
7.	presentation	_____	22.	고기, 살	_____
8.	blackboard	_____	23.	교실	_____
9.	public	_____	24.	곡물; 낟알	_____
10.	mark	_____	25.	도서관	_____
11.	elementary	_____	26.	접시; 요리	_____
12.	salty	_____	27.	교과서	_____
13.	cafeteria	_____	28.	대학교	_____
14.	private	_____	29.	운동장, 놀이터	_____
15.	grade	_____	30.	복도	_____

★ 빈칸에 알맞은 우리말 뜻 또는 영어를 쓰시오.

1.	lively	_____	16.	화학 _____
2.	university	_____	17.	숙제, 과제 _____
3.	review	_____	18.	대중의; 공공의 _____
4.	encourage	_____	19.	체육 _____
5.	absent	_____	20.	꾸짖다, 야단치다 _____
6.	mathematics	_____	21.	들어가다; 입학하다 _____
7.	textbook	_____	22.	설명하다 _____
8.	difficulty	_____	23.	미술; 예술 _____
9.	library	_____	24.	초보의; 초등학교의 _____
10.	examination	_____	25.	언어 _____
11.	bother	_____	26.	사적인; 사립의 _____
12.	lesson	_____	27.	반복하다 _____
13.	effort	_____	28.	초점; 집중하다 _____
14.	hallway	_____	29.	발표; 제출; 수여 _____
15.	geography	_____	30.	사회 _____

1.	familiar	_____	16.	노력 _____
2.	scold	_____	17.	~에 마음을 쓰다 _____
3.	chemistry	_____	18.	압력, 압박 _____
4.	senior	_____	19.	관계 _____
5.	friendship	_____	20.	어려움, 곤경 _____
6.	explain	_____	21.	소개하다 _____
7.	contact	_____	22.	수학 _____
8.	chat	_____	23.	질투하는 _____
9.	social studies	_____	24.	또래 _____
10.	language	_____	25.	지리학 _____
11.	common	_____	26.	수업; 과; 교훈 _____
12.	partner	_____	27.	경쟁자 _____
13.	classmate	_____	28.	비교하다 _____
14.	compete	_____	29.	혼자의; 혼자서 _____
15.	promise	_____	30.	~에게 용기를 주다 _____

Days 7-8

맞은 개수 **/30**

1. village _____
2. theater _____
3. introduce _____
4. rival _____
5. town _____
6. pressure _____
7. jealous _____
8. capital _____
9. relationship _____
10. restaurant _____
11. museum _____
12. grocery _____
13. city _____
14. peer _____
15. hospital _____
16. 쇼핑몰 _____
17. 흔한; 공통의 _____
18. 백화점 _____
19. 시골, 전원 지대 _____
20. 지역의 _____
21. 연상의; 상급자 _____
22. 친숙한, 낯익은 _____
23. 지역사회, 주민 _____
24. 우체국 _____
25. 접촉; 연락하다 _____
26. 경찰서 _____
27. 빵집, 제과점 _____
28. 소방서 _____
29. 이웃 사람 _____
30. 시장 _____

Days 8-9

맞은 개수 **/30**

1. neighbor _____
2. road _____
3. automobile _____
4. local _____
5. tunnel _____
6. railway _____
7. countryside _____
8. carry _____
9. market _____
10. pass _____
11. mall _____
12. sign _____
13. speed _____
14. path _____
15. block _____
16. 지하철 _____
17. 역, 정거장 _____
18. 박물관 _____
19. 전후로, 왔다 갔다 _____
20. 극장; 연극 _____
21. 병원 _____
22. 교통 체증 _____
23. 수도; 대문자 _____
24. 타다, 승차하다 _____
25. 차량, 탈것 _____
26. 소도시, 읍 _____
27. 항구; 항구 도시 _____
28. 연료 _____
29. 공항 _____
30. 거리, 도로 _____

★ 빈칸에 알맞은 우리말 뜻 또는 영어를 쓰시오.

Days 9-10 | 맞은 개수 /30

1. right _____
2. vehicle _____
3. course _____
4. fuel _____
5. across _____
6. center _____
7. subway _____
8. through _____
9. bottom _____
10. along _____
11. port _____
12. outside _____
13. traffic jam _____
14. left _____
15. inside _____

16. 빨리 가다; 속도 _____
17. 지하에; 지하의 _____
18. 서쪽의 _____
19. 자동차 _____
20. 앞으로 _____
21. 중앙, 한가운데 _____
22. 철도; 철로 _____
23. ~ 쪽으로 _____
24. 터널, 굴 _____
25. 방향 _____
26. 동쪽의 _____
27. 도로, 길 _____
28. 북쪽의 _____
29. 남쪽의 _____
30. 뒤로, 뒤쪽으로 _____

Days 10-11 | 맞은 개수 /30

1. under _____
2. direction _____
3. into _____
4. underground _____
5. away _____
6. over _____
7. backward _____
8. opposite _____
9. apart _____
10. eastern _____
11. upstairs _____
12. middle _____
13. front _____
14. above _____
15. near _____

16. ~의 뒤에 _____
17. 중심, 한가운데 _____
18. ~ 밖으로, ~ 밖에 _____
19. 바깥쪽; 밖에서 _____
20. 앞으로; 미리 _____
21. 맞는; 오른쪽의 _____
22. ~ 바로 옆에 _____
23. ~을 가로질러 _____
24. ~보다 아래에 _____
25. ~ 주위에, 빙 둘러 _____
26. ~을 따라; 앞으로 _____
27. ~ 옆에 _____
28. 한쪽으로, 옆으로 _____
29. 사이에 _____
30. 거꾸로, 뒤집혀 _____

Days 11-12 맞은 개수 /30

1. beside _____
2. shy _____
3. personality _____
4. patient _____
5. next to _____
6. between _____
7. strict _____
8. below _____
9. tender _____
10. humorous _____
11. cruel _____
12. kindness _____
13. behind _____
14. greedy _____
15. honest _____

16. 쾌활한, 발랄한 _____
17. 친절한, 호의적인 _____
18. 위층으로 _____
19. 활발한; 적극적인 _____
20. 호기심이 많은 _____
21. 앞쪽의; 앞쪽 _____
22. 부지런한 _____
23. 용감한, 용기 있는 _____
24. ~ 안으로 _____
25. 조용한, 차분한 _____
26. ~보다 위에; 위에 _____
27. 떨어져; 산산이 _____
28. 이기적인 _____
29. 게으른, 나태한 _____
30. 조심하는, 신중한 _____

Days 12-13 맞은 개수 /30

1. worry _____
2. afraid _____
3. friendly _____
4. brave _____
5. glad _____
6. diligent _____
7. active _____
8. miss _____
9. selfish _____
10. tear _____
11. shocked _____
12. wonder _____
13. proud _____
14. disappointed _____
15. upset _____

16. 들뜬, 흥분한 _____
17. 정직한; 솔직한 _____
18. 엄격한 _____
19. 기쁨, 즐거움 _____
20. 참을성 있는; 환자 _____
21. 불행한, 슬픈 _____
22. 감사하는 _____
23. 잔인한, 잔혹한 _____
24. 두려움; 두려워하다 _____
25. 탐욕스러운 _____
26. 화, 분노 _____
27. 무서워하는 _____
28. 기쁜, 만족스러운 _____
29. 짜증이 난 _____
30. 놀란 _____

★ 빈칸에 알맞은 우리말 뜻 또는 영어를 쓰시오.

Days 13-14 맞은 개수 /30

1. excited	_____	16. 자랑스러워하는	_____
2. mind	_____	17. 무시하다	_____
3. scared	_____	18. 실망한, 낙담한	_____
4. express	_____	19. 부인[부정]하다	_____
5. joy	_____	20. 확신하는	_____
6. wish	_____	21. 두려워[무서워]하는 a	_____
7. anger	_____	22. 혼란시키다; 혼동하다	_____
8. believe	_____	23. 더 좋아하다	_____
9. intend	_____	24. 눈물; 찢다	_____
10. understand	_____	25. 간주하다, 여기다	_____
11. unhappy	_____	26. 기억하다	_____
12. idea	_____	27. 충격을 받은	_____
13. determine	_____	28. 어리석은	_____
14. reasonable	_____	29. 잊다	_____
15. guess	_____	30. 현명한	_____

Days 14-15 맞은 개수 /30

1. argue	_____	16. 사실	_____
2. rumor	_____	17. 바라다; 소원	_____
3. regard	_____	18. 태도, 자세	_____
4. communicate	_____	19. 탓하다; 비난	_____
5. confuse	_____	20. 상관하다; 마음	_____
6. prefer	_____	21. 소리 지르다	_____
7. wise	_____	22. 나타내다, 표현하다	_____
8. silence	_____	23. 조언[충고]하다	_____
9. remember	_____	24. 이해하다, 알다	_____
10. whisper	_____	25. 직접적으로; 곧장	_____
11. reply	_____	26. 의도하다, 작정하다	_____
12. truth	_____	27. ~처럼 보이다	_____
13. dialogue	_____	28. 의미하다	_____
14. lie	_____	29. 솔직하게	_____
15. secret	_____	30. 가능한; 있을 수 있는	_____

Days 15-16

1.	bone		16.	고요, 정적; 침묵
2.	attitude		17.	대화
3.	blame		18.	발목
4.	elbow		19.	피부
5.	possible		20.	진실, 사실
6.	toe		21.	졸린, 졸음이 오는
7.	seem		22.	얼굴
8.	sense		23.	목마른, 갈증 나는
9.	mean		24.	속삭이다; 속삭임
10.	touch		25.	듣다; 들리다
11.	wrist		26.	비밀; 비밀의
12.	smell		27.	시력; 보기, 봄
13.	sound		28.	허리
14.	hunger		29.	피곤한; 싫증 난
15.	taste		30.	뇌, 두뇌

Days 16-17

1.	male		16.	매력적인
2.	spot		17.	과체중의, 비만의
3.	sleepy		18.	감각
4.	middle-aged		19.	키; 높이
5.	plain		20.	뼈
6.	sight		21.	대머리의
7.	straight		22.	곱슬곱슬한
8.	hear		23.	손목, 팔목
9.	brain		24.	날씬한
10.	youth		25.	냄새 맡다; 냄새
11.	age		26.	무게, 체중
12.	thirsty		27.	연세가 드신
13.	appearance		28.	잘생긴, 멋진
14.	weigh		29.	굶주림; 배고픔
15.	female		30.	못생긴, 추한

★ 빈칸에 알맞은 우리말 뜻 또는 영어를 쓰시오.

Days 17-18   맞은 개수   /30

1. stretch _____   16. 던지다 _____
2. race _____   17. 차다 _____
3. height _____   18. 나이; 나이가 들다 _____
4. slim _____   19. 곧은; 똑바로; 곧장 _____
5. catch _____   20. 산책하다 _____
6. push _____   21. 남성의; 남성 _____
7. swing _____   22. 조깅하다; 조깅 _____
8. elderly _____   23. 여성의; 여성 _____
9. overweight _____   24. (뒤)쫓다; 추격 _____
10. roll _____   25. 오르다, 등반하다 _____
11. dive _____   26. 구부리다 _____
12. curly _____   27. 미끄러지다; 미끄럼틀 _____
13. skateboard _____   28. 중년의 _____
14. hit _____   29. 스키 타기 _____
15. ride _____   30. 썰매; 썰매를 타다 _____

Days 18-19   맞은 개수   /30

1. cough _____   16. 부상 _____
2. kick _____   17. 통증, 고통 _____
3. deaf _____   18. 뻗다; 늘이다 _____
4. bend _____   19. 사망, 죽음 _____
5. jog _____   20. 밀다; 누르다 _____
6. hurt _____   21. 약한, 힘이 없는 _____
7. sled _____   22. 병든, 몸이 아픈 _____
8. chase _____   23. 굴리다; 구르다 _____
9. blind _____   24. 열 _____
10. get better _____   25. 타다; 타기 _____
11. burn _____   26. 콧물 _____
12. healthy _____   27. 치다; 부딪치다 _____
13. blood _____   28. 베다, 자르다 _____
14. treatment _____   29. 생존하다, 살아남다 _____
15. harm _____   30. 심한, 끔찍한 _____

Days 19-20

맞은 개수 **/30**

1. tour _____
2. exchange _____
3. fever _____
4. pain _____
5. native _____
6. terrible _____
7. photograph _____
8. injury _____
9. travel _____
10. address _____
11. survive _____
12. well-known _____
13. guide _____
14. plan _____
15. castle _____

16. 전통의, 전통적인 _____
17. 피 _____
18. 귀가 먼 _____
19. 지역, 지방 _____
20. 문화 _____
21. 거리 _____
22. 호전되다, 좋아지다 _____
23. 놀라운 _____
24. 도착하다 _____
25. 맹인의; 눈먼 _____
26. 붐비는, 혼잡한 _____
27. 예약하다 _____
28. 다양한, 여러 가지의 _____
29. 치료, 치료법 _____
30. 해외에, 해외로 _____

Days 20-21

맞은 개수 **/30**

1. style _____
2. goods _____
3. choose _____
4. abroad _____
5. display _____
6. various _____
7. latest _____
8. arrive _____
9. traditional _____
10. fashionable _____
11. region _____
12. order _____
13. price _____
14. item _____
15. deliver _____

16. 모국의; 원산의 _____
17. 끌다, 매혹하다 _____
18. 저렴한, 값싼 _____
19. 유명한, 잘 알려진 _____
20. 관광; 관광하다 _____
21. 지불하다 _____
22. 상표, 브랜드 _____
23. 계획하다; 계획 _____
24. 제공[공급]하다 _____
25. 편안한 _____
26. 값비싼 _____
27. 목록 _____
28. 어울리다; 맞다 _____
29. 패션, 유행 _____
30. 안내원; 안내하다 _____

★ 빈칸에 알맞은 우리말 뜻 또는 영어를 쓰시오.

Days 21-22

1.	balloon	_____	16.	깃발	_____
2.	fit	_____	17.	축제	_____
3.	decorate	_____	18.	손님	_____
4.	expensive	_____	19.	진열하다; 전시	_____
5.	pay	_____	20.	품목, 물품	_____
6.	parade	_____	21.	축하; 축하 인사	_____
7.	anniversary	_____	22.	가격	_____
8.	provide	_____	23.	특별한, 특수한	_____
9.	attract	_____	24.	양초, 촛불	_____
10.	fireworks	_____	25.	물품, 상품	_____
11.	wrap	_____	26.	받다	_____
12.	turkey	_____	27.	초대하다	_____
13.	holiday	_____	28.	배달하다	_____
14.	celebrate	_____	29.	불어서 끄다	_____
15.	gather	_____	30.	즐거운, 명랑한	_____

Days 22-23

1.	special	_____	16.	모이다; 수집하다	_____
2.	stream	_____	17.	섬	_____
3.	merry	_____	18.	장식하다	_____
4.	shore	_____	19.	폭포	_____
5.	receive	_____	20.	휴일; 휴가	_____
6.	valley	_____	21.	동굴	_____
7.	guest	_____	22.	기념하다, 축하하다	_____
8.	natural	_____	23.	진흙, 진창	_____
9.	peak	_____	24.	흙, 토양	_____
10.	invite	_____	25.	기념일	_____
11.	area	_____	26.	언덕	_____
12.	cliff	_____	27.	자연	_____
13.	ground	_____	28.	호수	_____
14.	ocean	_____	29.	사막	_____
15.	rock	_____	30.	해변, 바닷가	_____

Days 23-24

맞은 개수 /30

1.	shine	_____	16.	절벽	_____
2.	soil	_____	17.	바위; 암석	_____
3.	sticky	_____	18.	안개	_____
4.	beach	_____	19.	땅바닥; 땅	_____
5.	lake	_____	20.	(온도) 도	_____
6.	raindrop	_____	21.	허리케인, 태풍	_____
7.	fall	_____	22.	날씨	_____
8.	cave	_____	23.	자연의; 당연한	_____
9.	clear	_____	24.	축축한, 습기 찬	_____
10.	windy	_____	25.	먼지	_____
11.	island	_____	26.	차가운, 쌀쌀한	_____
12.	cloudy	_____	27.	폭풍(우)	_____
13.	bright	_____	28.	정상; 절정; 최대량	_____
14.	snowy	_____	29.	몹시 추운	_____
15.	moist	_____	30.	강설; 강설량	_____

Days 24-25

맞은 개수 /30

1.	crocodile	_____	16.	야생의	_____
2.	weather	_____	17.	꼬리	_____
3.	fog	_____	18.	맑은, 갠; 분명한	_____
4.	zebra	_____	19.	표범	_____
5.	freezing	_____	20.	화창한; 밝은	_____
6.	damp	_____	21.	바다거북	_____
7.	whale	_____	22.	흐린, 구름이 잔뜩 낀	_____
8.	chilly	_____	23.	깃털	_____
9.	insect	_____	24.	빗방울	_____
10.	owl	_____	25.	바람이 많이 부는	_____
11.	cattle	_____	26.	상어	_____
12.	deer	_____	27.	벌레	_____
13.	sheep	_____	28.	날개	_____
14.	goat	_____	29.	돌고래	_____
15.	nest	_____	30.	애완동물	_____

★ 빈칸에 알맞은 우리말 뜻 또는 영어를 쓰시오.

Days 25-26

맞은 개수 /30

1.	stem	16.	곤충
2.	dolphin	17.	풀, 약초
3.	root	18.	과일, 과실; 열매
4.	tail	19.	사슴
5.	pet	20.	(나무의) 몸통
6.	pine	21.	올빼미
7.	branch	22.	잎, 나뭇잎
8.	wing	23.	식물; 심다
9.	grass	24.	얼룩말
10.	leopard	25.	숲, 산림
11.	bush	26.	염소
12.	blossom	27.	나무; 숲
13.	sunlight	28.	싹, 눈
14.	bloom	29.	단풍나무
15.	berry	30.	씨앗, 씨

Days 26-27

맞은 개수 /30

1.	daily	16.	신문
2.	fruit	17.	사생활
3.	concern	18.	햇빛
4.	seed	19.	문제, 쟁점, 사안
5.	report	20.	(나뭇)가지
6.	bud	21.	모험
7.	leaf	22.	수풀, 덤불, 관목
8.	interview	23.	공포
9.	trunk	24.	상세, 세부
10.	attention	25.	풀; 풀밭, 잔디밭
11.	visual	26.	활기찬; 만화 영화로 된
12.	film	27.	아나운서
13.	program	28.	뿌리; 근원, 원인
14.	science fiction	29.	희극, 코미디
15.	record	30.	극적인

Days 27-28

맞은 개수 /30

1. newspaper _____
2. construct _____
3. conductor _____
4. issue _____
5. dramatic _____
6. concrete _____
7. unique _____
8. design _____
9. adventure _____
10. privacy _____
11. instrument _____
12. classical _____
13. orchestra _____
14. create _____
15. composer _____

16. 건축가 _____
17. 강철 _____
18. 조화 _____
19. 주의, 주목; 관심 _____
20. 음악회, 연주회 _____
21. 아름다움, 미 _____
22. 구조; 구조물 _____
23. 영화; 촬영하다 _____
24. 시각의 _____
25. 금속 _____
26. 벽돌 _____
27. 기록하다; 기록 _____
28. 현대의, 현대적인 _____
29. 즐겁게 하다 _____
30. 매일의; 매일 _____

Days 28-29

맞은 개수 /30

1. colorful _____
2. painting _____
3. modern _____
4. dye _____
5. beauty _____
6. metal _____
7. architect _____
8. popular _____
9. portrait _____
10. amuse _____
11. realistic _____
12. paint _____
13. genius _____
14. glue _____
15. draw _____

16. 창조하다, 창작하다 _____
17. 조각하다, 새기다 _____
18. 생생한; 강렬한 _____
19. 기구, 도구; 악기 _____
20. 점토, 찰흙 _____
21. 건설하다, 세우다 _____
22. 화랑, 미술관 _____
23. 예술가, 화가 _____
24. 작곡가 _____
25. 창의적인, 독창적인 _____
26. 설계하다; 설계(도) _____
27. 그래픽의; 상세한 _____
28. 엷은; 창백한 _____
29. 그늘; 색조 _____
30. 반사하다; 반영하다 _____

★ 빈칸에 알맞은 우리말 뜻 또는 영어를 쓰시오.

1.	past	_____	16.	염색하다; 염료, 염색약 _____
2.	noon	_____	17.	이미, 벌써 _____
3.	pale	_____	18.	주말 _____
4.	shade	_____	19.	천재; 천재성 _____
5.	until	_____	20.	어제 _____
6.	reflect	_____	21.	색채가 풍부한 _____
7.	midnight	_____	22.	인기 있는; 대중의 _____
8.	vivid	_____	23.	내일 _____
9.	someday	_____	24.	미래; 미래의 _____
10.	creative	_____	25.	날짜 _____
11.	always	_____	26.	그림, 회화 _____
12.	daytime	_____	27.	곧, 이내 _____
13.	present	_____	28.	달력 _____
14.	usually	_____	29.	월례의, 매달의 _____
15.	rarely	_____	30.	때때로, 이따금 _____

1.	typical	_____	16.	~ 때까지 _____
2.	weekend	_____	17.	~에 익숙해지다 _____
3.	calendar	_____	18.	잠들어 있는 _____
4.	awful	_____	19.	마치다, 끝내다 _____
5.	greet	_____	20.	정오, 낮 12시 _____
6.	already	_____	21.	아침 식사 _____
7.	return	_____	22.	언젠가, 훗날에 _____
8.	sometimes	_____	23.	깨어 있는; 깨다 _____
9.	supper	_____	24.	보통, 대개 _____
10.	clean	_____	25.	일기 _____
11.	future	_____	26.	과거; 과거의 _____
12.	complete	_____	27.	제시간에 _____
13.	put on	_____	28.	일어나다 _____
14.	hurry	_____	29.	거의 _____
15.	exercise	_____	30.	보통의, 일상적인 _____

Days 31-32 맞은 개수 /30

1. asleep _____
2. pastime _____
3. outdoor _____
4. almost _____
5. be into _____
6. ordinary _____
7. leisure _____
8. interested _____
9. finish _____
10. collect _____
11. biking _____
12. breakfast _____
13. volunteer _____
14. hiking _____
15. magic _____

16. 취미 _____
17. 즐기다 _____
18. 청소하다; 깨끗한 _____
19. 스트레스 _____
20. 끔찍한, 지독한 _____
21. 인사하다, 환영하다 _____
22. 즐거움, 기쁨 _____
23. 참가[참여]하다 _____
24. 캠핑, 야영 _____
25. 전형적인; 보통의 _____
26. 활동 _____
27. 완성하다; 완전한 _____
28. 배우다, 학습하다 _____
29. 제일[매우] 좋아하는 _____
30. 클럽, 동호회 _____

Days 32-33 맞은 개수 /30

1. member _____
2. practice _____
3. enjoy _____
4. table tennis _____
5. favorite _____
6. learn _____
7. amateur _____
8. coach _____
9. pleasure _____
10. cheer _____
11. sport _____
12. lose _____
13. participate _____
14. able _____
15. tie _____

16. 육상 경기 _____
17. 팬 _____
18. 관심 있어 하는 _____
19. 하이킹, 도보 여행 _____
20. 이기다; 때리다 _____
21. 선수 _____
22. 야외의 _____
23. 축구 _____
24. 마술, 마법 _____
25. 농구 _____
26. 열정 _____
27. 수집하다, 모으다 _____
28. 경기장, 스타디움 _____
29. 챔피언, 우승자[팀] _____
30. 심판 _____

★ 빈칸에 알맞은 우리말 뜻 또는 영어를 쓰시오.

Days 33-34

1.	title	16.	연습하다; 연습
2.	series	17.	감동을 주다
3.	passion	18.	비극
4.	cartoon	19.	스포츠, 운동, 경기
5.	referee	20.	상징
6.	beat	21.	낭만적인; 애정의
7.	event	22.	잡지
8.	basketball	23.	코치, 지도자
9.	theme	24.	일원; 회원
10.	writer	25.	시
11.	topic	26.	묘사하다, 말하다
12.	stadium	27.	출판하다
13.	print	28.	탁구
14.	character	29.	정정하다; 맞는
15.	copy	30.	소설

Days 34-35

1.	impress	16.	~이긴 하지만
2.	despite	17.	연속, 일련; 연속물
3.	in addition	18.	사건; 행사
4.	thus	19.	하지만, 그러나
5.	poem	20.	그러므로
6.	besides	21.	제목; 직함
7.	magazine	22.	~ 때문에
8.	otherwise	23.	예를 들어
9.	tragedy	24.	작가
10.	unlike	25.	결국에, 결과적으로
11.	romantic	26.	만화
12.	since	27.	게다가, 더욱이 m
13.	such as	28.	반면에
14.	in short	29.	~이 아닌 한
15.	that is	30.	대신에

Days 35-36 　　　　　　　　　　　맞은 개수 /30

1.	generally		16.	약간, 조금
2.	moreover		17.	~와는 다른; ~와는 달리
3.	above all		18.	~에도 불구하고
4.	however		19.	보통, 보통 때는
5.	hardly		20.	꽤, 상당히
6.	as a result		21.	서서히, 차츰
7.	at first		22.	특히
8.	for example		23.	주로
9.	never		24.	그렇지 않으면
10.	even		25.	게다가　i
11.	although		26.	전적으로, 완전히
12.	completely		27.	요약하자면
13.	neither		28.	불행하게도
14.	actually		29.	무엇보다도　m
15.	finally		30.	실제로; 정말로

Days 36-37 　　　　　　　　　　　맞은 개수 /30

1.	light		16.	둥근; 둥글게, 빙빙
2.	flat		17.	일반적으로; 보통
3.	circle		18.	완전히
4.	slightly		19.	넓은; 폭이 ~인
5.	mainly		20.	모양, 형태
6.	heavy		21.	무엇보다도; 특히　a
7.	especially		22.	거친; 힘든
8.	object		23.	좁은
9.	thin		24.	거의 ~아니다[않다]
10.	gradually		25.	뾰족한; 급격한
11.	full		26.	삼각형
12.	thick		27.	단단한; 꽉 조이는
13.	totally		28.	처음에는
14.	square		29.	비어 있는
15.	separate		30.	매끄러운; 순조로운

★ 빈칸에 알맞은 우리말 뜻 또는 영어를 쓰시오.

Days 37-38

1. double _____
2. couple _____
3. tight _____
4. length _____
5. twice _____
6. quarter _____
7. sharp _____
8. empty _____
9. deep _____
10. dozen _____
11. shape _____
12. round _____
13. billion _____
14. whole _____
15. pair _____

16. 물건, 사물; 목적 _____
17. 평평한 _____
18. 100만 _____
19. 얇은; 마른 _____
20. 곱하다 _____
21. 가득한; 배부른 _____
22. 단 하나의; 1인용의 _____
23. 1000, 천 _____
24. 반, 절반; 반의 _____
25. 더하다, 추가하다 _____
26. 밝은; 가벼운; 적은 _____
27. 세다; 계산하다 _____
28. 측정하다 _____
29. 다발, 송이 _____
30. 나누다 _____

Days 38-39

1. plenty _____
2. enough _____
3. multiply _____
4. bit _____
5. bunch _____
6. little _____
7. million _____
8. much _____
9. divide _____
10. amount _____
11. count _____
12. least _____
13. size _____
14. a lot of _____
15. few _____

16. 거대한, 막대한   e_____
17. 몇몇의; 몇몇 _____
18. 많은; 다수의 사람/것 _____
19. 한 쌍; 두어 명/개 _____
20. 전체의, 온 _____
21. 길이; 기간 _____
22. 깊은; 깊게 _____
23. 아주 작은 _____
24. 두 번; 두 배로 _____
25. 거대한 _____
26. 조각, 부분 _____
27. 전체의; 합계 _____
28. 10억 _____
29. 똑같이, 동등하게 _____
30. 평균(의); 보통의 _____

Days 39-40

맞은 개수 /30

1. tiny _____
2. entire _____
3. origin _____
4. equally _____
5. centry _____
6. spirit _____
7. temple _____
8. devil _____
9. tribe _____
10. bless _____
11. palace _____
12. average _____
13. class _____
14. total _____
15. god _____

16. 교회 _____
17. 믿음, 신념 _____
18. 조금; 한 조각 _____
19. 신화 _____
20. 양; 액수, 총액 _____
21. 천국 _____
22. 충분한; ~할 만큼 _____
23. 기적 _____
24. 유령 _____
25. 많음, 풍부 _____
26. 보물 _____
27. 영혼 _____
28. 왕국 _____
29. 크기; 치수 _____
30. 역사 _____

Days 40-41

맞은 개수 /30

1. human _____
2. heaven _____
3. cheat _____
4. fault _____
5. ghost _____
6. myth _____
7. serious _____
8. miracle _____
9. fair _____
10. risk _____
11. trust _____
12. belief _____
13. opportunity _____
14. steal _____
15. murder _____

16. 노숙자의 _____
17. 신전, 절, 사찰 _____
18. 궁전 _____
19. 폭력적인 _____
20. 장애를 가진 _____
21. 부족 _____
22. 도둑 _____
23. 적절한, 제대로 된 _____
24. 기원, 유래 _____
25. 사고 _____
26. 악마 _____
27. 사회 _____
28. 안전한 _____
29. 문제 _____
30. 자선; 자선 단체 _____

★ 빈칸에 알맞은 우리말 뜻 또는 영어를 쓰시오.

Days 41-42

1. disabled	_____	16. 기회	_____
2. innocent	_____	17. 필요한, 필수의	_____
3. violent	_____	18. 심각한; 진지한	_____
4. scene	_____	19. 유죄의	_____
5. control	_____	20. 법	_____
6. safe	_____	21. 훔치다	_____
7. guard	_____	22. 허용하다	_____
8. follow	_____	23. 인간의; 인간	_____
9. society	_____	24. 저지르다	_____
10. evidence	_____	25. 규칙; 통치하다	_____
11. notice	_____	26. 잘못; 결점	_____
12. look into	_____	27. 증거	p_____
13. accident	_____	28. 고장 내다; 어기다	_____
14. punish	_____	29. 벌금	_____
15. suspect	_____	30. 교도소, 감옥	_____

Days 42-43

1. favor	_____	16. 예의 바른, 정중한	_____
2. manner	_____	17. 용기	_____
3. share	_____	18. 현장; 장면	_____
4. fine	_____	19. 행동	_____
5. commit	_____	20. 조사하다	_____
6. respect	_____	21. 칭찬하다; 칭찬	_____
7. prison	_____	22. 무죄인; 순진한	_____
8. deserve	_____	23. 사과하다	_____
9. permit	_____	24. 처벌하다, 벌주다	_____
10. support	_____	25. 경비 요원; 지키다	_____
11. guilty	_____	26. 행동[처신]하다	_____
12. excuse	_____	27. 온화한, 부드러운	_____
13. etiquette	_____	28. 연민, 동정(심)	_____
14. warmhearted	_____	29. 감사하다	_____
15. pardon	_____	30. 용서하다	_____

Days 43-44 맞은 개수 /30

1. farming	_____	16. 농작물	_____
2. courage	_____	17. 지지(하다); 지원(하다)	_____
3. raise	_____	18. 망, 그물	_____
4. apologize	_____	19. 밀	_____
5. grow	_____	20. 산업, 공업	_____
6. gentle	_____	21. ~을 받을 만하다	_____
7. fishing	_____	22. 방식; 태도; 예의	_____
8. field	_____	23. 변명; 용서하다	_____
9. business	_____	24. 과수원	_____
10. behavior	_____	25. 새우	_____
11. rice	_____	26. 연어	_____
12. harvest	_____	27. 함께 쓰다; 나누다	_____
13. praise	_____	28. 생산하다	_____
14. set up	_____	29. 공장	_____
15. major	_____	30. 상품, 제품	_____

Days 44-45 맞은 개수 /30

1. salary	_____	16. 경험, 경력	_____
2. crop	_____	17. 직장, 일, 일자리	_____
3. police officer	_____	18. 사업, 장사; 업무	_____
4. produce	_____	19. 고용하다	_____
5. chef	_____	20. 밭	_____
6. net	_____	21. 노동	_____
7. baker	_____	22. 농사, 농업	_____
8. orchard	_____	23. 쌀; 밥	_____
9. hairdresser	_____	24. 사무실, 사무소	_____
10. detective	_____	25. 성공한, 성공적인	_____
11. offer	_____	26. 수확(량); 수확하다	_____
12. salmon	_____	27. 치과 의사	_____
13. businessman	_____	28. 회사	_____
14. soldier	_____	29. 숙련; 기술	_____
15. driver	_____	30. 배우	_____

★ 빈칸에 알맞은 우리말 뜻 또는 영어를 쓰시오.

Days 45-46   맞은 개수   / 30

1. labor _____
2. successful _____
3. fortune _____
4. economy _____
5. dentist _____
6. job _____
7. import _____
8. lend _____
9. consume _____
10. savings _____
11. hire _____
12. export _____
13. discount _____
14. sale _____
15. bill _____
16. 제안(하다); 제공(하다) _____
17. 부유한 _____
18. 군인 _____
19. 용돈 _____
20. 월급, 급여 _____
21. 벌다 _____
22. 목적 _____
23. 운전자, 기사 _____
24. 사업가, 경영인 _____
25. 변화; 거스름돈; 변하다 _____
26. 예산 _____
27. 서비스, 봉사 _____
28. 효과적인 _____
29. 빌리다 _____
30. 동전 _____

Days 46-47   맞은 개수   / 30

1. scientist _____
2. sample _____
3. wealthy _____
4. test _____
5. consist _____
6. earn _____
7. budget _____
8. laboratory _____
9. purpose _____
10. borrow _____
11. specific _____
12. chemical _____
13. form _____
14. element _____
15. come up with _____
16. 수입하다; 수입(품) _____
17. 기본적인, 기초적인 _____
18. 수출하다; 수출(품) _____
19. 자료, 정보, 데이터 _____
20. 저축, 예금 _____
21. 관 _____
22. 경제; 경기 _____
23. 연구원 _____
24. 결합하다 _____
25. 증명[입증]하다 _____
26. 재산, 부; 행운 _____
27. 발명하다 _____
28. 과학의; 과학적인 _____
29. 결과; 생기다 _____
30. 발견하다 _____

Days 47-48 맞은 개수 /30

1. file _____
2. discover _____
3. mechanic _____
4. upload _____
5. researcher _____
6. surf _____
7. invent _____
8. connect _____
9. scientific _____
10. filter _____
11. basic _____
12. technique _____
13. develop _____
14. achieve _____
15. solution _____

16. 기계 _____
17. 요소, 성분; 원소 _____
18. 자동의 _____
19. 과학자 _____
20. 내려받다 _____
21. 바이러스 _____
22. (과학) 기술 _____
23. 올리다; 우편 _____
24. 샘플, 견본 _____
25. 소프트웨어 _____
26. 이루어져 있다 _____
27. 완벽한 _____
28. 화학의; 화학 물질 _____
29. 유용한 _____
30. 실패 _____

Days 48-49 맞은 개수 /30

1. life _____
2. failure _____
3. space _____
4. machine _____
5. magnet _____
6. technology _____
7. perfect _____
8. detect _____
9. alien _____
10. post _____
11. shuttle _____
12. Mars _____
13. Venus _____
14. layer _____
15. Saturn _____

16. 공기, 대기 _____
17. 수성 _____
18. 파일, 서류철 _____
19. 행성 _____
20. 발달시키다 _____
21. 지구 _____
22. 연결하다; 접속하다 _____
23. 로켓 _____
24. 정비공 _____
25. 돌다, 회전하다 _____
26. 은하계 _____
27. 어둠, 암흑 _____
28. 해법, 해결책; 정답 _____
29. 목성 _____
30. 우주 비행사 _____

★ 빈칸에 알맞은 우리말 뜻 또는 영어를 쓰시오.

Days 49-50

1.	Jupiter _____	16.	오염시키다 _____
2.	plastic _____	17.	공간; 우주 _____
3.	planet _____	18.	순수한; 깨끗한 _____
4.	astronaut _____	19.	원천; 근원, 원인 _____
5.	power _____	20.	화성 _____
6.	environment _____	21.	문제; 중요하다 _____
7.	waste _____	22.	위험 _____
8.	heat _____	23.	사라지다 _____
9.	air _____	24.	자석 _____
10.	global _____	25.	파괴하다 _____
11.	energy _____	26.	생명; 생명체; 삶 _____
12.	spin _____	27.	파괴하다; 붕괴 _____
13.	cause _____	28.	금성 _____
14.	save _____	29.	더러운 _____
15.	wave _____	30.	해결하다; 풀다 _____

ANSWER ✿·· KEY

Days 1-2

1 ~에 의존하다   2 수리하다; 수리   3 요리하기;
요리   4 가족(의), 가정(의)   5 비슷한, 닮은
6 결혼(식)   7 나머지; 휴식   8 모이다, 만나다
9 발코니   10 선반; 칸   11 친척; 비교상의;
상대적인   12 벽장, 옷장   13 쌍둥이; 쌍둥이의
14 긴 의자, 소파   15 서랍   16 parent   17 marry
18 daughter   19 devote   20 grandparent
21 prepare   22 important   23 roof
24 husband   25 resemble   26 garage
27 fence   28 stair   29 cousin   30 yard

Days 2-3

1 거울; 잘 보여주다, 반영하다   2 전자레인지
3 변기   4 소스, 양념   5 바닥; 층   6 가위   7 튀기다,
굽다   8 난로, 스토브; 가스레인지   9 끓다, 끓이다;
삶다   10 냄비; 솥   11 싱크대, 개수대; 가라앉다
12 병   13 후추; 고추; 피망   14 거실
15 식기세척기   16 blanket   17 bedroom
18 ceiling   19 bathtub   20 lamp   21 tray
22 knife   23 refrigerator   24 furniture
25 sugar   26 jar   27 kitchen   28 bowl
29 recipe   30 plate

Days 3-4

1 접시; 요리   2 국수, 면   3 접시; 한 접시 분
4 신, 시큼한; 상한   5 설탕; 당분   6 양념 맛이 강한,
매운   7 냉장고   8 식사, 음식; 식이 요법; 규정식
9 칼, 나이프   10 곡물; 낟알   11 디저트, 후식
12 부엌   13 두껍게 썬 고기; 스테이크   14 고기, 살
15 쓴; 쓰라린; 혹독한   16 scissors
17 delicious   18 seafood   19 pot   20 bottle
21 salty   22 beef   23 sauce   24 vegetable
25 fry   26 pork   27 sweet   28 curry
29 snack   30 flour

Days 4-5

1 대학, 전문학교   2 돼지고기   3 들어가다;
입학하다   4 밀가루; 가루   5 아주 맛있는   6 채소
7 발표; 제출; 수여   8 칠판   9 대중의; 공공의
10 자국; 점수; 표시하다   11 초보의; 초등학교의
12 짠, 소금기가 있는   13 카페테리아, 구내식당
14 사적인, 개인적인; 사립의   15 학년; 성적; 등급
16 contest   17 dictionary   18 noodle
19 absent   20 sour   21 uniform   22 meat
23 classroom   24 grain   25 library   26 dish
27 textbook   28 university   29 playground
30 hallway

Days 5-6

1 활기[생기] 넘치는, 활발한   2 대학교   3 검토;
복습; (재)검토하다; 복습하다   4 격려하다;
권장[장려]하다   5 결석한, 결근한   6 수학
7 교과서   8 어려움, 곤경   9 도서관   10 시험; 조사,
검토   11 귀찮게 하다, 괴롭히다   12 수업, 교습; 과;
교훈   13 노력, 수고   14 복도   15 지리학
16 chemistry   17 homework   18 public
19 physical education   20 scold   21 enter
22 explain   23 art   24 elementary
25 language   26 private   27 repeat
28 focus   29 presentation
30 social studies

Days 6-7

1 친숙한, 낯익은   2 꾸짖다, 야단치다   3 화학
4 연상의; 상급자; 최상급생   5 교우 관계; 우정
6 설명하다   7 접촉, 연락; 연락하다   8 이야기를
나누다; 잡담   9 사회   10 언어   11 흔한; 공동의,
공통의   12 파트너, 동료, 협력자   13 급우, 반 친구
14 경쟁하다; 참가하다   15 약속하다; 약속
16 effort   17 care about   18 pressure
19 relationship   20 difficulty   21 introduce
22 mathematics   23 jealous   24 peer

25 geography   26 lesson   27 rival
28 compare   29 alone   30 motivate

1 마을, 촌락   2 극장; 연극   3 소개하다   4 경쟁자,
경쟁 상대   5 소도시, 읍   6 압력; 기압; 압박
7 질투하는; 시샘하는   8 수도; 대문자   9 관계
10 음식점, 식당   11 박물관   12 식료품점
13 시, 도시   14 또래   15 병원   16 mall
17 common   18 department store
19 countryside   20 local   21 senior
22 familiar   23 community   24 post office
25 contact   26 police station   27 bakery
28 fire station   29 neighbor   30 market

Days 8-9

1 이웃 사람   2 도로, 길   3 자동차   4 지역의,
현지의   5 터널, 굴   6 철도; 철로   7 시골, 전원 지대
8 운반하다, 실어 나르다; 가지고 다니다   9 시장
10 통과하다; 추월하다; 건네주다; 합격하다
11 쇼핑몰   12 표지판; 징후; 서명하다
13 빨리 가다, 질주하다; 속도위반하다; 속도
14 작은 길, 오솔길   15 막다, 차단하다; 블록, 구역
16 subway   17 station   18 museum
19 back and forth   20 theater   21 hospital
22 traffic jam   23 capital   24 get on
25 vehicle   26 town   27 port   28 fuel
29 airport   30 street

Days 9-10

1 맞는; 오른쪽의; 오른쪽으로   2 차량, 탈것
3 진로, 방향; 강의   4 연료   5 ~을 가로질러;
~의 건너편에; 건너서, 가로질러   6 중심, 한가운데
7 지하철   8 ~을 통하여; 지나서, 뚫고서
9 맨 아래; 바닥; 맨 아래의   10 ~을 따라; 앞으로
11 항구; 항구 도시   12 바깥쪽(의); 밖에서;

~의 밖에   13 교통 체증   14 왼쪽의; 왼쪽에,
왼쪽으로   15 안쪽, 내부; 안으로; 안쪽의;
~의 안에   16 speed   17 underground
18 western   19 automobile   20 forward
21 middle   22 railway   23 toward(s)
24 tunnel   25 direction   26 eastern
27 road   28 northern   29 southern
30 backward

Days 10-11

1 ~ 아래에; ~의 바로 밑에   2 방향   3 ~ 안으로,
~ 안에   4 지하에; 지하의   5 떨어진 곳에;
다른 데로   6 ~의 위에; ~을 넘어[건너]
7 뒤로; 뒤쪽으로   8 ~의 건너편[맞은편]에;
반대편[맞은편]의   9 떨어져, 헤어져; 산산이
10 동쪽의   11 위층으로, 위층에   12 중앙, 한가운데
13 앞쪽의; 앞쪽, 앞부분   14 ~보다 위에[위로]; 위에
15 ~에서 가까이, ~의 근처에; 가까운   16 behind
17 center   18 out of   19 outside   20 ahead
21 right   22 next to   23 across   24 below
25 around   26 along   27 beside   28 aside
29 between   30 upside down

Days 11-12

1 ~ 옆에   2 수줍음이 많은, 부끄러워하는   3 성격,
인격   4 참을성[인내심] 있는; 환자   5 ~ 바로 옆에
6 사이에   7 엄격한   8 ~보다 아래에; 아래에
9 상냥한, 애정 어린; 부드러운   10 재미있는,
유머가 넘치는   11 잔인한, 잔혹한   12 친절, 다정함
13 ~의 뒤에   14 탐욕스러운, 욕심 많은
15 정직한; 솔직한   16 cheerful   17 friendly
18 upstairs   19 active   20 curious   21 front
22 diligent   23 brave   24 into   25 quiet
26 above   27 apart   28 selfish   29 lazy
30 careful

Answer Key ★ 29

Days 12-13

1 걱정하다; 걱정하게 만들다; 걱정, 우려
2 두려워하는, 무서워하는   3 친절한, 호의적인
4 용감한, 용기 있는   5 기쁜   6 부지런한, 근면한
7 활발한; 적극적인   8 놓치다; 그리워하다
9 이기적인   10 눈물; 찢다, 뜯다   11 충격을 받은
12 경탄, 놀라움; 궁금해하다; 놀라다
13 자랑스러워하는, 자부심이 있는   14 실망한,
낙담한   15 속상한; 속상하게 하다   16 excited
17 honest   18 strict   19 joy   20 patient
21 unhappy   22 thankful   23 cruel
24 fear   25 greedy   26 anger   27 scared
28 pleased   29 annoyed   30 surprised

Days 13-14

1 들뜬, 흥분한   2 상관하다, 언짢아하다; 마음, 정신
3 무서워하는, 겁먹은   4 나타내다, 표현하다
5 기쁨, 즐거움   6 바라다, 원하다; 소원, 바람   7 화,
분노   8 믿다; 생각하다   9 의도하다, 작정하다
10 이해하다, 알다   11 불행한, 슬픈   12 발상, 생각
13 결정하다; 알아내다   14 타당한, 합리적인;
적정한   15 추측(하다), 짐작(하다)   16 proud
17 ignore   18 disappointed   19 deny
20 sure   21 (a)fraid   22 confuse   23 prefer
24 tear   25 regard   26 remember
27 shocked   28 silly   29 forget   30 wise

Days 14-15

1 말다툼하다, 언쟁하다; 주장하다   2 소문
3 간주하다, 여기다   4 의사소통하다   5 혼란시키다,
혼동하다   6 더 좋아하다, 선호하다   7 현명한,
지혜로운   8 고요, 정적; 침묵   9 기억하다
10 속삭이다, 귓속말을 하다; 속삭임   11 대답하다;
답장을 보내다; 대답; 답장   12 진실, 사실   13 대화
14 거짓말; 거짓말하다   15 비밀; 비밀의   16 fact
17 wish   18 attitude   19 blame   20 mind
21 yell   22 express   23 advise

Days 15-16

1 뼈   2 태도, 자세, 사고방식   3 비난하다; 탓하다;
비난; 책임   4 팔꿈치   5 가능한; 있을 수 있는
6 발가락   7 ~처럼 보이다, ~인 것 같다   8 감각
9 의미하다, ~라는 뜻이다   10 만지다, 대다; 만짐,
손길   11 손목, 팔목   12 냄새 맡다; 냄새가 나다;
냄새, 향   13 소리; ~처럼 들리다   14 굶주림;
배고픔   15 맛; 맛이 ~하다, ~ 맛이 나다
16 silence   17 dialogue   18 ankle   19 skin
20 truth   21 sleepy   22 face   23 thirsty
24 whisper   25 hear   26 secret   27 sight
28 waist   29 tired   30 brain

Days 16-17

1 남성의; 남성   2 점, 반점; 곳, 장소   3 졸린,
졸음이 오는   4 중년의   5 분명한; 소박한;
아름답지 않은, 매력 없는   6 시력; 보기, 봄   7 곧은,
똑바른; 똑바로; 곧장   8 듣다; 들리다   9 뇌, 두뇌
10 젊음; 어린 시절; 젊은이   11 나이; 시대;
나이가 들다   12 목마른, 갈증 나는   13 외모,
겉모습; 등장; 출현   14 체중을 재다; 무게가 ~이다
15 여성의; 여성   16 attractive   17 overweight
18 sense   19 height   20 bone   21 bald
22 curly   23 wrist   24 slim   25 smell
26 weight   27 elderly   28 handsome
29 hunger   30 ugly

Days 17-18

1 (쭉) 뻗다; 늘이다; 늘어지다   2 달리다, 경주하다;
경주, 시합   3 키, 신장; 높이   4 날씬한, 호리호리한
5 잡다, 쥐다; (병에) 걸리다   6 밀다; 누르다
7 흔들다; 흔들리다; 휘두르다   8 연세가 드신
9 과체중의, 비만의   10 굴리다; 구르다

11 뛰어들다; 잠수하다   12 곱슬곱슬한, 곱슬머리의
13 스케이트보드; 스케이트보드를 타다   14 치다,
때리다; 부딪치다   15 타다; 타기   16 throw
17 kick   18 age   19 straight   20 take a walk
21 male   22 jog   23 female   24 chase
25 climb   26 bend   27 slide
28 middle-aged   29 skiing   30 sled

Days 18-19

1 기침을 하다; 기침   2 차다   3 귀가 먼,
청각 장애의   4 구부리다   5 조깅하다,
천천히 달리다; 조깅   6 다치다, 다치게 하다; 아프다
7 썰매; 썰매를 타다   8 (뒤)쫓다; 추격, 추적
9 맹인의, 눈먼, 시각 장애의   10 호전되다, 좋아지다
11 태우다; 데다, 화상을 입다; 화상   12 건강한;
건강에 좋은   13 피   14 치료, 치료법
15 해를 끼치다, 손상시키다; 손상, 해   16 injury
17 pain   18 stretch   19 death   20 push
21 weak   22 ill   23 roll   24 fever   25 ride
26 runny nose   27 hit   28 cut   29 survive
30 terrible

Days 19-20

1 관광 (여행); 관광하다   2 교환(하다); 환전(하다)
3 열   4 통증, 고통   5 모국의, 출생지의;
원산[토종]의   6 심한, 끔찍한   7 사진; 사진을 찍다
8 부상   9 여행하다[가다]; 여행   10 주소
11 생존하다, 살아남다   12 유명한, 잘 알려진
13 안내원, 가이드; 안내하다   14 계획하다; 계획
15 성   16 traditional   17 blood   18 deaf
19 region   20 culture   21 distance
22 get better   23 amazing   24 arrive
25 blind   26 crowded   27 book   28 various
29 treatment   30 abroad

Days 20-21

1 방식; 스타일   2 물품, 상품   3 고르다, 선택하다
4 해외에, 해외로   5 진열(하다), 전시(하다)
6 다양한, 여러 가지의   7 (가장) 최신의, 최근의
8 도착하다   9 전통의, 전통적인   10 유행하는,
유행을 따른   11 지역, 지방   12 명령(하다);
주문(하다)   13 가격   14 품목, 물품   15 배달하다
16 native   17 attract   18 cheap
19 well-known   20 tour   21 pay   22 brand
23 plan   24 provide   25 comfortable
26 expensive   27 list   28 fit   29 fashion
30 guide

Days 21-22

1 풍선   2 어울리다; 맞다   3 장식하다   4 값비싼
5 지불하다   6 퍼레이드, 행렬   7 기념일
8 제공[공급]하다   9 끌다; 매혹하다   10 불꽃놀이
11 포장하다, 싸다; 포장지   12 칠면조 (고기)
13 휴일; 휴가   14 기념하다, 축하하다   15 모이다;
모으다, 수집하다   16 flag   17 festival
18 guest   19 display   20 item
21 congratulation   22 price   23 special
24 candle   25 goods   26 receive   27 invite
28 deliver   29 blow out   30 merry

Days 22-23

1 특별한, 특수한   2 시내, 개울; 흐르다   3 즐거운,
명랑한   4 기슭, 물가   5 받다   6 계곡, 골짜기
7 손님   8 자연의, 천연의; 당연한   9 정상, 꼭대기;
절정; 최대량   10 초대하다   11 지역; 구역
12 절벽   13 땅바닥, 지면; 땅   14 대양, 바다
15 바위; 암석   16 gather   17 island
18 decorate   19 waterfall   20 holiday
21 cave   22 celebrate   23 mud   24 soil
25 anniversary   26 hill   27 nature   28 lake
29 desert   30 beach

1 빛나다; 비치다　2 흙, 토양　3 끈적끈적한; 무더운, 후덥지근한　4 해변, 바닷가　5 호수 6 빗방울　7 내리다; 떨어지다　8 동굴　9 맑은, 갠; 분명한, 확실한　10 바람이 많이 부는　11 섬 12 흐린, 구름이 잔뜩 낀　13 화창한; 빛나는; 선명한, 밝은　14 눈이 내리는; 눈에 덮인 15 습기 많은, 습한; 촉촉한　16 cliff　17 rock 18 fog　19 ground　20 degree 21 hurricane　22 weather　23 natural 24 damp　25 dust　26 chilly　27 storm 28 peak　29 freezing　30 snowfall

1 악어　2 날씨　3 안개　4 얼룩말　5 몹시 추운, 얼어 붙는 듯한　6 축축한, 습기 찬　7 고래 8 차가운, 쌀쌀한　9 곤충　10 올빼미 11 (집합적으로) 소　12 사슴　13 양　14 염소 15 둥지　16 wild　17 tail　18 clear 19 leopard　20 bright　21 turtle　22 cloudy 23 feather　24 raindrop　25 windy 26 shark　27 worm　28 wing　29 dolphin 30 pet

1 (식물의) 줄기　2 돌고래　3 뿌리; 근원, 원인 4 꼬리　5 애완동물　6 소나무　7 (나뭇)가지 8 날개　9 풀; 풀밭, 잔디밭　10 표범　11 수풀, 덤불, 관목　12 꽃; 꽃을 피우다, 꽃이 피다　13 햇빛 14 꽃; 꽃을 피우다, 꽃이 피다　15 산딸기류 열매, 베리　16 insect　17 herb　18 fruit　19 deer 20 trunk　21 owl　22 leaf　23 plant 24 zebra　25 forest　26 goat　27 wood 28 bud　29 maple　30 seed

1 매일의; 일간의; 매일　2 과일, 과실; 열매 3 우려, 관심; 걱정시키다; 관계되다　4 씨앗, 씨 5 보도(하다); 보고하다; 보고(서)　6 싹, 눈　7 잎, 나뭇잎　8 인터뷰(하다); 면접(하다)　9 (나무의) 몸통 10 주의, 주목; 관심　11 시각의　12 영화; 촬영하다, 찍다　13 프로그램; 계획, 일정　14 공상 과학 영화/소설　15 기록하다; 기록　16 newspaper 17 privacy　18 sunlight　19 issue　20 branch 21 adventure　22 bush　23 horror　24 detail 25 grass　26 animated　27 announcer 28 root　29 comedy　30 dramatic

1 신문　2 건설하다, 세우다　3 지휘자　4 문제, 쟁점, 사안　5 극적인　6 콘크리트; 콘크리트의 7 독특한; 특별한; 고유한　8 설계하다; 디자인, 설계(도)　9 모험　10 사생활, 프라이버시　11 기구, 도구; 악기　12 고전적인; 클래식의　13 오케스트라, 관현악단　14 창조하다, 창작하다　15 작곡가 16 architect　17 steel　18 harmony 19 attention　20 concert　21 beauty 22 structure　23 film　24 visual　25 metal 26 brick　27 record　28 modern　29 amuse 30 daily

1 색채가 풍부한, 다채로운　2 그림, 회화　3 현대의, 현대적인　4 염색하다; 염료, 염색약　5 아름다움, 미 6 금속　7 건축가　8 인기 있는; 대중의, 대중적인 9 초상화; 인물 사진　10 즐겁게 하다　11 현실적인; 사실적인, 사실주의의　12 그리다; 페인트칠하다; 물감; 페인트　13 천재; 천재성　14 풀, 접착제; 붙이다　15 그리다; 끌다; 끌어당기다　16 create 17 carve　18 vivid　19 instrument　20 clay 21 construct　22 gallery　23 artist 24 composer　25 creative　26 design 27 graphic　28 pale　29 shade　30 reflect

1 과거; 과거의; 지난 **2** 정오, 낮 12시 **3** 엷은,
연한; 창백한 **4** 그늘; 색조 **5** ~ 때까지
6 반사하다; 반영하다, 나타내다 **7** 한밤중, 자정,
밤 12시 **8** 생생한; 강렬한, 선명한 **9** 언젠가,
훗날에 **10** 창의적인, 독창적인 **11** 항상, 언제나
12 낮, 주간 **13** 현재; 선물; 현재의 **14** 보통, 대개
15 좀처럼 ~하지 않는, 드물게 **16** dye
17 already **18** weekend **19** genius
20 yesterday **21** colorful **22** popular
23 tomorrow **24** future **25** date
26 painting **27** soon **28** calendar
29 monthly **30** sometimes

1 전형적인; 보통의 **2** 주말 **3** 달력 **4** 끔찍한,
지독한 **5** 인사하다, 환영하다 **6** 이미, 벌써
7 돌아오다[가다]; 반납하다; 돌아옴, 귀가 **8** 때때로,
이따금 **9** 저녁 식사 **10** 청소하다; 깨끗한
11 미래; 미래의 **12** 완성[완료]하다; 완전한
13 입다; 바르다 **14** 서두름, 급함; 서두르다
15 운동(하다); 연습 문제 **16** until
17 get used to **18** asleep **19** finish
20 noon **21** breakfast **22** someday
23 awake **24** usually **25** diary **26** past
27 in time **28** get up **29** almost
30 ordinary

1 잠들어 있는 **2** 취미, 심심풀이 **3** 야외의
4 거의 **5** ~에 관심이 많다 **6** 보통의, 일상적인
7 여가 **8** 관심 있어 하는 **9** 마치다, 끝내다
10 수집하다, 모으다 **11** 자전거 타기 **12** 아침 식사
13 자원봉사자[의]; 자원봉사하다 **14** 하이킹,
도보 여행 **15** 마술, 마법 **16** hobby **17** enjoy
18 clean **19** stress **20** awful **21** greet
22 pleasure **23** participate **24** camping

25 typical **26** activity **27** complete
28 learn **29** favorite **30** club

1 일원; 회원 **2** 연습하다; 연습 **3** 즐기다 **4** 탁구
5 제일[매우] 좋아하는 **6** 배우다, 학습하다
7 아마추어 (선수); 아마추어의 **8** 코치, 지도자
9 즐거움, 기쁨 **10** 환호(하다); 응원(하다)
11 스포츠, 운동, 경기 **12** 잃어버리다; 지다
13 참개[참여]하다 **14** 할 수 있는 **15** 묶다;
동점을 이루다 **16** track and field **17** fan
18 interested **19** hiking **20** beat
21 player **22** outdoor **23** soccer
24 magic **25** basketball **26** passion
27 collect **28** stadium **29** champion
30 referee

1 제목; 직함 **2** 연속, 일련; 시리즈, 연속물 **3** 열정
4 만화 **5** 심판 **6** 이기다; 때리다 **7** 사건; 행사
8 농구 **9** 주제, 테마 **10** 작가 **11** 주제, 화제
12 경기장, 스타디움 **13** 인쇄하다; 출판하다; 싣다
14 성격, 기질; 특징; 등장인물 **15** 복사(본); 한 부;
복사하다 **16** practice **17** impress
18 tragedy **19** sport **20** symbol
21 romantic **22** magazine **23** coach
24 member **25** poem **26** describe
27 publish **28** table tennis **29** correct
30 novel

1 감동을 주다, 깊은 인상을 주다 **2** ~에도 불구하고
3 게다가 **4** 따라서, 그러므로 **5** 시 **6** 게다가;
~ 외에 **7** 잡지 **8** 그렇지 않으면[않았다면]
9 비극 **10** ~와는 다른; ~와는 달리 **11** 낭만적인;
애정의 **12** ~부터[이래]; ~이기 때문에

13 예를 들어, ~와 같은　14 요약하자면, 요컨대
15 즉, 말하자면　16 although　17 series
18 event　19 however　20 therefore
21 title　22 because　23 for example
24 writer　25 as a result　26 cartoon
27 (m)oreover　28 on the other hand
29 unless　30 instead

Days 35-36

1 일반적으로; 보통　2 게다가, 더욱이
3 무엇보다도; 특히　4 하지만, 그러나
5 거의 ~ 아니다[않다]　6 결국에, 결과적으로
7 처음에는　8 예를 들어　9 절대[결코] ~ 않다
10 ~도[조차]; 훨씬, 더욱　11 ~이긴 하지만
12 완전히　13 ~도 …도 아니다; 어느 것도 ~아니다
14 실제로, 정말로; 사실은　15 마침내, 결국;
마지막으로　16 slightly　17 unlike　18 despite
19 normally　20 quite　21 gradually
22 especially　23 mainly　24 otherwise
25 (i)n addition　26 totally　27 in short
28 unfortunately　29 (m)ost of all　30 really

Days 36-37

1 가벼운; 밝은; 적은, 약한　2 평평한　3 동그라미,
원; 동그라미를 그리다　4 약간, 조금　5 주로
6 무거운; 많은, 심한　7 특히　8 물건, 사물; 목적
9 얇은; 마른　10 서서히　11 가득한; 배부른
12 두꺼운; 빽빽한; 짙은　13 전적으로, 완전히
14 정사각형; 광장; 정사각형의　15 분리하다;
분리된　16 round　17 generally
18 completely　19 wide　20 shape
21 (a)bove all　22 rough　23 narrow
24 hardly　25 sharp　26 triangle　27 tight
28 at first　29 empty　30 smooth

Days 37-38

1 두 배의; 2인용의; 두 배로 되다　2 부부, 한 쌍;
두어 명/개, 몇 명/개　3 단단한, 단단히 맨;
꽉 조이는　4 길이; 기간　5 두 번; 두 배로　6 1/4;
15분; 25센트짜리 동전　7 뾰족한, 날카로운;
급격한　8 비어 있는　9 깊은; 깊게, 깊이
10 12개짜리 한 묶음　11 모양, 형태　12 둥근,
원형의; 둥글게, 빙빙　13 10억　14 전체의, 모든;
전체　15 한 벌; 한 쌍　16 object　17 flat
18 million　19 thin　20 multiply　21 full
22 single　23 thousand　24 half　25 add
26 light　27 count　28 measure　29 bunch
30 divide

Days 38-39

1 많음, 풍부　2 충분한; ~할 만큼 (충분히)
3 곱하다　4 조금; 한 조각　5 다발, 송이　6 작은;
어린; 별로[거의] ~않다　7 100만　8 많은; 매우;
훨씬　9 나누다　10 양; 액수, 총액　11 세다;
계산하다　12 가장 적은[작은]; 최소(의 것)
13 크기; 치수　14 많은　15 많지 않은; 약간의
16 (e)normous　17 several　18 many
19 couple　20 entire　21 length　22 deep
23 tiny　24 twice　25 huge　26 piece
27 total　28 billion　29 equally　30 average

Days 39-40

1 아주 작은　2 전체의, 온　3 기원, 유래　4 똑같이,
동등하게　5 100년; 세기　6 정신, 마음; 영혼
7 신전, 절, 사찰　8 악마　9 부족, 종족
10 가호[축복]를 빌다　11 궁전　12 평균의; 보통의;
평균　13 학급; 수업; 계층; 계급　14 전체의, 총;
합계, 총액　15 하느님; 신　16 church　17 belief
18 bit　19 myth　20 amount　21 heaven
22 enough　23 miracle　24 ghost
25 plenty　26 treasure　27 soul
28 kingdom　29 size　30 history

1 인간의; 인간 2 천국 3 속이다; 부정행위를 하다
4 잘못; 결점 5 유령 6 신화 7 심각한; 진지한
8 기적 9 타당한; 공평한, 공정한 10 위험;
~을 위태롭게 하다 11 신뢰; 신뢰하다 12 믿음,
신념 13 기회 14 훔치다, 도둑질하다 15 살인;
살해하다 16 homeless 17 temple
18 palace 19 violent 20 disabled
21 tribe 22 thief 23 proper 24 origin
25 accident 26 devil 27 society 28 safe
29 problem 30 charity

1 장애를 가진 2 무죄인; 순진한 3 폭력적인
4 현장; 장면 5 통제(하다); 지배(하다) 6 안전한
7 경비 요원; 지키다, 보호하다 8 따라가다;
뒤를 잇다; 따르다 9 사회 10 증거 11 알아채다,
인지하다; 신경 씀, 알아챔 12 조사하다 13 사고
14 처벌하다, 벌주다 15 용의자; 의심하다
16 opportunity 17 necessary 18 serious
19 guilty 20 law 21 steal 22 permit
23 human 24 commit 25 rule 26 fault
27 (p)roof 28 break 29 fine 30 prison

1 친절한 행위; 부탁; 찬성 2 방식; 태도; 예의
3 함께 쓰다; 나누다 4 벌금 5 저지르다, 범하다
6 존경; 존경하다 7 교도소, 감옥
8 ~을 받을 만하다, ~을 누릴 자격이 있다
9 허용하다 10 지지(하다); 지원(하다) 11 유죄의;
죄책감을 느끼는 12 변명; 용서하다 13 예의
14 마음이 따뜻한, 친절한 15 용서; 용서하다
16 polite 17 courage 18 scene
19 behavior 20 look into 21 praise
22 innocent 23 apologize 24 punish
25 guard 26 behave 27 gentle 28 pity
29 thank 30 forgive

1 농사, 농업 2 용기 3 올리다; 기르다; 모으다
4 사과하다 5 커지다, 증가하다; 자라다; 재배하다
6 온화한, 부드러운 7 낚시; 어업 8 밭 9 사업,
장사; 업무 10 행동 11 쌀; 밥 12 수확(량);
수확하다 13 칭찬하다; 칭찬 14 ~을 시작하다;
~을 세우다 15 주요한, 중대한; 전공하다
16 crop 17 support 18 net 19 wheat
20 industry 21 deserve 22 manner
23 excuse 24 orchard 25 shrimp
26 salmon 27 share 28 produce
29 factory 30 product

1 월급, 급여 2 농작물 3 경찰관 4 생산하다
5 요리사 6 망, 그물 7 제빵사 8 과수원
9 미용사 10 탐정, 형사 11 제안, 제의; 제안하다;
제공하다 12 연어 13 사업가, 경영인 14 군인
15 운전자, 기사 16 experience 17 job
18 business 19 hire 20 field 21 labor
22 farming 23 rice 24 office
25 successful 26 harvest 27 dentist
28 company 29 skill 30 actor

1 노동 2 성공한, 성공적인 3 재산, 부; 행운
4 경제; 경기 5 치과 의사 6 직장, 일, 일자리
7 수입하다; 수입(품) 8 빌려주다 9 소비하다;
소모하다 10 저축, 예금, 저금 11 고용하다
12 수출하다; 수출(품) 13 할인; 할인하다
14 판매; 매출(량); 할인 판매 15 청구서; 계산서;
지폐 16 offer 17 wealthy 18 soldier
19 allowance 20 salary 21 earn
22 purpose 23 driver 24 businessman
25 change 26 budget 27 service
28 effective 29 borrow 30 coin

1 과학자 2 샘플, 견본 3 부유한 4 시험(하다), 검사(하다) 5 이루어져 있다 6 벌다 7 예산
8 실험실 9 목적 10 빌리다 11 구체적인, 명확한
12 화학의; 화학적인; 화학 물질 13 종류; 형태; 형성되다 14 요소, 성분; 원소
15 ~을 생각해내다 16 import 17 basic
18 export 19 data 20 savings 21 tube
22 economy 23 researcher 24 combine
25 prove 26 fortune 27 invent
28 scientific 29 result 30 discover

1 파일, 서류철 2 발견하다 3 정비공 4 올리다, 업로드하다 5 연구원 6 파도타기를 하다; 인터넷을 검색하다 7 발명하다 8 연결하다; 접속하다 9 과학의; 과학적인 10 여과하다, 거르다
11 기본적인; 기초적인 12 기법
13 발달[발전]시키다; 개발하다 14 이루다, 달성하다 15 해법, 해결책; 정답 16 machine
17 element 18 automatic 19 scientist
20 download 21 virus 22 technology
23 post 24 sample 25 software
26 consist 27 perfect 28 chemical
29 useful 30 failure

1 생명; 생명체; 삶, 인생 2 실패 3 공간; 우주
4 기계 5 자석 6 기술 7 완벽한 8 발견하다
9 외계인; 외국의; 외계의 10 올리다, 게시하다; 우편 11 우주 왕복선; 정기 왕복 차량 12 화성
13 금성 14 층 15 토성 16 air 17 Mercury
18 file 19 planet 20 develop 21 Earth
22 connect 23 rocket 24 mechanic
25 spin 26 Milky Way 27 darkness
28 solution 29 Jupiter 30 astronaut

1 목성 2 플라스틱; 플라스틱으로 된 3 행성
4 우주 비행사 5 힘; 동력, 에너지 6 환경
7 낭비(하다); 쓰레기, 폐기물 8 열; 더위; 가열하다
9 공기, 대기 10 세계적인; 지구의 11 활기; 에너지 12 돌다, 회전하다 13 원인; 야기하다, 초래하다 14 구하다; 모으다 15 파도, 물결; 흔들다 16 pollute 17 space 18 pure
19 source 20 Mars 21 matter 22 danger
23 disappear 24 magnet 25 destroy
26 life 27 ruin 28 Venus 29 dirty
30 solve

나만의 학습
플래너

외운
단어에
체크!

- □ household
- □ grandparent
- □ parent
- □ relative
- □ cousin
- □ depend on
- □ important
- □ devote
- □ marry
- □ wedding

- □ husband
- □ daughter
- □ twin
- □ resemble
- □ similar
- □ prepare
- □ cooking
- □ repair
- □ get together
- □ rest

✎ **TO-DO LIST**

- □ MP3 듣기
- □ 표제어와 예문 읽기
- □ 파생어 외우기
- □ Daily Check-up 풀기
- □ 틀린 단어 복습하기
- □
- □
- □
- □

★ 새로 알게 된 단어   ★ 아직 못 외운 단어

- □ roof
- □ garage
- □ yard
- □ fence
- □ balcony
- □ furniture
- □ drawer
- □ couch
- □ closet
- □ shelf

- □ blanket
- □ lamp
- □ mirror
- □ floor
- □ ceiling
- □ stair
- □ toilet
- □ bathtub
- □ bedroom
- □ living room

✎ **TO-DO LIST**

- □ MP3 듣기
- □ 표제어와 예문 읽기
- □ 파생어 외우기
- □ Daily Check-up 풀기
- □ 누적 테스트 풀기
- □ 틀린 단어 복습하기
- □
- □
- □

★ 새로 알게 된 단어   ★ 아직 못 외운 단어

Day 3　Date 　년　월　일

- ☐ kitchen
- ☐ sink
- ☐ microwave oven
- ☐ refrigerator
- ☐ dishwasher
- ☐ stove
- ☐ bottle
- ☐ plate
- ☐ pot
- ☐ bowl

- ☐ tray
- ☐ jar
- ☐ knife
- ☐ scissors
- ☐ recipe
- ☐ boil
- ☐ fry
- ☐ sugar
- ☐ pepper
- ☐ sauce

★ 새로 알게 된 단어

★ 아직 못 외운 단어

Day 4　Date 　년　월　일

- ☐ bitter
- ☐ salty
- ☐ spicy
- ☐ sour
- ☐ sweet
- ☐ delicious
- ☐ flour
- ☐ grain
- ☐ meat
- ☐ pork

- ☐ beef
- ☐ seafood
- ☐ vegetable
- ☐ dish
- ☐ diet
- ☐ snack
- ☐ curry
- ☐ noodle
- ☐ steak
- ☐ dessert

★ 새로 알게 된 단어

★ 아직 못 외운 단어

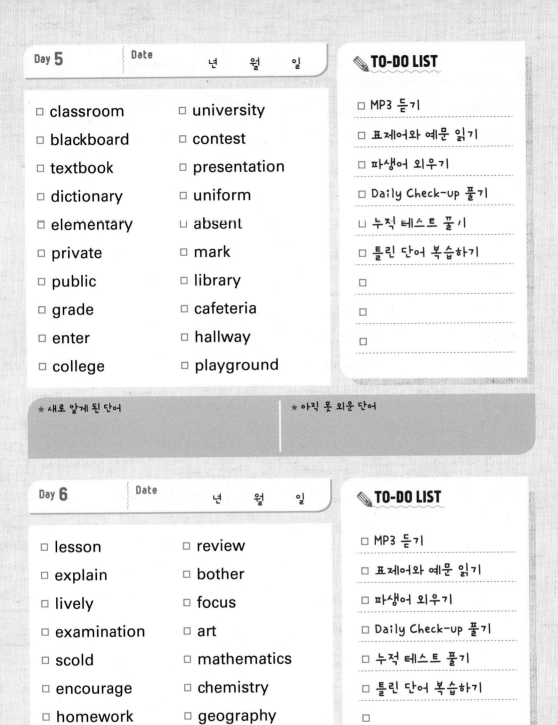

Day 5 | Date 년 월 일

- ☐ classroom
- ☐ blackboard
- ☐ textbook
- ☐ dictionary
- ☐ elementary
- ☐ private
- ☐ public
- ☐ grade
- ☐ enter
- ☐ college

- ☐ university
- ☐ contest
- ☐ presentation
- ☐ uniform
- ☐ absent
- ☐ mark
- ☐ library
- ☐ cafeteria
- ☐ hallway
- ☐ playground

✏️ TO-DO LIST

- ☐ MP3 듣기
- ☐ 표제어와 예문 읽기
- ☐ 파생어 외우기
- ☐ Daily Check-up 풀기
- ☐ 누적 테스트 풀기
- ☐ 틀린 단어 복습하기
- ☐
- ☐
- ☐

★ 새로 알게 된 단어   ★ 아직 못 외운 단어

Day 6 | Date 년 월 일

- ☐ lesson
- ☐ explain
- ☐ lively
- ☐ examination
- ☐ scold
- ☐ encourage
- ☐ homework
- ☐ effort
- ☐ difficulty
- ☐ repeat

- ☐ review
- ☐ bother
- ☐ focus
- ☐ art
- ☐ mathematics
- ☐ chemistry
- ☐ geography
- ☐ physical education
- ☐ social studies
- ☐ language

✏️ TO-DO LIST

- ☐ MP3 듣기
- ☐ 표제어와 예문 읽기
- ☐ 파생어 외우기
- ☐ Daily Check-up 풀기
- ☐ 누적 테스트 풀기
- ☐ 틀린 단어 복습하기
- ☐
- ☐
- ☐

★ 새로 알게 된 단어   ★ 아직 못 외운 단어

Day 7

Date   년   월   일

- ☐ classmate
- ☐ peer
- ☐ partner
- ☐ senior
- ☐ introduce
- ☐ familiar
- ☐ chat
- ☐ relationship
- ☐ friendship
- ☐ promise

- ☐ care about
- ☐ common
- ☐ contact
- ☐ compete
- ☐ rival
- ☐ jealous
- ☐ alone
- ☐ pressure
- ☐ compare
- ☐ motivate

✎ TO-DO LIST

- ☐ MP3 듣기
- ☐ 표제어와 예문 읽기
- ☐ 파생어 외우기
- ☐ Daily Check-up 풀기
- ☐ 누적 테스트 풀기
- ☐ Review Test 풀기
- ☐ 틀린 단어 복습하기
- ☐
- ☐

★ 새로 알게 된 단어

★ 아직 못 외운 단어

Day 8

Date   년   월   일

- ☐ local
- ☐ community
- ☐ neighbor
- ☐ city
- ☐ town
- ☐ village
- ☐ countryside
- ☐ capital
- ☐ mall
- ☐ grocery

- ☐ bakery
- ☐ department store
- ☐ market
- ☐ restaurant
- ☐ theater
- ☐ police station
- ☐ post office
- ☐ fire station
- ☐ museum
- ☐ hospital

✎ TO-DO LIST

- ☐ MP3 듣기
- ☐ 표제어와 예문 읽기
- ☐ 파생어 외우기
- ☐ Daily Check-up 풀기
- ☐ 누적 테스트 풀기
- ☐ 틀린 단어 복습하기
- ☐
- ☐
- ☐

★ 새로 알게 된 단어

★ 아직 못 외운 단어

Date 년 월 일

☐ vehicle	☐ tunnel
☐ subway	☐ sign
☐ automobile	☐ traffic jam
☐ railway	☐ pass
☐ station	☐ carry
☐ airport	☐ speed
☐ port	☐ get on
☐ road	☐ fuel
☐ street	☐ block
☐ path	☐ back and forth

☐ MP3 듣기

☐ 표제어와 예문 읽기

☐ 파생어 외우기

☐ Daily Check-up 풀기

☐ 누적 테스트 풀기

☐ 틀린 단어 복습하기

☐

☐

☐

★ 새로 알게 된 단어

★ 아직 못 외운 단어

Date 년 월 일

☐ direction	☐ right
☐ course	☐ left
☐ toward(s)	☐ forward
☐ across	☐ backward
☐ along	☐ center
☐ through	☐ middle
☐ eastern	☐ bottom
☐ western	☐ outside
☐ southern	☐ inside
☐ northern	☐ underground

☐ MP3 듣기

☐ 표제어와 예문 읽기

☐ 파생어 외우기

☐ Daily Check-up 풀기

☐ 누적 테스트 풀기

☐ 틀린 단어 복습하기

☐

☐

☐

★ 새로 알게 된 단어

★ 아직 못 외운 단어

Day 11 | Date 년 월 일

- □ above
- □ over
- □ under
- □ below
- □ front
- □ behind
- □ between
- □ beside
- □ near
- □ next to

- □ around
- □ into
- □ out of
- □ apart
- □ away
- □ ahead
- □ aside
- □ upside down
- □ opposite
- □ upstairs

★ 새로 알게 된 단어　　　　★ 아직 못 외운 단어

Day 12 | Date 년 월 일

- □ personality
- □ active
- □ cheerful
- □ brave
- □ curious
- □ humorous
- □ careful
- □ quiet
- □ shy
- □ patient

- □ diligent
- □ kindness
- □ friendly
- □ honest
- □ tender
- □ greedy
- □ selfish
- □ lazy
- □ strict
- □ cruel

★ 새로 알게 된 단어　　　　★ 아직 못 외운 단어

□ joy
□ glad
□ pleased
□ excited
□ proud
□ thankful
□ unhappy
□ worry
□ tear
□ miss

□ fear
□ afraid
□ scared
□ shocked
□ surprised
□ wonder
□ anger
□ upset
□ annoyed
□ disappointed

□ MP3 듣기
□ 표제어와 예문 읽기
□ 파생어 외우기
□ Daily Check-up 풀기
□ 누적 테스트 풀기
□ 틀린 단어 복습하기
□
□
□

★ 새로 알게 된 단어

★ 아직 못 외운 단어

□ guess
□ believe
□ understand
□ express
□ regard
□ wish
□ deny
□ ignore
□ mind
□ forget

□ remember
□ confuse
□ intend
□ determine
□ prefer
□ sure
□ idea
□ silly
□ reasonable
□ wise

□ MP3 듣기
□ 표제어와 예문 읽기
□ 파생어 외우기
□ Daily Check-up 풀기
□ 누적 테스트 풀기
□ 틀린 단어 복습하기
□
□
□

★ 새로 알게 된 단어

★ 아직 못 외운 단어

Day 15

Date 년 월 일

- □ communicate
- □ dialogue
- □ mean
- □ reply
- □ advise
- □ attitude
- □ rumor
- □ lie
- □ silence
- □ secret
- □ seem
- □ whisper
- □ fact
- □ truth
- □ argue
- □ blame
- □ yell
- □ frankly
- □ directly
- □ possible

✎ TO-DO LIST

- □ MP3 듣기
- □ 표제어와 예문 읽기
- □ 파생어 외우기
- □ Daily Check-up 풀기
- □ 누적 테스트 풀기
- □ Review Test 풀기
- □ 틀린 단어 복습하기
- □
- □

★ 새로 알게 된 단어

★ 아직 못 외운 단어

Day 16

Date 년 월 일

- □ brain
- □ face
- □ skin
- □ bone
- □ waist
- □ wrist
- □ elbow
- □ ankle
- □ toe
- □ thirsty
- □ tired
- □ hunger
- □ sleepy
- □ sense
- □ smell
- □ touch
- □ hear
- □ sound
- □ taste
- □ sight

✎ TO-DO LIST

- □ MP3 듣기
- □ 표제어와 예문 읽기
- □ 파생어 외우기
- □ Daily Check-up 풀기
- □ 누적 테스트 풀기
- □ 틀린 단어 복습하기
- □
- □
- □

★ 새로 알게 된 단어

★ 아직 못 외운 단어

Day 17 | Date 년 월 일

- □ age
- □ youth
- □ middle-aged
- □ elderly
- □ male
- □ female
- □ appearance
- □ attractive
- □ handsome
- □ ugly
- □ plain
- □ spot
- □ straight
- □ curly
- □ bald
- □ height
- □ weight
- □ weigh
- □ overweight
- □ slim

★ 새로 알게 된 단어

★ 아직 못 외운 단어

Day 18 | Date 년 월 일

- □ bend
- □ stretch
- □ swing
- □ push
- □ hit
- □ catch
- □ roll
- □ throw
- □ kick
- □ jog
- □ take a walk
- □ race
- □ chase
- □ ride
- □ skateboard
- □ skiing
- □ dive
- □ climb
- □ sled
- □ slide

★ 새로 알게 된 단어

★ 아직 못 외운 단어

Day 19   Date 년 월 일

- □ pain
- □ ill
- □ hurt
- □ weak
- □ cough
- □ fever
- □ runny nose
- □ injury
- □ burn
- □ cut
- □ blood
- □ harm
- □ terrible
- □ survive
- □ death
- □ blind
- □ deaf
- □ get better
- □ healthy
- □ treatment

★ 새로 알게 된 단어

★ 아직 못 외운 단어

Day 20   Date 년 월 일

- □ travel
- □ plan
- □ book
- □ exchange
- □ abroad
- □ distance
- □ arrive
- □ address
- □ tour
- □ guide
- □ photograph
- □ native
- □ well-known
- □ traditional
- □ various
- □ amazing
- □ culture
- □ region
- □ castle
- □ crowded

★ 새로 알게 된 단어

★ 아직 못 외운 단어

Day 21

Date 년 월 일

- □ list
- □ goods
- □ item
- □ brand
- □ display
- □ provide
- □ attract
- □ order
- □ deliver
- □ cheap
- □ expensive
- □ choose
- □ pay
- □ price
- □ fashion
- □ fashionable
- □ latest
- □ style
- □ fit
- □ comfortable

📝 TO-DO LIST

- □ MP3 듣기
- □ 표제어와 예문 읽기
- □ 파생어 외우기
- □ Daily Check-up 풀기
- □ 누적 테스트 풀기
- □ 틀린 단어 복습하기
- □
- □
- □

★ 새로 알게 된 단어　　　　★ 아직 못 외운 단어

Day 22

Date 년 월 일

- □ anniversary
- □ festival
- □ holiday
- □ parade
- □ fireworks
- □ flag
- □ invite
- □ guest
- □ decorate
- □ balloon
- □ wrap
- □ special
- □ turkey
- □ celebrate
- □ congratulation
- □ gather
- □ candle
- □ blow out
- □ receive
- □ merry

📝 TO-DO LIST

- □ MP3 듣기
- □ 표제어와 예문 읽기
- □ 파생어 외우기
- □ Daily Check-up 풀기
- □ 누적 테스트 풀기
- □ Review Test 풀기
- □ 틀린 단어 복습하기
- □
- □

★ 새로 알게 된 단어　　　　★ 아직 못 외운 단어

Day 23

Date   년   월   일

☐ nature	☐ cave
☐ natural	☐ cliff
☐ stream	☐ waterfall
☐ lake	☐ peak
☐ beach	☐ ground
☐ shore	☐ soil
☐ island	☐ mud
☐ ocean	☐ rock
☐ hill	☐ area
☐ valley	☐ desert

✎ TO-DO LIST

☐ MP3 듣기

☐ 표제어와 예문 읽기

☐ 파생어 외우기

☐ Daily Check-up 풀기

☐ 누적 테스트 풀기

☐ 틀린 단어 복습하기

☐

☐

☐

★ 새로 알게 된 단어

★ 아직 못 외운 단어

Day 24

Date   년   월   일

☐ weather	☐ storm
☐ degree	☐ hurricane
☐ bright	☐ cloudy
☐ shine	☐ windy
☐ clear	☐ fog
☐ sticky	☐ dust
☐ moist	☐ chilly
☐ damp	☐ freezing
☐ fall	☐ snowy
☐ raindrop	☐ snowfall

✎ TO-DO LIST

☐ MP3 듣기

☐ 표제어와 예문 읽기

☐ 파생어 외우기

☐ Daily Check-up 풀기

☐ 누적 테스트 풀기

☐ 틀린 단어 복습하기

☐

☐

☐

★ 새로 알게 된 단어

★ 아직 못 외운 단어

Day **25**	Date	년 월 일

☐ wild	☐ nest
☐ deer	☐ insect
☐ turtle	☐ worm
☐ zebra	☐ shark
☐ crocodile	☐ whale
☐ leopard	☐ dolphin
☐ owl	☐ sheep
☐ feather	☐ goat
☐ wing	☐ cattle
☐ tail	☐ pet

✏️ TO-DO LIST

☐ MP3 듣기

☐ 표제어와 예문 읽기

☐ 파생어 외우기

☐ Daily Check-up 풀기

☐ 누적 테스트 풀기

☐ 틀린 단어 복습하기

☐

☐

☐

★ 새로 알게 된 단어   ★ 아직 못 외운 단어

Day **26**	Date	년 월 일

☐ plant	☐ bush
☐ wood	☐ grass
☐ root	☐ herb
☐ stem	☐ seed
☐ trunk	☐ sunlight
☐ branch	☐ bud
☐ leaf	☐ bloom
☐ forest	☐ blossom
☐ maple	☐ fruit
☐ pine	☐ berry

✏️ TO-DO LIST

☐ MP3 듣기

☐ 표제어와 예문 읽기

☐ 파생어 외우기

☐ Daily Check-up 풀기

☐ 누적 테스트 풀기

☐ Review Test 풀기

☐ 틀린 단어 복습하기

☐

☐

★ 새로 알게 된 단어   ★ 아직 못 외운 단어

Day 27

Date	년	월	일

- □ program
- □ announcer
- □ newspaper
- □ daily
- □ visual
- □ issue
- □ concern
- □ record
- □ report
- □ interview
- □ detail
- □ attention
- □ privacy
- □ film
- □ science fiction
- □ adventure
- □ comedy
- □ horror
- □ animated
- □ dramatic

✎ **TO-DO LIST**

- □ MP3 듣기
- □ 표제어와 예문 읽기
- □ 파생어 외우기
- □ Daily Check-up 풀기
- □ 누적 테스트 풀기
- □ 틀린 단어 복습하기
- □
- □
- □

★ 새로 알게 된 단어

★ 아직 못 외운 단어

Day 28

Date	년	월	일

- □ structure
- □ design
- □ architect
- □ construct
- □ beauty
- □ harmony
- □ unique
- □ metal
- □ steel
- □ brick
- □ concrete
- □ orchestra
- □ concert
- □ instrument
- □ conductor
- □ amuse
- □ composer
- □ create
- □ modern
- □ classical

✎ **TO-DO LIST**

- □ MP3 듣기
- □ 표제어와 예문 읽기
- □ 파생어 외우기
- □ Daily Check-up 풀기
- □ 누적 테스트 풀기
- □ 틀린 단어 복습하기
- □
- □
- □

★ 새로 알게 된 단어

★ 아직 못 외운 단어

Day 29　　Date　　년　월　일

- artist
- painting
- portrait
- genius
- gallery
- popular
- draw
- paint
- carve
- dye

- glue
- clay
- colorful
- realistic
- graphic
- creative
- vivid
- pale
- reflect
- shade

★ 새로 알게 된 단어　　★ 아직 못 외운 단어

Day 30　　Date　　년　월　일

- calendar
- date
- noon
- daytime
- midnight
- weekend
- monthly
- yesterday
- already
- past

- present
- future
- tomorrow
- someday
- until
- soon
- always
- usually
- sometimes
- rarely

★ 새로 알게 된 단어　　★ 아직 못 외운 단어

Day **31**

- □ awake
- □ get up
- □ get used to
- □ breakfast
- □ almost
- □ hurry
- □ put on
- □ in time
- □ greet
- □ typical

- □ awful
- □ finish
- □ complete
- □ return
- □ exercise
- □ supper
- □ ordinary
- □ diary
- □ clean
- □ asleep

✎ TO-DO LIST

- □ MP3 듣기
- □ 표제어와 예문 읽기
- □ 파생어 외우기
- □ Daily Check-up 풀기
- □ 누적 테스트 풀기
- □ 틀린 단어 복습하기
- □
- □
- □

★ 새로 알게 된 단어　　　　　　　　　★ 아직 못 외운 단어

Day **32**

- □ hobby
- □ pastime
- □ leisure
- □ be into
- □ pleasure
- □ enjoy
- □ favorite
- □ interested
- □ stress
- □ activity

- □ outdoor
- □ biking
- □ hiking
- □ camping
- □ participate
- □ club
- □ learn
- □ collect
- □ volunteer
- □ magic

✎ TO-DO LIST

- □ MP3 듣기
- □ 표제어와 예문 읽기
- □ 파생어 외우기
- □ Daily Check-up 풀기
- □ 누적 테스트 풀기
- □ 틀린 단어 복습하기
- □
- □
- □

★ 새로 알게 된 단어　　　　　　　　　★ 아직 못 외운 단어

Day 33 | Date 년 월 일

- [ ] sport
- [ ] basketball
- [ ] soccer
- [ ] table tennis
- [ ] track and field
- [ ] stadium
- [ ] player
- [ ] coach
- [ ] fan
- [ ] practice
- [ ] member
- [ ] amateur
- [ ] able
- [ ] cheer
- [ ] passion
- [ ] referee
- [ ] beat
- [ ] lose
- [ ] tie
- [ ] champion

✏️ TO-DO LIST

- [ ] MP3 듣기
- [ ] 표제어와 예문 읽기
- [ ] 파생어 외우기
- [ ] Daily Check-up 풀기
- [ ] 누적 테스트 풀기
- [ ] Review Test 풀기
- [ ] 틀린 단어 복습하기
- [ ]
- [ ]

★ 새로 알게 된 단어

★ 아직 못 외운 단어

Day 34 | Date 년 월 일

- [ ] novel
- [ ] poem
- [ ] cartoon
- [ ] magazine
- [ ] series
- [ ] title
- [ ] theme
- [ ] topic
- [ ] describe
- [ ] event
- [ ] symbol
- [ ] character
- [ ] romantic
- [ ] tragedy
- [ ] impress
- [ ] writer
- [ ] copy
- [ ] correct
- [ ] print
- [ ] publish

✏️ TO-DO LIST

- [ ] MP3 듣기
- [ ] 표제어와 예문 읽기
- [ ] 파생어 외우기
- [ ] Daily Check-up 풀기
- [ ] 누적 테스트 풀기
- [ ] 틀린 단어 복습하기
- [ ]
- [ ]
- [ ]

★ 새로 알게 된 단어

★ 아직 못 외운 단어

Day 35

- [ ] since
- [ ] because
- [ ] therefore
- [ ] thus
- [ ] as a result
- [ ] such as
- [ ] for example
- [ ] besides
- [ ] moreover
- [ ] in addition
- [ ] however
- [ ] despite
- [ ] although
- [ ] unlike
- [ ] instead
- [ ] on the other hand
- [ ] otherwise
- [ ] unless
- [ ] in short
- [ ] that is

✎ TO-DO LIST

- [ ] MP3 듣기
- [ ] 표제어와 예문 읽기
- [ ] 파생어 외우기
- [ ] Daily Check-up 풀기
- [ ] 누적 테스트 풀기
- [ ] 틀린 단어 복습하기
- [ ]
- [ ]
- [ ]

★ 새로 알게 된 단어

★ 아직 못 외운 단어

Day 36

- [ ] even
- [ ] actually
- [ ] especially
- [ ] quite
- [ ] really
- [ ] hardly
- [ ] never
- [ ] neither
- [ ] unfortunately
- [ ] at first
- [ ] above all
- [ ] most of all
- [ ] finally
- [ ] mainly
- [ ] normally
- [ ] generally
- [ ] slightly
- [ ] gradually
- [ ] totally
- [ ] completely

✎ TO-DO LIST

- [ ] MP3 듣기
- [ ] 표제어와 예문 읽기
- [ ] 파생어 외우기
- [ ] Daily Check-up 풀기
- [ ] 누적 테스트 풀기
- [ ] Review Test 풀기
- [ ] 틀린 단어 복습하기
- [ ]
- [ ]

★ 새로 알게 된 단어

★ 아직 못 외운 단어

Day 37

Date   년   월   일

- □ object
- □ shape
- □ circle
- □ square
- □ triangle
- □ round
- □ heavy
- □ light
- □ thick
- □ thin
- □ wide
- □ narrow
- □ rough
- □ smooth
- □ flat
- □ sharp
- □ tight
- □ empty
- □ full
- □ separate

✎ TO-DO LIST

- □ MP3 듣기
- □ 표제어와 예문 읽기
- □ 파생어 외우기
- □ Daily Check-up 풀기
- □ 누적 테스트 풀기
- □ 틀린 단어 복습하기
- □
- □
- □

★ 새로 알게 된 단어   ★ 아직 못 외운 단어

Day 38

Date   년   월   일

- □ count
- □ measure
- □ add
- □ deep
- □ length
- □ thousand
- □ million
- □ billion
- □ couple
- □ pair
- □ bunch
- □ dozen
- □ multiply
- □ twice
- □ double
- □ whole
- □ single
- □ divide
- □ half
- □ quarter

✎ TO-DO LIST

- □ MP3 듣기
- □ 표제어와 예문 읽기
- □ 파생어 외우기
- □ Daily Check-up 풀기
- □ 누적 테스트 풀기
- □ 틀린 단어 복습하기
- □
- □
- □

★ 새로 알게 된 단어   ★ 아직 못 외운 단어

Day 39

Date   년   월   일

- [ ] amount
- [ ] enough
- [ ] a lot of
- [ ] many
- [ ] much
- [ ] plenty
- [ ] little
- [ ] few
- [ ] bit
- [ ] least

- [ ] size
- [ ] tiny
- [ ] average
- [ ] huge
- [ ] enormous
- [ ] total
- [ ] entire
- [ ] several
- [ ] piece
- [ ] equally

✎ TO-DO LIST

- [ ] MP3 듣기
- [ ] 표제어와 예문 읽기
- [ ] 파생어 외우기
- [ ] Daily Check-up 풀기
- [ ] 누적 테스트 풀기
- [ ] Review Test 풀기
- [ ] 틀린 단어 복습하기
- [ ]
- [ ]

★ 새로 알게 된 단어

★ 아직 못 외운 단어

Day 40

Date   년   월   일

- [ ] god
- [ ] belief
- [ ] heaven
- [ ] church
- [ ] temple
- [ ] bless
- [ ] miracle
- [ ] myth
- [ ] spirit
- [ ] soul

- [ ] devil
- [ ] ghost
- [ ] history
- [ ] origin
- [ ] century
- [ ] treasure
- [ ] tribe
- [ ] kingdom
- [ ] palace
- [ ] class

✎ TO-DO LIST

- [ ] MP3 듣기
- [ ] 표제어와 예문 읽기
- [ ] 파생어 외우기
- [ ] Daily Check-up 풀기
- [ ] 누적 테스트 풀기
- [ ] 틀린 단어 복습하기
- [ ]
- [ ]
- [ ]

★ 새로 알게 된 단어

★ 아직 못 외운 단어

Day 41   Date   년   월   일

- □ society
- □ problem
- □ disabled
- □ homeless
- □ human
- □ accident
- □ fault
- □ cheat
- □ steal
- □ thief

- □ serious
- □ violent
- □ murder
- □ risk
- □ proper
- □ fair
- □ trust
- □ safe
- □ opportunity
- □ charity

✎ **TO-DO LIST**

- □ MP3 듣기
- □ 표제어와 예문 읽기
- □ 파생어 외우기
- □ Daily Check-up 풀기
- □ 누적 테스트 풀기
- □ 틀린 단어 복습하기
- □
- □
- □

★ 새로 알게 된 단어   ★ 아직 못 외운 단어

Day 42   Date   년   월   일

- □ law
- □ follow
- □ rule
- □ necessary
- □ control
- □ permit
- □ guard
- □ notice
- □ proof
- □ evidence

- □ scene
- □ innocent
- □ look into
- □ commit
- □ break
- □ suspect
- □ guilty
- □ fine
- □ punish
- □ prison

✎ **TO-DO LIST**

- □ MP3 듣기
- □ 표제어와 예문 읽기
- □ 파생어 외우기
- □ Daily Check-up 풀기
- □ 누적 테스트 풀기
- □ 틀린 단어 복습하기
- □
- □
- □

★ 새로 알게 된 단어   ★ 아직 못 외운 단어

Day 43   Date   년   월   일

- ☐ manner
- ☐ etiquette
- ☐ gentle
- ☐ favor
- ☐ polite
- ☐ thank
- ☐ warmhearted
- ☐ courage
- ☐ behave
- ☐ behavior
- ☐ share
- ☐ support
- ☐ praise
- ☐ respect
- ☐ deserve
- ☐ apologize
- ☐ pity
- ☐ excuse
- ☐ forgive
- ☐ pardon

✎ TO-DO LIST

- ☐ MP3 듣기
- ☐ 표제어와 예문 읽기
- ☐ 파생어 외우기
- ☐ Daily Check-up 풀기
- ☐ 누적 테스트 풀기
- ☐ Review Test 풀기
- ☐ 틀린 단어 복습하기
- ☐
- ☐

★ 새로 알게 된 단어   ★ 아직 못 외운 단어

Day 44   Date   년   월   일

- ☐ industry
- ☐ farming
- ☐ field
- ☐ grow
- ☐ raise
- ☐ crop
- ☐ rice
- ☐ wheat
- ☐ orchard
- ☐ harvest
- ☐ fishing
- ☐ net
- ☐ salmon
- ☐ shrimp
- ☐ factory
- ☐ produce
- ☐ product
- ☐ business
- ☐ set up
- ☐ major

✎ TO-DO LIST

- ☐ MP3 듣기
- ☐ 표제어와 예문 읽기
- ☐ 파생어 외우기
- ☐ Daily Check-up 풀기
- ☐ 누적 테스트 풀기
- ☐ 틀린 단어 복습하기
- ☐
- ☐
- ☐

★ 새로 알게 된 단어   ★ 아직 못 외운 단어

Day 45

- □ company
- □ job
- □ office
- □ offer
- □ hire
- □ salary
- □ labor
- □ experience
- □ skill
- □ successful
- □ hairdresser
- □ dentist
- □ baker
- □ actor
- □ police officer
- □ soldier
- □ businessman
- □ detective
- □ chef
- □ driver

✎ TO-DO LIST

- □ MP3 듣기
- □ 표제어와 예문 읽기
- □ 파생어 외우기
- □ Daily Check-up 풀기
- □ 누적 테스트 풀기
- □ 틀린 단어 복습하기
- □
- □
- □

★ 새로 알게 된 단어　　　★ 아직 못 외운 단어

Day 46

- □ savings
- □ allowance
- □ fortune
- □ wealthy
- □ economy
- □ export
- □ import
- □ earn
- □ budget
- □ purpose
- □ lend
- □ borrow
- □ sale
- □ consume
- □ service
- □ effective
- □ discount
- □ change
- □ coin
- □ bill

✎ TO-DO LIST

- □ MP3 듣기
- □ 표제어와 예문 읽기
- □ 파생어 외우기
- □ Daily Check-up 풀기
- □ 누적 테스트 풀기
- □ Review Test 풀기
- □ 틀린 단어 복습하기
- □
- □

★ 새로 알게 된 단어　　　★ 아직 못 외운 단어

Day 47

- □ scientific
- □ scientist
- □ researcher
- □ laboratory
- □ test
- □ data
- □ basic
- □ sample
- □ chemical
- □ element

- □ combine
- □ tube
- □ consist
- □ form
- □ prove
- □ result
- □ specific
- □ come up with
- □ discover
- □ invent

TO-DO LIST

- □ MP3 듣기
- □ 표제어와 예문 읽기
- □ 파생어 외우기
- □ Daily Check-up 풀기
- □ 누적 테스트 풀기
- □ 틀린 단어 복습하기
- □
- □
- □

★ 새로 알게 된 단어

★ 아직 못 외운 단어

Day 48

- □ technology
- □ technique
- □ automatic
- □ connect
- □ machine
- □ mechanic
- □ file
- □ download
- □ upload
- □ post

- □ surf
- □ virus
- □ software
- □ develop
- □ filter
- □ failure
- □ solution
- □ perfect
- □ useful
- □ achieve

TO-DO LIST

- □ MP3 듣기
- □ 표제어와 예문 읽기
- □ 파생어 외우기
- □ Daily Check-up 풀기
- □ 누적 테스트 풀기
- □ 틀린 단어 복습하기
- □
- □
- □

★ 새로 알게 된 단어

★ 아직 못 외운 단어

Day 49

Date   년   월   일

□ Earth	□ detect
□ space	□ alien
□ air	□ darkness
□ life	□ planet
□ layer	□ Milky Way
□ spin	□ Mercury
□ magnet	□ Venus
□ astronaut	□ Venus
□ astronaut	□ Mars
□ rocket	□ Jupiter
□ shuttle	□ Saturn

✎ TO-DO LIST

□ MP3 듣기

□ 표제어와 예문 읽기

□ 파생어 외우기

□ Daily Check-up 풀기

□ 누적 테스트 풀기

□ 틀린 단어 복습하기

□

□

□

★새로 알게 된 단어

★아직 못 외운 단어

Day 50

Date   년   월   일

□ environment	□ pure
□ energy	□ matter
□ source	□ global
□ power	□ cause
□ wave	□ danger
□ heat	□ destroy
□ pollute	□ ruin
□ waste	□ disappear
□ plastic	□ save
□ dirty	□ solve

✎ TO-DO LIST

□ MP3 듣기

□ 표제어와 예문 읽기

□ 파생어 외우기

□ Daily Check-up 풀기

□ 누적 테스트 풀기

□ Review Test 풀기

□ 틀린 단어 복습하기

□

□

★새로 알게 된 단어

★아직 못 외운 단어

VOCA
PLANNER

중등 필수